刘德增 著

帝国的兴衰

秦汉兴亡备忘录

中华书局

图书在版编目(CIP)数据

帝国的兴衰:秦汉兴亡备忘录 / 刘德增著.—北京:中华书局,2013.7

ISBN 978 - 7 - 101- 09286 - 8

Ⅰ.帝… Ⅱ.刘… Ⅲ.中国历史—秦汉时代—通俗读物
Ⅳ.K232.09

中国版本图书馆 CIP 数据核字(2013)第 064267 号

书　　名	帝国的兴衰——秦汉兴亡备忘录	
著　　者	刘德增	
责任编辑	陈　虎	
出版发行	中华书局	
	（北京市丰台区太平桥西里 38 号 100073）	
	http://www.zhbc.com.cn	
	E-mail:zhbc@zhbc.com.cn	
印　　刷	北京天来印务有限公司	
版　　次	2013 年 7 月北京第 1 版	
	2013 年 7 月北京第 1 次印刷	
规　　格	开本 /700×1000 毫米　1/16	
	印张 14¼　插页 2　字数 160 千字	
印　　数	1-8000 册	
国际书号	ISBN 978 - 7 - 101-09286 - 8	
定　　价	29.00 元	

目　录

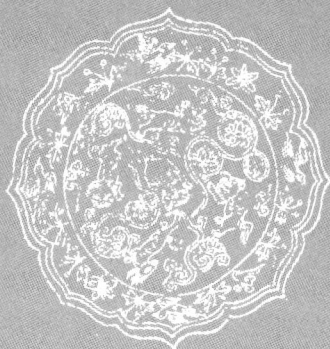

一 刘邦：从泗上亭长到 汉家皇帝

　　六国灭，秦一统。春秋战国社会变革，特别是百家争鸣，为大一统的秦朝留下了一笔宝贵的遗产：列国诸侯的典章制度，诸子百家的思想学说，还有才华横溢、不安于现状的各种人物。但是，秦始皇帝君臣未能利用，强制性地在全国推行秦制，焚书坑儒，秦人占据帝国要职。结果，秦朝二世而亡，丰邑中阳里农家子弟刘邦，建立了他的大汉皇朝。

觊觎帝位、盗贼横行:秦朝统治下的"山东"

秦王嬴政纪年第二十六年(前221),秦将王贲麾兵长驱直入齐国,齐王田建纳降。列国纷争时代至此结束,秦一统天下。

秦本西陲小邦,春秋时代开始那年(前770)才列为诸侯。当时燕、晋、齐、鲁等已经立国二百六七十年。然而,秦后来居上,最终成为天下共主。秦王嬴政志得意满,诏令公卿百官:

> 寡人以眇眇之身,兴兵诛暴乱,赖宗庙之灵,六王咸伏其辜,天下大定。今名号不更,无以称成功,传后世。其议帝号。①

丞相王绾、御史大夫冯劫、廷尉李斯等人说:古有"天皇"、"地皇"、"泰皇","泰皇"最为尊贵,臣等昧死上名号曰"泰皇"。嬴政自以为"德过三皇,功兼五帝",自定名号为"皇帝",他为"始皇帝",后世称"二世皇帝"、"三世皇帝",以至万世。皇帝自称"朕",群臣言事称"今上";命曰"制",令曰"诏",印曰"玺"。

秦始皇帝嬴政画像(选自明王圻、王思义辑《三才图会》)

这些名号是一种创新。但是,除了皇帝的一系列名号之外,其他创新甚少,秦始皇帝君臣统治、管理统一帝国的基本制度,仍然是原秦国其中主要是商鞅变法以来确立的基本制度。在他们看来,全国一统只是版图扩大而已。因此,他们统治、管理统一帝国的措施,就是把秦国的制度强制推行到新占领的地区。

东方六国的典章制度,秦始皇君臣摒弃不用。这不仅错失了吐故纳新的大好时机,且引起东方六国遗民的强烈不满。

秦始皇帝三十四年(前213),秦与东方六国的思想文化又发生了一场激烈冲突。

这年正月初一,文武百官齐聚咸阳宫,向他们的皇上祝贺新春。大臣周青臣祝酒,歌

---

① 《史记·秦始皇本纪》。

颂秦始皇帝的功德,说自上古以来无人能及云云。博士淳于越当庭指斥周青臣面谀,又抨击了废分封、行郡县等制度,告诫说凡事要师古,否则难以长久。丞相李斯借题发挥,说正是这帮读书人以古非今,惑乱百姓,并最终提议焚书。于是,新春酒宴变成了一场政治论争。始皇帝最后批准了李斯的方案,诏令:

1.天下凡秦记和医药、卜筮、种树方面以外的书籍,一律送官府集中烧毁,博士官的藏书可以不烧。

2.令下三十日不烧,判四年徒刑。

3.敢偶语《诗》、《书》,处死;以古非今,灭族。

4.若有想学习者,可以拜官吏为师,但只准学习法令。

第二年,又发生了"坑儒"事件,四百六十多名读书人被活埋在骊山脚下。

诸子百家提出了各种治国安邦的思想学说,这本是一笔宝贵的思想财富,秦始皇帝君臣却毫不珍惜地将其抛弃。

六国诸侯还留下了大批人才,秦始皇帝君臣也未重用。传世文献及出土简牍中记载的三公九卿及郡县守令,都是原秦国人或在秦统一前投靠秦国之人,只有一些刀笔小吏起用了六国遗民。亡国的六国贵胄,不甘心做秦始皇帝的顺民;六国遗民更渴望功名富贵,春秋特别是战国以来的社会动乱所造就的乱世英雄心态,在他们身上犹有深刻的印痕。对此,《史记》中记载了几个个案,《汉书》所记略同。

个案一:城父(今安徽亳州东南)人张良。

张良祖上是韩国贵族,祖父张开地,是韩昭侯、宣惠王、襄王三朝宰相;父亲张平,又相韩釐王、桓惠王,故史称张良祖上"五世相韩"。为了写《史记·留侯世家》,司马迁到处寻访、凭吊张良遗迹,在他心目中,张良应是一位身材魁伟、相貌奇

张良画像(选自清上官周《晚笑堂画传》)

特的大汉，待见到了张良的画像，才知道他是一个纤弱单薄、眉清目秀的白面书生。司马迁不由地生出几多感叹。

当张良步入社会时，韩国已被秦吞灭，秦王嬴政成了秦始皇帝。张良从一位贵公子沦为黔首，荣华富贵变成了美好的回忆。他对故国充满了感情，对秦朝和秦始皇帝充满了仇恨，矢志复仇。他倾家荡产，筹措刺杀秦始皇帝的活动经费；弟病死，他连葬礼都不举办，全力投入复仇刺秦活动中。他从一个自称"仓海君"的隐士那里物色了一个大力士，给他铸造了一个重一百二十斤（合今六十余斤）的大铁锥。一切准备就绪，秦始皇帝二十九年（前218），张良动手了，他在秦始皇帝出巡路过的博浪沙（今河南郑州北）设下埋伏，大力士手持大铁锥，藏在树丛中。秦始皇帝的车驾来了，大力士把大铁锥掷了出去。铁锥误中秦始皇帝身后的副车，始皇帝大难不死，惊怒之余，下令在全国搜捕刺客。张良被迫改名换姓，隐居于下邳（今江苏邳县南）。

个案二：下相（今江苏宿迁西南）人项梁、项羽。

秦王嬴政二十四年（前223），在秦国大将王翦的围攻下，楚国名将项燕兵败自杀，项氏家族从此败落，项燕之子项梁与侄儿项羽相依为命。

项羽年少时，项梁教他学写字，刚学了几个字，就没了兴趣，说要学剑，结果又半途而废。项梁大怒，训斥了他几句，他说会写字只能记姓名而已；剑不过一人敌，也不值得学，要学就学万人敌。于是项梁乃教他兵法，项羽大喜，略知一二，又浅尝辄止。不久，项梁与人有隙，一怒之下将那人杀了，只得带着项羽避仇于吴中。项梁精明强干，很快成为当地很有号召力的人物。他把子弟朋友按军队方式进行编制，教他们如何用兵作战。

秦始皇帝三十七年（前210），秦始皇帝巡行会稽（郡治吴县，今江苏苏州），准许当地吏民百姓观看皇帝威仪，项梁与项羽也前去围观，望着渐渐远去的秦始皇帝，项羽自言自语地说："彼可取而代也。"①直吓得项梁忙掩其口，说："毋妄言，族矣！"

个案三：淮阴（今江苏清江西南）人韩信。

父亲死后，韩信和母亲相依为命，家中一贫如洗。韩信长得高大魁梧，本可凭力气挣碗饭吃，他却什么活都不会干，也不想干。想到衙门谋个差事，也未能如愿。不过，人们一般不敢惹他，因为他身上总是带着一把利剑。

老母去世，没有安葬的地方，他在村外一处荒岗上挖了个坟坑，埋葬了母亲。此举令乡邻惊讶不已，韩信却对人说，那是一片风水宝地，周围可以安置万户。直到六七十年后，司马迁写《史记·淮阴侯列传》，去淮阴调查韩信的逸闻旧事，淮阴人还向他渲染此事。

_____

① 《史记·项羽本纪》。

安葬了老母，那个只能熬点稀粥之类的釜灶，再也不曾冒过炊烟。肚子饿了，韩信就去街坊邻居家蹭一顿。他常去的是下乡南昌亭长家。时间一长，亭长的妻子烦了。一天，天刚亮，亭长的妻子就赶紧做饭，端给还在床上懒被窝的丈夫，催他快吃，想让韩信扑个空。谁知，韩信这天偏偏早来了一步，正好碰上！亭长妻子顿时拉下脸来，也不给韩信盛饭；亭长埋头吃饭，一声也不吭。韩信一看，愤然摔门而去。

饥肠辘辘的韩信做了个鱼钩，跑到淮河岸边，垂钓起来。一群妇女正在洗衣，见他衣衫褴褛，竟还有这份闲情逸致，一问才知是被饥饿逼到这般境地。一位老妇可怜他，领他回家，让他吃了一顿饱饭。这位好心的老妇，史称"漂母"。从此以后，到了吃饭的时候，韩信就找上门来，漂母也不嫌弃。一日，填饱了肚子后，韩信对天发誓，说日后定当重重地报答漂母的恩德，漂母一听，指着他的鼻子就骂：大丈夫连口饭都挣不到！我可怜你，才给你口饭吃，哪个指望你来报答？韩信羞得满面通红而去。

街市上一帮市井无赖拦住了他，一人指着韩信嘲笑说：别看他虽然长得人高马大的，腰上还挂把破剑，实际上是个胆小鬼。说完，他又开两腿，对韩信说：你若是不怕死，就拿剑来刺我；怕死，就从我胯下钻过去。韩信两眼死死盯着他，脸胀得通红。过了一会儿，他恢复了平静，低头弯腰，从那人胯下爬了过去。围观者大笑，说他真是个孬种。

个案四：阳武（今河南兰考东北）人陈平。

阳武县户牖乡库上里有户姓陈的人家，家境贫寒，仅有三十亩薄田——那时，五口之家一般有田百亩。陈家兄弟两人，弟名陈平，老大的名字失载，《史记·陈丞相世家》称其为"陈伯"。陈伯已婚娶，陈平还年少，父母都已去世。陈平渴望出人头地，但家中既无钱又无势，他知道唯有靠自己的才干去博取功名。为此，他到处拜师求学，地里的活儿全由哥嫂忙碌。哥哥心甘情愿，当嫂子的却心中愤愤不平，觉得太便宜了陈平。陈平长得白白胖胖的，有人问陈平：你家那么穷，吃什么长得这么胖？早就恼恨陈平的嫂嫂抢过话头说：也吃糠咽菜，有叔如此，不如没有。陈伯闻言大怒，休了妻子。

等到陈平成年，该婚娶了，有钱人家都不肯把女儿嫁给他，陈平也不愿娶贫穷人家的女子，婚事久久不能解决。户牖乡有个叫张负的富翁，他的孙女五次嫁人，丈夫不久辄死，于是无人再敢娶她。陈平看中了张家的钱财，欲娶她。一次乡里死人，陈平去帮人办丧事挣点钱。张负去吊唁，见到陈平，很赏识他的相貌和才干，陈平便乘机和他套近乎。丧事结束，陈平回家时，张负悄悄跟在后面，看见陈家坐落在靠近城墙的一座偏僻脏乱的小巷里，房屋无门，遮着张破席子，但门外却有很多停车的轨迹——当时，只有官宦和富人才能乘车。张负回到家里，对儿子张仲说想把孙女嫁给陈平。张仲不同意，说陈平家穷，又不干活，全县的人都讥笑他游手好闲，怎么偏偏嫁给他？张负说哪有像陈平这样的人才而长久贫贱的？张仲不敢再说什么。陈平家贫，张负就借给他钱，让他按礼行聘；又给他钱买酒肉,操办婚事。陈平娶了张家孙女以后,用度一天比一天宽裕,交往的人也越来越多。

库上里祭祀土地神,陈平负责分肉,分得极为公平,父老们都赞美他,陈平长叹一声说:若让我主宰天下,也会像分肉一样。

个案五:阳城(今河南方城)人陈胜。

贾谊《过秦论》说陈胜乃"瓮牖绳枢之子",也就是说,他家用瓦瓮做窗户,房门用草绳绑着,"瓮牖绳枢"形容极其贫穷。陈胜无以谋生,与他人一同给地主扛活种地。一天,他们正在耘田,陈胜扔下锄头,站在田垄上默默不语。忽然,他抬起头,对伙伴们说:"苟富贵,无相忘。"伙伴们都笑了,说你一个给人种地的,哪里来的什么富贵啊?陈胜长叹一声,曰:"嗟乎,燕雀安知鸿鹄之志哉!"[1]

从上面五个个案中,我们看到的民间社会状况是:从亡国的贵族之后到"瓮牖绳枢之子",不安于现状、不肯老死乡里者大有人在,他们怀才不遇,有博取功名富贵的强烈愿望,甚者觊觎皇位。

谈及秦末的反秦运动,人们往往强调秦的暴政。《汉书·食货志上》说:

> 至于始皇,遂并天下,内兴功作,外攘夷狄,收泰半之赋,发闾左之戍。男子力耕不足粮饷;女子纺绩不足衣服。竭天下之财以奉其政,犹未足以赡其欲也。海内愁怨,遂用溃畔。

秦朝的赋税主要有田租和口赋两大项。"收泰半之赋"即征收土地收获物的三分之二。除了田租,还有口赋,即人头税。《汉书·食货志上》说秦时"田租、口赋、盐铁之利,二十倍于古",可见秦朝的田租、口赋很重。

更为繁重的负担是徭役:蒙恬将三十万众,北逐匈奴,筑长城;屠睢率五十万人戍守五岭;《史记·秦始皇本纪》记为秦始皇帝修建骊山陵的刑徒"七十余万",《汉旧仪》说"七十二万"。仅以上三项,动用的人力就达一百五十万。

关于秦朝人口,有不同的估计。郭沫若主编的《中国史稿》第二册推测为二千万人[2],此后论及这一问题者,多采信之。葛剑雄认为这个估计偏低,他的研究结论是:秦灭六国之初,全国人口有四千万左右[3]。且按葛先生考证的四千万人口计,服役的人口多达百分之五。

秦朝的徭役往往被夸大,如阿房宫被视为秦始皇暴政的另一个缩影。西汉前期著

---

① 《史记·陈涉世家》。

② 郭沫若主编《中国史稿》第 2 册,人民出版社 1979 年版,第 46 页。

③ 葛剑雄《关于秦代人口数量的新估计》,载《葛剑雄自选集》,广西师范大学出版社 1999 年版,第 16—25 页。

名政治家贾山,在其《至言》中描述阿房宫说:

> 殿高数十仞,东西五里,南北千步,从车罗骑,四马骛驰,旌旗不挠。

司马迁《史记·秦始皇本纪》中的阿房宫更加宏伟壮丽:

> 东西五百步,南北五十丈,上可以坐万人,下可以建五丈旗。周驰为阁道,自殿下
> 直抵南山。表南山之颠以为阙。为复道,自阿房渡渭,属之咸阳,以象天极阁道绝汉
> 抵营室也。

唐代大文学家杜牧《阿房宫赋》将阿房宫推向极致:

> 六王毕,四海一。蜀山兀,阿房出。复压三百余里,隔离天日……

但是,考古发现证明这些记载不实。自 2002 年至 2007 年,中国社会科学院考古研究所和西安市文物保护考古所组建的阿房宫考古工作队,对阿房宫遗址及其周边地区进行了全面考古勘探,结果表明:阿房宫只有一个前殿遗址;这个前殿遗址只是一个夯土台基,东西长一千二百七十米,南北宽四百二十六米,现存高十二米。在夯土台基之上,没有发现秦代建筑遗物堆积层和秦代宫殿建筑遗迹[1]。

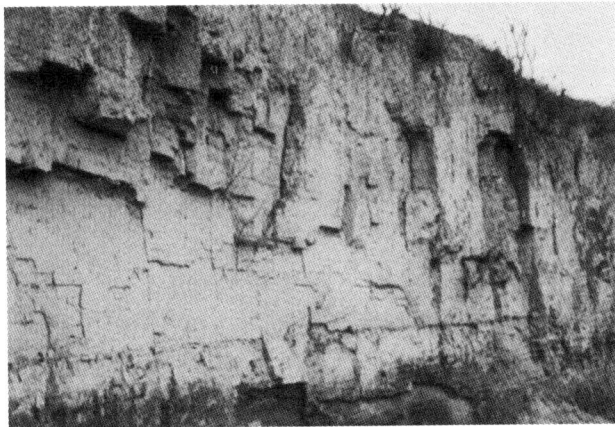

阿房宫前殿夯土断面

秦朝推行严刑峻法。修建骊山陵的七十多万人全是刑徒。秦朝徒刑有城旦舂四年,加刑至五年、六年;鬼薪,三年;司寇,二年。徒刑往往附加髡刑,剃光头发;耐刑,仅剃鬓发和胡须;黥,脸上刺字。英布就是受了黥刑的骊山徒,故又叫"黥布"。从考古发现来看,当年的骊山徒脖子和脚上都戴着刑具。仅在骊山陵服刑的就如此之多,由此可见秦朝严刑峻法之一斑,故有"赭衣塞路,囹圄成市"之说[2]。赭衣,即罪犯穿的红褐色衣服。

---

① 杨永林《秦阿房宫遗址考古工作全面完成》,《光明日报》2007 年 12 月 9 日第 1 版。

② 《汉书·刑法志》。

在时人心目中,秦末农民起义乃"山东豪俊"的反秦复国①。当反秦复国活动在"山东六国"风起云涌之时,秦国故地却未见反抗活动。这进一步证明,秦之暴政并非秦末反秦运动的根本原因。

———————————

① 〔汉〕贾谊《新书·过秦》。

丰邑中阳里:汉家皇朝的"龙兴之地"

今江苏省丰县赵庄镇金刘寨村,黄淮平原上一个普普通通的村落,绿树下,一栋栋红瓦房鳞次栉比;街头巷尾,荷锄执镐的农民来来往往。

这里就是汉高祖刘邦的故里。

传说刘邦的远祖乃魏国大夫,秦灭魏,刘清带着家人从大梁(今河南开封)逃出,隐居于白银河畔地荒人稀的"力村疃";取繁体字"劉"的偏旁之一部,改姓为"金"。刘清就是刘邦的祖父,刘氏从此落户于"力村疃"。天长日久,秦兵不再追捕,刘氏人口繁衍增多,就恢复了本姓,把村名改为"金刘庄"。第二次鸦片战争时期,社会动乱,村长刘敬曾带领村民在村子周围筑起了寨墙、寨门,遂名"金刘寨"[①]。在另一个民间传说中,"金刘寨"的得名是因为村里住着金、刘两姓人家,金姓财主组织人力挖壕筑寨,故名[②]。

金刘寨村,战国末期为楚国沛县丰邑中阳里。

沛县县治今江苏沛县。邑,自然村落。里是最小的行政单位,一里有多少人户,说法不一,一般认为有五十家。比较大的自然村落,划分为若干里。各里都有一个供人出入的大门,设"里监门"一职管理。

楚考烈王七年(前256),刘邦出生于中阳里的一户农家[③]。

漢高祖

自然之應得天統矣

漢書高帝紀贊曰漢承堯運德祚巳盛斷蛇著符旗幟尚赤協於火德

汉高祖刘邦画像(选自清上官周《晚笑堂画传》)

---

① 江苏丰县汉皇祖陵管理处、沙罗越彭城刘氏公会、马来西亚柔佛州刘氏公会编《汉祖流史》(内部资料),1997年,第140—141页。

② 邓贞兰《刘邦出世》(民间传说),香港天马图书有限公司1993年版,第17—18页。

③ 关于刘邦生年有不同的说法,参见安作璋、孟祥才《汉高帝大传》,河南人民出版社1997年版,第1页。

　　司马迁《史记·高祖本纪》记刘邦的家世曰:"父曰太公,母曰刘媪。""太公"与"媪"是对老年男、女的尊称,顾颉刚先生说,"太公"、"刘媪"翻译成白话文就是"老太爷"、"刘老太太"①。刘邦父母的名字,司马迁应当了解,但当他撰写《史记》时,已经没有人敢直呼他们的名讳。时间一长,他们到底叫什么名字,就没人知道了。于是,有好事者说刘太公名"煓",或曰名"执嘉";刘媪姓温名"含始"云云②。这里沿用司马迁的笔法,且称他们为"刘太公"、"刘媪"。除了刘媪,刘太公还有一个妻子。这个女子可能是刘媪死后刘太公续娶的,也可能是他的妾。

　　刘太公有四个儿子,刘邦排行第三。老大叫刘伯,老二叫刘仲,刘邦初名"季",即位后改名"邦"③。他们都是刘媪所生。刘邦还有一个同父异母的弟弟刘交。

　　刘家有一定数量的土地,按照中国现代史上的家庭成分划分,翦伯赞先生完稿于 1943 年的《中国史纲》第二卷把刘太公划为"小地主"④,以后的研究者大多作如是观。

　　关于刘邦的出生,司马迁《史记·高祖本纪》记载了一个传说:

> 刘媪尝息大泽之陂,梦与神遇。是时雷电晦冥,太公往视,则见蛟龙于其上。已而有身,遂产高祖。

今丰县张五楼乡梁楼村附近的新沙河畔,横卧着一座石桥,名"龙雾桥",据传就是刘媪遇龙妊娠之处。

　　在中国历史上,文献明确记载的第一位"真龙天子"就是刘邦。

　　司马迁记载的这个传说,应是在

刘交画像(选自 1916 年《浦城刘氏五修族谱》)

---

　　①　顾颉刚《秦汉的方士与儒生》,上海古籍出版社 1972 年版,第 92 页。

　　②　见《史记·高祖本纪》司马贞《索引》。

　　③　《史记·高祖本纪》司马贞《索引》:"按:汉高祖长兄名伯,次名仲,不见别名,则季亦是名也。故项岱云'高祖小字季,即位易名邦,后因讳邦不讳季,所以季布犹称姓也。'"

　　④　翦伯赞《秦汉史》,北京大学出版社 1983 年版,第 100—101 页。

刘邦起兵后杜撰出来的。

民间还传说,刘媪怀上刘邦后,秦始皇帝夜观天象,发现丰县一带有天子之气,就命人在县衙门前筑了一座"厌气台",下埋宝剑、丹砂,以厌天子之气。结果,刘媪妊娠十二个月,婴儿仍不降生。刘太公听人说要生龙子,必喝凤土。丰县西南有一片高地,人称"凤凰嗉",就是凤凰嗉过的土。秦始皇也听说了这个秘方,派兵看守凤凰嗉。刘太公见状,心生一计。他装作瓜农,挑着西瓜上了凤凰嗉,秦兵又热又渴,砸开西瓜就吃,刘太公若无其事地捡起西瓜皮,装进筐里。刘媪吃了西瓜皮上沾的凤凰土,才生下刘邦。秦始皇帝发现真龙天子已经降生,就下令关闭县城四门,将新生婴儿全部杀掉。秦兵向刘太公家走来,刘媪无计可施。这时,刘邦忽然张口说:"从那个门跑。"刘媪顺着刘邦指的方向一看,城墙之下,出现了一个新门,无兵把守,就抱着刘邦从这个城门逃了出去。从此以后,丰县县城就有了五个城门。刘媪抱着刘邦刚出城门,就遇上一群追兵,她急忙躲进野枣丛中。那枣树竟不扎人,一看枣针,竟然都蜷曲着。待追兵走后,刘媪才敢上路。忽然,又一队秦兵追来,刘媪急忙躲进一座破庙中。刚关上大门,一只大蜘蛛爬到大门上,来来回回忙了起来。秦兵追至门前,但见大门上密布蜘蛛网,上面还有一只蚊子一只苍蝇,以为不曾进过人,就去别处搜索了。刘媪抱着刘邦继续逃命,不曾想,秦兵又杀了个回马枪。附近无处可藏,刘媪无奈,只得把刘邦埋在了刚犁过的地里,秦兵搜查了半天也没发现。秦兵走后,刘媪心想儿子肯定憋死了。谁知扒出来一看,刘邦却安然无恙。原来,蝼蛄在他的鼻孔上面打了两个直通地面的小洞[1]。

这些民间传说,是民众对刘邦为什么能成为一代帝王的解释。在他们看来,刘邦能登基称帝,必有与众不同之处。实际上,刘邦出生于一个普普通通的农家;关于刘邦的民间传说,反映的不是刘邦如何神异,而是创造与传承这些传说的民众对刘邦的认识。

刘邦出生那天,中阳里卢家也生了一个男孩,取名绾。卢绾之父与刘邦之父是好友,两家同日生子,邻里持羊、酒相贺。及长,刘邦与卢绾一同读书学字,成为最要好的伙伴,二人形影不离。刘邦经常惹事生非,一次,他又得罪了官府,外逃避难,卢绾不避风险,陪伴左右。

刘伯早死,他的妻子与儿子相依为命。刘仲老实巴交,是种地的好手,很受刘太公的喜欢。刘交聪睿,读书不倦,多才多艺。相比之下,刘邦最不受老父喜爱。刘邦纪年第九年(前198),宏伟的未央宫竣工,刘邦置酒未央前殿,朝会诸侯大臣,已是太上皇的刘太公也应邀参加,刘邦给老父敬酒,又翻出当年的旧账,嬉皮笑脸地说:

---

① 参见邓贞兰《刘邦出世》(民间传说),香港天马图书有限公司1993年版,第2—13页。

始大人常以臣无赖,不能治产业,不如仲力。今某之业所就孰与仲多?①

刘太公笑了,群臣亦大笑,山呼"万岁"。"无赖"一词,始见于此。晋灼注"无赖"曰:"无利入于家也。或曰江淮之间谓小儿多狡猾为'无赖'。"②实际上,这里的"无赖"对应"不能治产业",指不务正业。

根据《史记·高祖本纪》等文献,我们可以把刘邦的性格归纳为以下八点:

①悟性高,多谋善断,善于听取他人意见;

②豁达大度,不拘小节,对他人也不苛求;

③慷慨大方,不吝钱财;

④喜怒形于色,坦率爽直,从不掩饰自己;

⑤广交朋友,一见如故;

⑥与人交往,不守礼仪,喜戏弄他人;

⑦好女色,经常与女子厮混;

⑧嗜酒,经常喝得酩酊大醉。

不独刘太公,当地百姓也大多对刘邦的为人持否定态度,甚至没人愿意把女儿嫁给他。一般情况下,当时男子二十岁以后就要娶妻生子,但刘邦年过三十岁,还是光棍一个。好色的刘邦与一个姓曹的女子私通,还偷偷地生了一个儿子,取名刘肥。易中天《汉代风云人物》说,刘邦与曹氏已经"成婚"③,是错误的,《史记》、《汉书》称她是刘邦的"外妇",他们之间没有正式的夫妻名分。

当然,刘邦也有几个朋友,其中最要好的要属周勃、樊哙。

周勃与刘邦同邑,今江苏丰县凤城镇周庙村人,家中一贫如洗,靠编织苇

樊哙画像(选自清光绪《维扬樊氏重修族谱》)

---

① 《史记·高祖本纪》。

② 《史记·高祖本纪》裴骃《集解》引。

③ 易中天《汉代风云人物》,东方出版社 2006 年版,第 267 页。

箔为生。周勃不善言辞，但多才多艺，会吹箫，遇上谁家有婚丧大事，他就去吹上一通，混碗饭吃；他自幼习武，弓马娴熟。

樊哙也是沛县人，以屠狗为业，迄今丰县一带还有很多樊哙卖狗肉的传说。

刘邦交往的周勃、樊哙等人，都不是老实巴交的庄稼汉。

刘邦还曾结交张耳。张耳是大梁（今河南开封）人，魏国信陵君的门客，因犯事，亡命外黄（今河南兰考东南）。外黄有个富家女，貌美，瞧不起丈夫，逃到父亲朋友家，那人对她说："欲求贤夫，嫁张耳。"于是该女就嫁给了张耳。张耳得到女家资助，广交四方，声名远播。张耳又谋得外黄令的职位，名声更大。秦灭魏，张耳成了一介布衣，但名声犹在，门庭若市。当时，权贵名人养士成风，士人依附权贵名人为门客，乃出人头地之捷径。刘邦也慕名而去外黄，跟随张耳数月，见没有出人头地的机会，又回到老家。

刘邦没有成家，经常到大嫂家蹭饭，有时还带着狐朋狗友一同去。时间一长，大嫂就不高兴了。

一天，刘邦和他的朋友刚进门，大嫂就用勺子把锅刮得"吱吱"地响，刘邦的朋友一听，知道人家烦他，转身就走。刘邦上前一看，锅里还有很多粥。刘邦很不高兴，认为大嫂不给他面子。后来刘邦当了皇帝，分封子弟，唯独不封大哥之子刘信。老父刘太公一再劝他，才给侄儿一个侯爵，名曰"羹颉侯"。羹，粥也。颉，截取、克扣之意。"羹颉侯"乃克扣饭粥之侯。

楚王负刍四年（前224），秦将王翦统帅六十万大军攻楚。翌年，负刍被俘，楚国灭亡。秦在新占领的楚地设置三郡，沛县隶属泗水郡（郡治相县，今安徽淮北西北）。

这年，刘邦三十三岁。

楚国的灭亡，不仅没有给刘邦的前途造成什么影响，相反却给他提供了一片新的天地。

广交游、好酒色：刘邦在泗上亭长任上

为了加强对泗水郡这片新占领地区的管理，秦政府起用了一些当地人为吏。与刘邦同邑的萧何，精明强干，宽以待人，被任命为沛县主吏掾。"主吏掾"是县令之下地位最高、职权最大的属吏①。

刘邦已小有名气，人脉亦广，被任命为沛县泗上亭的亭长。

亭设在城镇或交通要冲，负责十里路程的治安和驿传。亭设亭长，负责一亭之事，另外还有求盗、游檄、亭候等吏。泗上亭位于泗水东岸，与沛县隔河相望。刘邦对这个职位很满意，自己设计了一种帽子样式，派手下到薛郡（郡治鲁县，今山东曲阜）找了一个能工巧匠，按他的设计要求制作了一顶帽子。刘邦做皇帝以后，这种帽子就叫"刘氏冠"，其冠《后汉书·舆服志下》记载："一曰斋冠，高七寸，广三寸，促漆缅为之，制如板，以竹为里。"

出任泗上亭长，是刘邦人生的一个重要转折点。

亭长虽然是个小吏，但由于泗上亭毗临县城，地处要冲，来往官员多，刘邦有机会接触更多的头面人物。他那种性格虽不讨老父的喜欢，但与官员们交往却成为一种优势，很快就与他们厮混在一起，成为知己。

如沛县厩司御（主管马匹）夏侯婴，每次路过泗上亭都逗留很长时间，与刘邦说笑一通。一次，刘邦与他嬉闹，不小心伤了他，被人告发。为吏伤人，按律要治罪。刘邦欺上瞒下，硬说没伤着夏侯婴，夏侯婴也不承认被刘邦伤过。官府逮捕夏侯婴，关了他一年多，多次拷打审问，夏侯婴都不改口，只得把他释放。

夏侯婴画像（选自清光绪《桂林夏氏宗谱》）

刘邦与主吏掾萧何、狱掾曹参、狱吏任敖等一帮官吏，也建立了良好的关系。特别是萧何，对刘邦多有袒护。

大约在四十一岁那年上，刘邦迎娶了吕雉②。

---

① 参见安作璋、熊铁基《秦汉官制史稿》下册，齐鲁书社 1985 年版，第 171—172 页。

② 参见安作璋、孟祥才《汉高帝大传》，河南人民出版社 1997 年版，第 563 页。

吕雉是单父(今山东单县)人,她的父亲没有留下名字,司马迁《史记》称他为"吕公",司马贞《史记索引》引《相经》说吕公名文,字叔平,乃后人附会。吕公与沛县县令是好朋友,为躲避仇家来投靠沛县县令。

沛县的大小官吏听说县令来了贵客,都前去祝贺,以讨好县令。萧何负责接待来客,宣布贺礼不满一千钱者,坐堂下。

刘邦来了,大声嚷道:"贺钱万!"他一个小小亭长,那点俸禄远不够他挥霍,还欠了一笔笔酒钱,哪里还有贺礼!今日县令府上高朋满座,美酒飘香,刘邦一路辛苦赶来,没钱只好撒谎。

吕公闻言大惊,急忙出迎。吕公好相人,刘邦长得气度不凡,司马迁《史记·高祖本纪》描述他的长相说:"隆准而龙颜,美须髯。"也就是说,高挺的鼻梁,宽阔的额头,漂亮的胡须。吕公急忙将刘邦拉到上席就座。萧何知道刘邦的品行,又好气又好笑,就对吕公说:"刘季固多大言,少成事。"刘邦也不理会,坐了上座,吃肉饮酒,谈笑自若。

酒筵将尽,吕公用眼色示意刘邦留下。待众人走后,吕公对刘邦说:"臣少好相人,相人多矣,无如季相,愿季自爱。臣有息女,愿为季箕帚妾。"刘邦大喜过望。

吕公夫人不高兴了,埋怨吕公说,雉儿有贵相,沛县县令求婚,你都不答应,今天怎么竟许给了那个刘季!

吕公斥责道:"此非尔女子所知也。"

据安作璋、孟祥才先生考证,结婚这年,吕雉的年龄在三十岁左右①。

不久,吕雉就为刘邦生下了一女一儿,女儿的名字失载,文献上都用她后来的封号"鲁元公主"来称呼她;儿子名叫刘盈。

按照秦朝的法律,刘太公身边只能留下一个儿子,其他儿子都得另立门户。刘邦结婚之后,刘太公分给他们一些土地,独立门户。刘邦公务之余,与人喝酒厮混;没钱就从王媪、武负两户酒家那里赊酒,他是亭长,王媪、武负不敢不赊,刘邦不还钱,两家也不敢催要。于是,两户酒家自圆其说,说那刘邦喝醉以后,倒在那里"呼呼"大睡,上面隐约出现一条龙,这是个贵人,岂能要钱?吕雉既要操持家务,还要下田劳动。儿女稍大一点后,就给母亲做个帮手。

刘邦在泗水亭长任上还不时触犯禁令。每当此时,他就逃到外地躲避。沛县官员中,很多与刘邦交情匪浅,每加庇护。一次,刘邦又犯事外逃,官府抓了吕雉,一些吏卒趁机调戏。任敖见状大怒,痛打了看管吕雉的吏卒头目。

一天,吕雉和儿女在田间锄草,一个过路的老人向吕雉讨水喝,吕雉热情地把水罐递

---

① 安作璋、孟祥才《汉高帝大传》,河南人民出版社1997年版,第508页。

给老人。老人喝了几口水，打量着吕雉说："夫人天下贵人。"吕雉又请他相儿子刘盈，老人道："夫人所以贵者，乃此男也。"

老人刚走，刘邦就来了。吕雉把老人相面之事告诉他，刘邦拔腿就追。老人端详着刘邦说："君相贵不可言。"刘邦高兴万分，对老人说："诚如父言，不敢忘德。"

这个"贵不可言"，实际上就暗示刘邦有帝王之相。岳父吕公也曾说他是个大富大贵之人，于是刘邦逐渐产生了非分之念。一次，他去都城咸阳出差，恰巧遇上秦始皇帝出行，允许百姓观看皇帝威仪。刘邦远远地望着秦始皇帝的车驾，叹曰："嗟乎，大丈夫当如此也！"①

---

① 《史记·高祖本纪》。

官堌堆：刘邦登基大典

秦始皇帝三十七年（前210），刘邦奉命押送一批罪犯去咸阳服役。上路不久，罪犯就一个接一个地开始逃跑。刘邦寻思：照此下去，过不了几天，罪犯就跑光了，那时，自己就成了罪犯了。怎么办呢？再三考虑之后，他拿定了主意。

走到丰邑西边的一片沼泽，太阳落山，刘邦下令歇息。他拿出随身携带的酒壶，喝了起来。过了一会，他长叹一声，对剩下的那些罪犯说，各位逃命吧，我也要亡命了。有十几人愿意跟随刘邦，刘邦大喜，把酒一饮而尽，拔出佩剑，带领他们向大泽深处走去。于是，发生了本书开篇所写的斩蛇故事。

刘邦从此亡命于芒砀山泽。芒砀群山，位于今皖、苏、鲁、豫四省交界处。迄今为止，这一带还有很多关于刘邦的传说。芒砀山跟随他左右之人，今可考者，只有樊哙①。

秦二世元年（前209）七月，陈胜、吴广等九百名士卒奉命去渔阳（今北京密云）戍边，他们当中绝大多数是贫苦农民。行至泗水郡蕲县大泽乡（今安徽宿县东南），遇上大雨，不能按期到达指定地点。按秦律，失期当斩。于是实际上已被宣判死刑的九百士卒，在陈胜、吴广带领下，揭竿而起，拉开了秦末农民大起义的序幕。

大泽乡起义消息传出后，天下云起响应。刘邦觉得出山的时机到了，遂率领一小队人马，攻占了丰邑。

沛县县令担心沛县百姓响应陈胜、吴广起义，把自己送上断头台，思谋归附到陈胜的旗帜下，但又举棋不定。为此，他找来沛县主吏萧何、狱掾曹参商量，征求他们的意见。萧何、曹参说，单独起事没有把握，不如与已经起事的刘邦联合行动。得到县令的首肯后，他们联系上樊哙，让他通知刘邦率众前来沛城。然而，当刘邦兴冲冲地率领数百人的队伍连夜赶到沛县城郊时，沛县县令又反悔了，下令兵丁闭门守城，阻止刘邦一伙入城。同时，又与亲信密谋诛杀萧何和曹参。萧、曹二人侦知情况有变，秘密潜出沛城，投靠刘邦。刘邦修书一封，缚在箭上射入城中，谕告沛城百姓共同起事。沛城百姓组织起来，手持各种兵器和器具，一呼百应地冲进县衙，沛令来不及组织抵抗，即被杀死。一个叫祕彭祖的人打开城门，欢迎刘邦的队伍入城。刘邦登基后，封祕彭祖为戴敬侯。

众人推举刘邦为"沛公"（即沛县县令），刘邦道："天下方扰，诸侯并起，今置将不善，一败涂地。吾非敢自爱，恐能薄，不能完父兄子弟。此大事，愿更相推择可者。"②当时，刘邦的名望与地位均不及萧何、曹参，此乃刘邦肺腑之言。但是，萧何胆小，怕起义失败招来杀

① 《汉书·樊哙传》云："与高祖俱隐于芒砀山泽间。"
② 《史记·高祖本纪》。

头灭族之祸，便极力推辞。人们又推举曹参，谁知曹参竟与萧何所见略同。萧何、曹参都鼓动刘邦挑头，刘邦推辞再三，最终答应。

于是，刘邦祠黄帝，祭蚩尤，树起了他的赤色大旗。

第二年，反秦联盟的首领陈胜败亡。在项梁召集下，各路义军首领在薛聚会，共推楚怀王之孙心为王，仍号"怀王"；项梁自号"武信君"，乃实际上的最高首领。不久，项梁战死，项羽成为反秦力量的领袖。刘邦被任为砀郡（郡治睢阳，今河南商丘市睢阳区）长，麾下人马达到一万四千人，成为反秦力量中举足轻重的一支。他依靠这支基本力量，挥师西进，攻城克邑，直捣关中。秦二世三年（前206）十月，刘邦进军灞上（今陕西蓝田西），秦王子婴投降，秦亡。

刘邦麾下已有十万人马，势力仅次于四十万人马的项羽。

初，怀王与诸将约定，先入关者王其地。项羽不愿将这片富庶之地给刘邦，说巴、蜀也属关中，封刘邦为汉王，把关中分封给章邯、司马欣、董翳三位秦降将。不仅如此，项羽还命令刘邦仅带三万士卒就国。《汉书·高帝纪》记载："汉王既至南郑，诸将及士卒皆歌讴思东归，多道亡还者。"像治粟都尉韩信这样的将领逃亡者就达数十人，这是刘邦起兵以来遭受的最大挫折。故此，刘邦称帝论功行封，"入汉"即从至汉中，是一个重要条件。四个月后，刘邦出兵关中，与项羽争雄。持续四年的"楚汉之争"，大战七十，小战四十，最终逐死项羽。

刘邦汉纪年第五年（前202）二月，五十五岁的刘邦，在今山东定陶县仿山乡姜楼村南五百米处的"官堌堆"登基称帝。

从沛县起义以来的八年间，反秦运动的领袖陈胜、项梁、项羽先后败亡；逐鹿中原的群雄如魏咎、魏豹、赵歇、吴芮、韩信、韩成、韩广、田儋、田假、田荣、田市、田都、田安、田横、臧荼、申阳、彭越、英布、张耳、陈馀等，除战死者外，都成为了大汉皇帝刘邦的臣子。

汉初三杰:刘邦取胜的关键

美国学者爱德华·麦克诺尔·伯恩斯、菲利普·李·拉尔夫编写的《世界文明史》,说刘邦是个"军事冒险家"①。实际上,项羽等人无不是军事冒险家,但最终刘邦获胜。八年间,刘邦从亭长、沛公、砀郡长、汉王一直做到皇帝。在逐鹿中原的群雄中,论出身,刘邦不如项羽、魏豹、田儋、田荣、田横等人高贵;论武艺,刘邦不如项羽、英布等人高强;论人品,刘邦不如项羽彬彬有礼。但是,刘邦的势力却逐渐由小到大,最终逐灭群雄,登上帝位。

登皇帝位后第四个月的一天,刘邦置酒洛阳宫,与群臣谈论汉胜楚败的原因,群臣直抒己见,刘邦道:

> 公知其一,未知其二。夫运筹策帷帐之中,决胜于千里之外,吾不如子房。镇国家,抚百姓,给馈饷,不绝粮道,吾不如萧何。连百万之军,战必胜,攻必取,吾不如韩信。此三者,皆人杰也,吾能用之,此吾所以取天下也。项羽有一范增而不能用,此其所以为我擒也。②

也就是说,刘邦认为他是靠人才打败了项羽。

刘邦的认识十分到位。他是个贤明的君主,虽然戴上了皇冠,却没有被胜利冲昏头脑,他这番话乃肺腑之言。

与刘邦不同,项羽至死也不明白他为何落得这般下场。在四面楚歌之中,他悲从心生,面对心爱的虞姬和乌骓马,唱道:

> 力拔山兮气盖世,时不利兮骓不逝,
>
> 骓不逝兮可奈何,虞兮虞兮奈若何?

当他突围至乌江(今安徽和县东北),乌江亭长要渡他回江东时,他惨然一笑,道:天亡项羽,我还渡江干什么!

项羽死得悲壮,也死得可怜:他把自己的失败归结为天命。

刘邦提到的萧何、韩信、张良被誉为"汉初三杰",对刘邦夺取天下起了关键作用。

刘邦出任沛公,任命萧何为沛丞,做他的副手,负责行政和后勤事务。从此,萧何成为刘邦的左膀右臂。

---

① [美]爱德华·麦克诺尔·伯恩斯、菲利普·李·拉尔夫著,罗经国等译《世界文明史》,商务印书馆 1995 年版,第 353 页。

② 《史记·高祖本纪》。

西楚霸王

太史公曰吾闻之周生曰舜目盖重瞳子又闻项羽亦重瞳子羽岂其苗裔邪何兴之暴也夫秦失其政陈涉首难豪杰蜂起相与并争不可胜数然羽非有尺寸乘势起陇亩之中三年遂将五诸侯灭秦分裂天下而封王侯政由羽出号为霸王位虽不终近古以来未尝有也

项羽画像(选自清上官周《晚笑堂画传》)

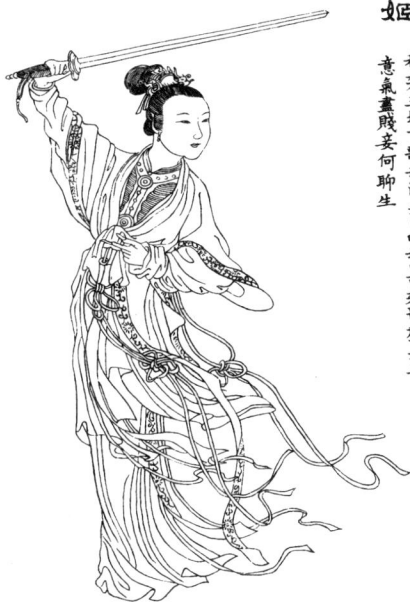

虞姬

和楚王坟下歌云汉兵已略地四面楚歌声大王意气尽贱妾何聊生

虞姬画像(选自清上官周《晚笑堂画传》)

起兵第四年(前206)上,刘邦率部直捣关中,秦王子婴投降。刘邦的大军浩浩荡荡开进咸阳,将士们争先恐后地拥进国库,抢夺金银财宝;刘邦则准备去富丽堂皇、粉黛如云的皇宫享乐一番。当此之际,萧何却带了几个人赶赴丞相府,收集、整理各种文书、档案。后来,刘邦与项羽逐鹿天下,对各地的土地、户口、物产等等了如指掌,都是受益于萧何收集的这批文书、档案。

项羽违约,封刘邦为汉王,把刘邦赶到山川阻隔的汉中山坳里,刘邦气愤不过,准备与项羽拼个死活。这时,萧何出来规劝刘邦,说汉中条件再差,也比去送死强,小不忍则乱大谋,应去汉中,积蓄力量,再与项羽决一雄雌。萧何这一番话,给刘邦指出了一条创建帝业之路。

刘邦最终来到汉中,就"汉王"之位。他宣布以萧何为丞相,总理政务。

不久,刘邦就与韩信率领主力部队回师关中。占领关中以后,又麾兵出关,与项羽角逐天下。

萧何留守关中,全力恢复、发展生产,以保证前线粮草供给;发动民众参军,以保证前线兵源补给,关中和汉中成了刘邦的粮草、兵源基地。一个可以依托的大后方,使刘邦可以放手与项羽周旋。

刘邦手下将士如云,最杰出的是韩信。

当初,项梁、项羽叔侄将兵渡江北上,路过韩信的老家淮阴之时,韩信仗剑从军,追随项梁。项梁战死,他又拜在项羽麾下,多次出谋献策,项羽都不用。当韩信认定在项羽手下不可能有所作为时,就逃离项羽,投靠了刘邦。起初刘邦也没有重用他,一次不小心犯了法,还差一点被刘邦斩了。

刘邦被封为汉王,带领人马向汉中进发。刘邦手下的将士大多是关东人,不习惯汉中气候,不辞而别者很多。还有一些不得志的人,也另谋出路,不得志的韩信也悄然而去。

萧何闻讯,来不及报告刘邦,连夜策马便追。

不明真相的人告诉刘邦,说萧何丞相也跑了,刘邦大惊失色,如失左右手。过了几天,萧何与韩信一块回来,刘邦又惊又喜,劈头就骂,问他为什么也逃跑?

萧何说他不敢逃跑,是去追逃跑的人了。

刘邦怒气稍消。可是,当他听说萧何所追的是韩信时,火气又上来了,说那么多将领跑了,你不去追,却去追一个韩信,分明是狡辩!

萧何说,诸将易得,至于韩信,国士无双。若大王只想做个汉中王,就不必重用韩信了;如大王要争雄天下,没有韩信是不行的。

刘邦想了想,说让韩信当个将军。

萧何说,一个将军的职位,恐怕留不住韩信。

刘邦咬了咬牙,说那就拜他为大将!

见萧何不再言语,刘邦就让人去叫韩信。萧何连忙制止说,大王向来简慢无礼,如今拜大将就像叫一个小孩,这正是韩信走人的原因之一。见刘邦有些脸红,萧何说:如果大王真心拜韩信为大将,就择一个良辰吉日,斋戒,筑坛,举行一个隆重的礼仪,如此才行。

刘邦终于被萧何说服,依言而行。

韩信出任汉军大将,是刘邦成就帝业

淮陰侯

宋諫議錢公昆題侯廟云築壇拜日恩雖厚躡足封時應已深隆準早知同鳥喙將軍應起五湖心

韩信画像(选自清上官周《晚笑堂画传》)

的一个关键。

张良矢志刺杀秦始皇帝,行动失败后,隐居于下邳(今江苏邳县南)。

一天,他耐不住寂寞,到城南圯上(江淮间谓桥为"圯")散步,迎面走来一位拄着拐杖、须发全白的老人。突然,老人的鞋子掉到了桥下,他招呼张良:小子,把鞋给我捡上来!

张良何曾受过这种待遇!正待发怒,一见他那老态龙钟的样子,心又软了,一声不吭,把鞋子捡了上来。

老人伸出脚说:给我穿上!

刚刚熄灭的怒火又被引燃了,但一看老者那满头白发,张良又忍了,顺从地给老人穿上了鞋子。老人抬脚就走,一句感谢的话也没说。张良也未吭气,目送老人而去。一会儿,老人又转了回来,上下打量一下张良说:小子可教,五天之后,天刚放亮时,你来这里等我。说完,头也不回地走了。

五天后,张良如期而至,谁知老人先到了一步,劈头就训:与老人相会迟到,是怎么回事?不待张良张口,又说:过五天再来。

又过了五天,张良起了个大早,鸡鸣时就赶到了桥上,一看,老人又等在了那里,他又训了张良几句,还是让他过五天再来。

这次,张良半夜就到了,过了一会儿,老人才来,见张良已恭立于桥头,高兴地说:年青人就应当这样。然后,从怀里掏出一部书,告诉张良:看了这部书,你就可以成为帝师,十年后就派上用场。再过三年,你在济北谷城山下会见到一块黄色的大石头,那就是我。说完,径直走了。张良打开一看,是姜太公的《太公兵法》。张良刻苦攻读,智慧、韬略大有长进。

这便是后人津津乐道的"圯桥奇遇"。

那"黄石老人"似乎有先见之明,过了十年,即秦二世元年(前209),陈胜、吴广率领九百名戍卒揭竿而起,张良认为时机已到,也聚集了一百多人,树起了反秦大旗。

不久,一个叫景驹的人自立为楚王,驻屯于留城(今江苏沛县东南)。张良率人前去投奔,半路上遇见刘邦的人马,就加盟了进去。后来,刘邦分封张良为"留侯",封地就在留城一带。民间传说,留城已湮没于

张良画像

微山湖中,每隔六十年方一显现云云。

战斗间隙,张良为刘邦讲解《太公兵法》,刘邦很快就能领会,在实战中灵活地加以运用。此前,张良也曾给别人讲解过,他们都难以领悟。两相对比,张良认定刘邦是个人物,就打消了去景驹那儿的念头,此后一直追随刘邦,运筹帷幄,屡出妙计。

刘邦能够登上帝位,张良之功至伟。

且说二三事,以为谈资。

刘邦率大军进入咸阳,立即被那富丽的宫苑、豪华的帷帐、灿烂的珍宝、迷人的娇姬所迷醉,打算尽情地享受一番。樊哙上前苦劝,他根本听不进去,张良又语重心长地劝说,他才恋恋不舍地离开,还军灞上(今陕西蓝田西)。

不久,项羽麾兵四十万,进驻鸿门(今陕西临潼东北)。

这时,刘邦身边出了一个叛徒,名叫曹无伤,当时官居左司马。他见项羽势大,料想刘邦不是项羽的对手,遂背叛刘邦,派人密报项羽:刘邦想在关中称王,让子婴做丞相,把咸阳城中的珍宝全部据为己有。

项羽被激怒了,传令三军厉兵秣马,第二天出兵,消灭刘邦。

项羽的叔叔项伯与张良有生死之交,连夜去向张良通风报信,劝他速速逃命,免得与刘邦同归于尽。张良不肯在这危急关头撇下主子逃生,便将此事报告了刘邦。刘邦大惊失色,恳请项伯从中斡旋。他恭敬地尊项伯为兄长,献上一杯美酒为他祝寿。仅凭这些,恐难打动项伯,刘邦觉得还应献上一份厚礼才是。对项伯来说,珍宝并不稀罕,他蓦地想到了远在丰邑老家的女儿,他决定把她许配给项伯的儿子,用结姻亲把项伯与自己拴在一起,不怕项伯不尽力。

刘邦此举,受益匪浅。项伯慨然答应在项羽那里为刘邦解释、疏通,并出计要刘邦第二天一早亲自去拜会项羽,说明原委,以消除误会。接着,他又连夜返回鸿门,劝说侄儿项羽,替刘邦开脱。

项羽的怒气消了大半。

第二天一早,刘邦带着张良、樊哙、夏侯婴、靳强、纪信,在百名骑兵的扈从下,来到鸿门。一见项羽,刘邦连忙解释,言语诚恳。项羽见状,不但怒火全消,且觉得自己委实对不住刘邦,说这都是你的左司马曹无伤挑唆的。否则,我怎会如此!遂命人摆下酒宴,款待刘邦。

名垂青史的"鸿门宴"开始了。

项伯、项羽坐在西边上席,刘邦坐在南边的宾席上,项羽的谋士、亚父范增坐在刘邦对面,张良坐在东面下席。觥筹交错,然心事各异。范增老谋深算,觉得刘邦终必成为祸患,又是使眼色,又是举胸前所佩的玉玦,示意项羽下决心干掉刘邦。但项羽只是默默地饮酒,不动声色。范增十分着急,借故离开宴席,找来项羽的从弟项庄,要他以舞剑助兴为名,寻机刺杀刘邦。项伯看出项庄舞剑,意在刘邦,立即拔剑与之对舞,并时时用身体掩护刘邦,使项庄无从下手。

张良急忙出帐找樊哙等人,说情况危急:项庄舞剑,意在沛公。

樊哙带剑拥盾冲入营帐,怒视项羽。

项羽一惊,按剑问道:来客何人?

张良回答:沛公的参乘樊哙。

项羽称赞说:好一个壮士! 赶快赐酒!

侍者斟给他一大杯酒,樊哙拜谢,立饮而尽。

项羽又说:赐他一个蹄膀。侍者给了樊哙一个生蹄膀,樊哙把盾放在地上,然后把蹄膀放在盾上,用剑切了就吃。项羽更加赞叹,问他还能不能喝酒。樊哙说:我死都不怕,还怕喝酒吗? 接着就责备项羽说:秦王有虎狼之心,杀人唯恐太少,刑人唯恐不多,所以天下都叛他。怀王和诸将约定,先破秦入咸阳者王之。沛公先杀入咸阳,封宫室府库,还军灞上,以待大王到来。劳苦功高如此,大王没有封侯之赏,却听信谗言,要诛杀有功之人。这是在走亡秦的老路啊,实在太不应该了! 直说得项羽无话可讲,只好让樊哙坐下,樊哙即坐在张良旁边。

过了一会,刘邦起来去厕所,叫着樊哙一起出帐。刘邦打算不辞而别,对樊哙说,我准备回去,但没有向项王告别,怎么办呢?

樊哙道:现在人家好比是屠刀和案板,我们就像将要被宰割的鱼肉,还告辞什么?

张良这时也出来了,他问刘邦带来了什么礼物,刘邦说他带了一对玉璧,准备献给项王;一对玉斗,准备送给亚父,刚才他们生气,没敢拿出来,请张良代他献上。然后他跨上骏马,悄悄离去,樊哙、夏侯婴、靳强、纪信持剑步行扈从,从骊山小道逃回灞上。

一回到军营,刘邦就斩了曹无伤。

汉代画像石刻"鸿门宴"拓片(现存河南南阳汉画像石馆)

右起第一人为项羽,第二人是刘邦,第三舞剑者为项庄,第四、第五、第六人依次当为项伯、范增和张良

鸿门距灞上大路是四十里,走小路只有二十里。张良估计他们已经回到了灞上,才入帐向项羽告辞,说沛公喝多了,不能向您辞行,谨让我代奉白璧一双,拜献大王足下;玉斗一双,拜奉亚父足下。

项羽接过白璧，放在座上。范增则气得把玉斗放在地下，拔剑击碎，仰天长叹说："唉！竖子，不足与谋！"①

"鸿门宴"上范增拔剑击碎玉斗画像(山东沂南北寨汉墓出土汉画像石刻拓片)

唐代诗人胡曾写有《鸿门》一诗，哀叹项羽不听范增之言：

项籍鹰扬六合尘，鸿门开宴贺亡秦。

樽前若取谋臣计，岂作阴陵失道人。

项羽裂土分封，把刘邦封在巴蜀。张良去找项伯，为刘邦求情，项伯已与刘邦联姻，也乐意为亲家出力，在他的劝说下，项羽又把汉中划给了刘邦。这片汉中，成为刘邦日后回师关中的基地。

刘邦率众就国，张良打算离开刘邦，去辅佐韩王成。他难分难舍地把刘邦送到褒中(今陕西汉中北)，分手时，建议刘邦烧掉汉中通往关中的栈道，以表明安心在汉中、巴蜀一带做一方诸侯，来麻痹项羽，使之疏于防范，刘邦依言而行。等见了项羽，张良把刘邦烧掉

---

① 《史记·项羽本纪》。

栈道的事报告了他，说刘邦无意东还，项王可以放心去进剿在齐地起兵的田荣一伙，项羽信以为真。

项羽心胸狭窄，恼恨张良追随过刘邦，不放韩王成归国，把他挟持到彭城（今江苏徐州）杀害。张良鼠窜逃命，翻山越岭去找刘邦。这时，刘邦已打回关中，故人相见，分外高兴。刘邦封张良为成信侯，两人再次合作，与项羽逐鹿中原。

刘邦与项羽对峙于荥阳（今河南荥阳东北）一线，项羽麾军猛攻，刘邦苦苦支撑。郦食其建议刘邦分封六国后裔为王，给项羽多树立几个敌人，以分散项羽的兵力。刘邦拍案叫好，让人赶快铸造金印。这时，张良来了，刘邦正在吃饭，招呼张良过去，迫不及待地把郦食其的"妙计"和盘端出。

张良问刘邦谁给他出了这个馊主意？说如果实施，千秋大业就全毁了！

刘邦听张良如此说，惊得半天合不上嘴。张良拿起刘邦面前的筷子，一边比划，一边述说，一口气讲了八点，其中最要害的一点是：文臣武将弃家舍业投靠大王，无非是为了博取功名富贵，一旦分封六国后裔为王，那些文臣武将必然各归事其主，如此，靠谁去打天下？况且，六国后裔一旦为王，谁能保证他们肯定与我们联手，共同对付项羽？刘邦吐出嘴里的饭，大骂郦食其，催促把那些金印全部毁掉。

刘邦汉纪年第四年（前203）十一月，韩信麾兵打垮了二十万齐楚联军，攻占了齐国全境。自春秋战国以来，齐地便是最富庶的地区之一；其地扼南北交通之咽喉，军事地位极为重要。攻取齐地，完成了对项羽的钳形包围，只要韩信按既定方针，挥师南下，便可直捣项羽的老巢彭城。被项羽大军围困在荥阳的刘邦，闻捷惊喜。然而，韩信派来的特使报捷之后，又转达了韩信的一个请求：让刘邦封他做假齐王。假，代理。韩信要求代理齐王。此前，韩信已官拜相国，随着战功的增大，他个人的权力欲也逐渐膨胀起来，要裂土为王了。刘邦一听，就咆哮起来：我被困在这里，等他来救，望眼欲穿。他如今却提条件，要当什么假齐王！

一旁急坏了谋士张良、陈平，陈平悄悄从背后踩了刘邦一脚，附在他耳边说：我们正在危难之际，谁能阻止韩信称王？不如就顺势封他为王，好好待他。不然，恐怕要出乱子。

刘邦马上醒悟过来，又假装生气地骂道：大丈夫建功立业，要做就做个真王，做个假王干什么！立即派张良携他的诏令前往齐地，封韩信为齐王。

见韩信迟迟不出兵南下，张良又建议刘邦把韩信老家一带也封给他，再封彭越为梁王，他们就会举兵南进了，刘邦又依言而行。果然，韩信、彭越挥师南下，与刘邦夹击项羽，终于逼得项羽于乌江举剑自刎。

刘邦奄有天下，张良功不可没。

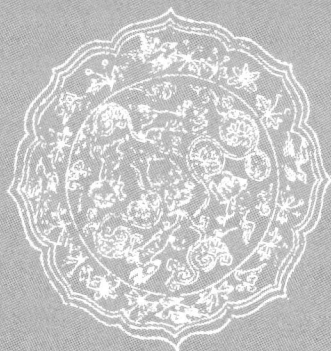

二 汉家制度的厘定

秦始皇帝君臣未能利用的人才资源，被刘邦开发利用。他依靠各色人才，在秦制的基础上，修订、创新、厘定了一套更加完备的汉家制度。

叔孙通：制订朝仪

平民出身的刘邦骤至富贵，南面称帝，老父刘太公更没有做好心理和行为上的准备，根本不懂皇家礼仪。兹举一例。

刘邦称帝以后，把刘太公接到长安，在秦始皇帝骊山陵的奉邑郦邑（今陕西西安市临潼区），仿故乡丰邑建造了一个新村，名曰"新丰"，把刘太公的老友都迁来。传说迁至新丰者，连从老家带来的鸡犬都能找到各自的家门。刘邦每五天回新丰拜见一次老父。刘邦不把自己当皇帝，刘太公也不以臣子自居，像一般人家那样，行子见父之礼。对此，无论是刘邦，还是刘太公，都未觉得有什么不妥。刘太公的家令见状，对刘太公说：

> 天无二日，土无二王。今高祖虽子，人主也；太公虽父，人臣也。奈何令人主拜人臣！如此，则威重不行。

等刘邦再次回新丰，刘太公行臣见君礼："拥彗，迎门却行。"即抱着扫帚，迎到门口，然后低头躬腰，倒退。刘邦大惊，急忙下车扶起老父。刘太公曰："帝，人主，奈何以我乱天下法！"[1]

《汉殿论功图》

刘邦问明情况，赞美家令所言，赐其黄金五百斤。为了解决父子间的礼仪问题，刘邦下诏，尊老父为"太上皇"。如此，不仅刘邦可以以儿子身份行礼，更重要的是父子之礼从寻常家礼上升到皇家礼仪。

刘邦也不懂为帝之仪。

朝仪是大臣朝见君主的仪式。秦朝的朝仪，在《史记·刺客列传》中可见片段：

> 秦法，群臣侍殿上者不得持尺寸之兵，诸郎中执兵皆陈殿下，非有诏不得上。

郎即"廊"，郎官伺候于皇宫廊庑，故名。郎有多种，执戟守卫在殿下的，曰"郎中"。

---

[1] 《史记·高祖本纪》。

刘邦登基，废除了秦朝的朝仪。结果，上朝之时，一片混乱。有的大臣喝酒过量，狂呼乱叫，甚至拔出佩剑乱砍大殿立柱。这样的朝见，如同民间的聚会，历史上绝无仅有。

叔孙通建议制订朝仪，规范群臣的言行。刘邦诏准。

叔孙通，薛（今山东枣庄薛城）人。薛曾是薛国都城，战国之时被齐国吞并，齐威王的小儿子田婴被封于此。田婴有四十多个儿子，最终继承他的爵邑者是田文。田文号曰"孟尝君"，"战国四公子"之一，他曾对薛城进行扩建。考古发现表明，孟尝君之薛城，东西约五千米，南北约三千五百米①。薛地风俗与其他地区不同。司马迁说：

> 吾尝过薛，其俗闾里率多暴桀子弟，与邹、鲁殊。问其故，曰："孟尝君招致天下任侠，奸人入薛中盖六万余家矣。"世之传孟尝君好客自喜，名不虚矣。②

汉画像石"叔孙通制礼图"拓片

叔孙通非侠，以通儒学著称。但是，他也有齐人那种审时度势、随机应变的特点，没有一般儒生的迂腐之气。秦朝末年，以文学征为待诏博士。陈胜、吴广起义的消息传到秦都咸阳后，他寻机逃回了自己的故乡。在秦末战乱期间，他先后投靠项梁、项羽叔侄及楚怀王。当刘邦势力占上风时，他又归顺了刘邦。因此有人当面骂他："公所事者且十主，皆面谀以得亲贵。"③

鲁地的儒生于礼仪最为熟悉，叔孙通邀请他们参加制订朝仪的工作。有两个鲁儒大骂叔孙通人品低劣，还说礼乐之事是积德百年才能修订的，拒绝与他合作。但是，更多的鲁儒不肯错过这个制礼作乐的时机，叔孙通从中挑选了三十多人，还有他的一百多个弟子，以及部分朝中大臣，制订朝仪。

汉七年（前200）十月，在长乐宫举行朝会大典。

---

① 山东省济宁市文物管理局《薛国故城勘查和墓葬发掘报告》，《考古学报》1991年第4期；山东省文物考古研究所《薛故城勘探试掘获重大成果》，《中国文物报》1994年6月26日。

② 《史记·孟尝君列传》太史公曰。

③ 《史记·刘敬叔孙通列传》。

　　长乐宫本秦之兴乐宫。刘邦西都长安，新的宫殿还未建成，在萧何的监督下，将长乐宫修葺一新，暂且作为皇帝办公与休息之所。长乐宫位于长安城东南部，宫城遗址位于今陕西西安市未央区一带。经考古勘探，长乐宫周长一万零七百六十米，面积约六平方公里，占长安城总面积的六分之一。宫中有长信殿、温室殿、长秋殿、永寿殿、永宁殿等。未央宫建成后，皇帝移居未央宫，长乐宫成为太后的住所。

　　司马迁在《史记·刘敬叔孙通列传》中详细记载了这次朝会大典：

　　　仪：先平明，谒者治礼，引以次入殿门，廷中陈车骑步卒卫宫，设兵张旗志。传言"趋"。殿下郎中夹陛，陛数百人。功臣、列侯、诸将军、军吏以次陈西方，东向；文官丞相以下陈东方，西向。大行设九宾，胪传。于是皇帝辇出房，百官执职传警，引诸侯王以下至吏六百石以次奉贺。自诸侯王以下，莫不振恐肃敬。至礼毕，复置法酒。诸侍坐殿上皆伏抑首，以尊卑次起上寿。觞九行，谒者言"罢酒"。御史执法举不如仪者辄引去。竟朝置酒，无敢喧哗失礼者。

长乐宫宫殿遗址

　　　该遗址位于陕西西安市未央区汉城街道办事处罗家寨村北，长乐宫遗址西北部，规模宏大，做工考究，通道一侧设门房一类建筑。发掘者认为，该遗址是一座处理政务场所①。

　　朝会结束后，刘邦高兴地说："吾乃今日知为皇帝之贵也。"②拜叔孙通为太常，赐黄金五百斤。

　　在公卿大臣的帮助下，刘邦逐渐确立了皇家礼仪。

---

① 中国社会科学院考古研究所汉长安城工作队《西安市汉长安城长乐宫四号建筑遗址》，《考古》2006 年第 10 期。

② 《史记·刘敬叔孙通列传》。

娄敬:谏都长安与和亲

娄敬墓

娄敬是齐人。汉五年(前202年),娄敬去陇西戍边。当时牛马短缺,只得用人拉车,娄敬等人轮流充当这个角色。他穿的是"羊裘",即破羊皮袄。娄敬一行走到洛阳(今属河南),碰见一个姓虞的齐人,是刘邦手下的一个将军。娄敬对老乡说,他要晋见今上。虞将军答应引见,他见娄敬穿着破羊皮袄,要给他换件新衣,娄敬不干,说他只能以本色见今上,虞将军只得作罢。

刘邦召见,娄敬建议他放弃在洛阳建都的打算,西都长安:

> 秦地被山带河,四塞以为固,卒然有急,百万之众可具也。因秦之故,资甚美膏腴之地,此所谓天府者也。陛下入关而都之,山东虽乱,秦之故地可全而有也。①

"秦地"是指秦国故地,这里主要指关中地区。关中南有秦岭,是一道天然屏障;黄河如带,环绕西、北、东三面,是为"被山带河"。因其东有函谷关,南有武关,西有散关,北有萧关,位于四关之中,故名"关中",也就是娄敬所说的"四塞以为固"。关中沃野千里、物产丰富,司马迁《史记·货殖列传》说,关中之地约占天下三分之一,人口约占十分之三,财富则占三分之二,故有"天府"之称。

关中是当时最理想的建都之地。

刘邦犹豫不决,其中的原因,主要是刘邦及其文臣武将大多为关东人,他们不愿意远离家乡,纷纷劝刘邦留都洛阳,不要西迁,说什么洛阳东有成皋,西有殽、黾,背靠黄河,面向伊、雒,其险亦足恃云云。刘邦被他们说动了,更加倾向于洛阳。

这时,张良挺身而出,进谏说,娄敬的建议是对的,关中是最理想的建都之地。

刘邦遂下定决心,西都长安。

为褒奖娄敬首倡之功,赐姓"刘",拜官郎中。

---

① 《史记·刘敬叔孙通列传》。

娄敬又建议迁徙六国王族之后于长安。

六国王族是一个庞大的群体。田氏家族就是一个例子。

田氏的远祖陈完是陈国公子,因陈国内乱逃到齐国避难,他在齐国的子孙改姓田①。眼见齐国衰败,田氏试图取而代之。他们积蓄力量的措施之一,是多生子女,以壮大田氏家族的势力。如田常择选国中女子身高七尺以上者数百人,作为他的妻妾,宾客可以自由地出入他的后室,谁人与他的妻妾偷情,他也装作没看见。到他去世时,儿子达到了七十多个。田氏代齐以后,还保留着这一传统。如齐威王的小儿子田婴,有子四十余人。这样,田氏家族的人口快速膨胀起来。秦灭齐,田氏失去王族身份,但民间仍称他们为"王家",他们的势力仍然很大,所以司马迁仍用"宗强"一词来形容他们②。

秦末群雄逐鹿,六国王族之后又成为风云人物。他们在当地经营多年,势力盘根错节,一呼百应。于是,他们或自立为王,聚众起兵;或被反秦势力拥立为王,挟其名望以相号令。

六国王族是一个极不稳定的因素,必须有效地控制他们。娄敬建议把他们都迁到关中,一则可以增加中央直辖的关中地区的人口——人口锐减是汉初面临的一个严重问题;二则把这些人从他们势力盘根错节的故地迁到京畿地区,易于控制;三则关东地区大都是诸王封国,把他们徙入关中,也就起到了弱诸侯而实京师的目的,可谓一举而三得。刘邦采纳,把齐国的田氏,楚国的昭、屈、景,以及韩、赵、魏、燕四国的王族后裔,迁到他的长陵(今陕西咸阳东北)一带监控起来,总计约十万口,其中田氏家族占了很大比例。《后汉书·第五伦传》记载,田氏迁到长陵的很多,以"次第"相称呼,如第一、第二、第五等等,其中"第五"一姓成为名门望族。如东汉初的第五伦,官至三公之一的司空;唐前期的第五琦,官至同中书门下平章事,也跻身宰相行列。"第五"一姓迄今犹存。

从此以后,迁徙豪强大族于关中等地,成为汉代打击豪强大族势力、强化中央集权的重要措施之一。

娄敬又建议与匈奴和亲。

匈奴是塞北大漠上的游牧部族,司马迁《史记·匈奴列传》说,匈奴是夏后氏之苗裔。但是,关于匈奴的种属、族源迄今尚没有一个令人信服的结论。到战国时,匈奴发展起来,不时南下,成为赵国重兵防御的对象之一。秦统一中国后,派蒙恬统兵三十万大举进攻匈奴,占领了河套至阴山一带。为了防御匈奴,秦始皇帝下令修筑了万里长城;数十万精锐

---

① 至于为什么改姓田,说法不一。或云因为食邑于田,或云"田"、"陈"两字声近通假,或云陈完不想使用故姓。

② 《史记·田儋列传》。

的秦军一直驻守在上郡(郡治肤施,今陕西榆林东南)。秦末中原战乱之时,匈奴在冒顿单于的领导下再度崛起。

冒顿单于是头曼单于的长子。"头曼"与"冒顿"都不是他们的名字,而是匈奴单于的号。头曼偏爱他后娶的阏氏(匈奴称单于妻为阏氏)所生的少子,欲置冒顿于死地,把冒顿送到大月氏去作人质,然后头曼发兵攻打大月氏。大月氏欲杀冒顿,冒顿偷了一匹良马,逃回匈奴。头曼赞叹他的胆识,让他统帅一万骑兵。冒顿用带响的箭(鸣镝)训练他的手下,只要他发箭,士兵就必须一块射击,违令者立斩。他带了一队士兵出去打猎,有的士兵没有随他射击,被立即处决。他射击自己心爱的宝马,有人不敢射,也被立即处决。他射其爱妻,有人惊恐不敢射,复斩之。不久,他看见单于的宝马,弯弓就射,士兵也毫不犹豫。冒顿觉得时机已经成熟,在随从头曼打猎的时候,把箭射向了父亲,他手下的士兵也一块射击,头曼顿时毙命。冒顿自立为单于。

这是秦二世元年(前209)的事。

冒顿是匈奴人的杰出领袖,他当上单于后,整齐制度,建立了一整套比较完整的奴隶制国家机器。然后,向外扩张,控地东尽今辽河,西至葱岭,北抵贝加尔湖,南达长城。"控弦之士"三十余万。秦末战乱,冒顿乘机南下,越长城,尽占蒙恬攻取的河套之地。

刘邦做皇帝的第二年(前201)秋,匈奴围攻马邑(今山西朔县),早就与刘邦貌合神离的韩王信投降匈奴。匈奴南逾句注(山名,在今山西代县西),兵临晋阳(今山西太原)。刘邦派人出使匈奴,汉使在匈奴地界上看到的人马尽是老弱病残,回来后就说匈奴不堪一击。刘邦遂率三十二万大军,御驾亲征;同时又派娄敬出使匈奴,再探虚实。娄敬回来后说匈奴用的是疑兵之计,打不得。刘邦指着娄敬破口大骂,命人械系娄敬,押往广武(今山西代县西南)。冒顿佯败示弱,为诱敌之计。刘邦上当,领轻骑追击,被四十万匈奴兵围困于平城(今山西大同)的白登山上,凡七日。最后陈平派人贿赂冒顿的阏氏,再加上冒顿见久攻不下,而汉军援兵源源不断地陆续抵达,才网开一面,放走了刘邦等人。

刘邦回师路上,路过广武,派人请来娄敬,对他说:"吾不用公言,以困平城。吾皆已斩前使十辈言可击者矣。"①遂封娄敬为"建信侯",食邑二千户。

娄敬建议,与匈奴和亲。刘邦意识到一时难以打败匈奴,遂采用娄敬的建议。和亲条款有三:

1.汉嫁公主给匈奴单于为阏氏。

2.每年奉送絮、缯、酒、米、食物。

3.汉与匈奴约为兄弟。

对此,后人评论说:

> 汉家青史上,计拙是和亲。
>
> 社稷依明主,安危托妇人。
>
> 岂能将玉貌,便拟静胡尘。
>
> 地下千年骨,谁为辅佐臣?

唐代诗人、荆门(今属湖北)人戎昱的这首《咏史》,讽刺了汉代和亲——当然,诗人是以汉喻唐。但是,在当时情况下,和亲实不失为化干戈为玉帛的良策。

---

① 《史记·刘敬叔孙通列传》。

萧何:《九章律》与未央宫

萧何画像(现藏台北故宫博物院)

在汉家制度的建设中,"萧何次律令"①是极为重要的一项。

当年刘邦入关,曾与关中父老"约法三章":"杀人者死,伤人及盗抵罪。"②宋人陆佃、王应麟,明代杨慎,清代阎若璩等皆认为应于"约"字句断;明代陈耀文、清代何焯则主张"约法"连读。有的学者对两派意见作了评析,认为"约法"应连读,"约"字的含义为"省约",即把秦朝繁苛的法律减省为三条③。我们赞同这一观点。"约法三章"就是仅对杀人、伤人、盗窃三罪进行处罚,其余的法律条文如诽谤者族、偶语者弃市,一律废除。

汉朝建立后,鉴于"三章之法"不足以惩奸,刘邦遂命萧何修订律令,在李悝《法经》之《盗律》、《贼律》、《囚律》、《捕律》、《杂律》、《具律》六篇的基础上,增加《户》、《兴》、《厩》三篇,合为九章。这部汉律,或称《汉九章》,或称《九章》,近人程树德《九朝律考》名之为《九章律》,通行至今。

从"约法三章"到《九章律》,是对秦律的一个从基本否定到基本肯定的过程。

"约法三章"主要是为了争取民心。一个人口众多、幅员辽阔的国家,仅靠"杀人者死,伤人及盗抵罪"三条是难以治理的,出于维护君主专制主义统治的需要,刘邦君臣只得又回到秦律的老路上。甚至就连秦律中那些过于严酷的条款,如《挟书律》、《三族罪》、《妖言令》、《收孥相坐律》及肉刑等,也都保留下来。

湖北江陵张家山汉简《奏谳书》,也证明刘邦所使用的法律基本上仍是秦律。因为这个《奏谳书》所收十多个案例依据的法律,在刑罚名称、罪犯类别、量刑标准和计赃数量等

---

① 《史记·太史公自序》。

② 《史记·高祖本纪》。

③ 邬国平《〈史记〉"约法三章"的标点及释义》,《文史知识》2003年第9期。

方面,都同云梦出土的秦律相同。

到惠帝、吕后、文帝时,才逐渐废止了一批秦律中过于严酷的条款。

萧何制订的《九章律》,包括了中国古代法律不能缺少的基本内容。这些内容为魏律和晋律所继承,魏律和晋律乃《九章律》的"增订本"。萧何制订的《九章律》,在中国法律史上占有重要地位。

营建未央宫等新的宫殿官衙,是萧何的另一项重要工作。

未央宫位于长安城西南部,今西安市未央区未央宫乡,是一座宏伟庞大的宫城,由多座宫殿组成,其中最重要的是前殿。

未央宫前殿遗址

未央宫前殿,是刘邦及西汉其他皇帝上朝听政的地方。

前殿基址约位于未央宫中部。考古勘探发现:在前殿基址之上,有南北排列的三座大型宫殿,每座宫殿南面均有一个庭院。南部和中部宫殿之间的庭院,有东西向长廊建筑横贯其中,中部和北部宫殿的东西两侧列置了厢房或廊房建筑,北部宫殿以北或为后阁建筑。

前殿南门与南部宫殿之间有一东西约一百五十、南北约五十米的广场,大概就是文献记载的"庭"。庭和南部宫殿,当为举行大朝、婚丧、即位等大典之用。据文献记载,未央宫前殿有"宣室",也称"宣室殿"。宣室被认为是前殿的"正室",或曰"布政之室"。"正室"即正殿,"布正之室"即布政之室。布政的殿堂为"正室"。前殿的南、中、北三座宫殿,中部宫殿面积最大,推测此殿为"宣室"之故址,北部宫殿和附属建筑,可能为皇帝之"后寝"①。

　　未央宫四面皆有"公车司马门",即宫门。四座宫门大小、形制相近,均为一个门道,宽约八米。未央宫偏处于长安城西南角,与城内其他地方的联系主要是通过北宫门和东宫门,因此,北宫门和东宫门成为未央宫经常使用的两座宫门。大臣上书奏事、谒见皇帝,都要到北宫门等候召见。北宫门之外有许多达官显贵的住宅,即文献记载的"北阙甲第"。东宫门是"朝诸侯之门",皇亲国戚来往于未央、长乐二宫,都要出入东宫门。这里也是皇帝经常出入的宫门。

　　未央宫宫城四角建有角楼,迄今西南角楼基址,保存尚好。西南角楼基址,位于今西安市未央区三桥镇车刘村北。角楼基址夯筑,平面呈曲尺形,东西六十七点四米、南北三十一点五米。角楼基址北壁西部有斜坡慢道,其上铺砖。角楼东、北两面,分别与南宫墙和西宫墙相连。在角楼基址附近,还发现了水井、砖池等遗迹,角楼遗址出土的剑、矛、弩机、镞、弹丸、铠甲片、胄片等兵器、武备遗物,以及陶盆、灯等生活用品,说明这里原有驻守戍卫角楼的士兵。

　　萧何在兴建未央宫等建筑时,考虑的是如何"重威",为的是显示至高无上的皇权。

---

① 　参见刘庆柱、李毓芳《汉长安城》,文物出版社 2003 年版,第 47—105 页。

张苍：定章程

"张苍定章程"①，是汉家制度建设的又一项重要内容。

张苍，阳武（今河南原阳东南）人，身材高大，皮肤白皙。秦时为柱下御史，负责四方文书。因犯事，逃回老家藏匿。刘邦大军攻略阳武，张苍加入，历任常山郡（郡治元氏，今河北元氏西北）郡守、代国（国治代县，今河北蔚县东北）国相等职。不久，迁为计相。何谓计相，文颖释曰："能计，故号曰计相。"②唐人杜佑说："汉初，张苍善

张苍画像

算，以列侯主计，居相府，领郡国上计者，谓之计相。"③在中国官制史上，"计相"一职仅见于此。一个月后，刘邦就下令撤销计相，张苍以列侯身份负责郡国上计。

上计，年终岁末，县、郡统计辖区内的各种事务，形成文字，谓之《计簿》或《集簿》，县上报郡，郡据此考核属县成绩；郡上报中央，中央据此评定各郡的业绩。1993 年，在江苏东海县温泉镇尹湾村一座汉墓中出土一枚《集簿》木牍，为东海郡的《集簿》，内容包括东海郡县、邑、侯国、乡、亭、里数量，辖区面积，各级官吏的数量，户口数量，男、女、老、幼人数，耕地数量，麦子播种面积，钱谷收支数量，等等。

张苍所定之"章程"是什么？《史记·太史公自序》裴骃《集解》援引如淳的解释说："章，历数之章术也。程者，权衡、丈尺、斛斗之平法也。"又引臣瓒的解释说："《茂陵书》'丞相为工用程数其中'，言百工用材多少之量及制度之程品者也。"也就是说，"章"和"程"是两个方面。《史记·张丞相列传》及《汉书·张苍传》都说张苍修定律历，张苍所定之"章程"，当包括此项内容。另一项更为重要的，是如淳所说的"权衡、丈尺、斛斗之平法"，即度、量、衡的标准，"章程"两字也单指此项。如桓谭《新论·求辅》云："章程，斛斗也。"笔者以为，张苍所定之"章程"，乃郡县上计制度，特别是度、量、衡的标准。

---

① 《汉书·高帝纪》。

② 《史记·张丞相列传》裴骃《集解》引。

③ 《通典·职官五》。

国家体制:郡县与封国

在地方行政体制上,与秦制不同,郡县之外,还有王国与侯国。

楚汉相争时,为了取得手握重兵的韩信和割据称雄的英布等人的支持,刘邦陆续分封了八个诸侯王:楚王韩信、淮南王英布、梁王彭越、赵王张耳、韩王信、燕王臧荼。即位以后,又分封吴芮为长沙王,无诸为闽越王。不久,臧荼反,又封卢绾为燕王。张耳、吴芮病逝,其子张敖、吴臣分别袭爵。汉朝中央实际控制区,大致与当年的秦国相同,其余地区是异姓诸侯王的封地。那些异姓诸侯王跨县连郡,函谷关而东,大都是他们的地盘。卧榻之旁,岂容他人酣睡?况且这些异姓王,都武略过人,手握重兵,足可以与刘邦及其子孙再争雌雄。

长沙王吴芮画像(选自1929年《吴氏宗谱》)

刘邦的心腹大患是韩信。韩信不仅勇冠三军,且彭越、英布等人皆唯他马首是瞻。消灭项羽之后,刘邦经过一番策划,以突然袭击的方式,解除了韩信的大将职务,收回了他对军队的指挥权。接着,又以韩信是楚地人,熟悉楚地风情为由,将他从齐王改封为楚王。以下邳(今江苏邳县西南)为中心的楚国,远不如齐地富庶,且是一片四战之地,无险可守。如果韩信起兵造反,也容易对付。

然而,韩信没有看穿刘邦的叵测之心,携着一颗楚王的金印,衣锦还乡,会故旧,酬恩德,好个风光!

久经沙场的战将,缺少的是政治上的冷静。在钟离昧问题上,更显示出他的这个缺点。钟离昧是项羽的部将,项羽死后,被刘邦通缉,逃到好友韩信处躲避。刘邦要韩信把他抓起来,韩信意气用事,拒绝执行。从这件事上,刘邦更加认定韩信不是他所能驾驭的。

不久,刘邦安插在楚国的耳目送来情报说:韩信出入警跸,似要谋反。

皇帝出行,侍卫扈从,为警;止人清道,曰跸。从刘邦的子孙文帝、景帝时的情形来看,诸侯王不得用此大礼。起初可能没有这一限定,《史记·汉兴以来诸侯王年表序》说,诸侯王"百官宫观,僭于天子";《汉书·诸侯王表序》也说,诸侯王国从宫殿规制到百官设置,都与皇帝相同。但仅从韩信使用警跸之礼上,怎么也得不出他要谋反的结论。按说,这么件大事,刘邦应派人调查取证才是。但刘邦没有这么做,他接到密报后,马上召集公卿大臣,商讨如何擒拿韩信。

几员大将鼓噪说:速速出兵,活埋了那小子!

刘邦默然。

谋士陈平晚来一步,刘邦问他有何高见。陈平问诸位将军意下如何,刘邦如实相告。陈平略加思忖,问有人上书告发韩信,除了皇上和在场的大臣,还有别人知道吗?刘邦说没有。陈平又问韩信知道有人告发他吗?刘邦说韩信还蒙在鼓里。陈平心中有数了,话锋一转,问刘邦:陛下的士兵比韩信的士兵精锐吗?刘邦说不如。

陈平又问:陛下的战将有比韩信高明的吗?刘邦长叹一声说,没人能赶上韩信。

这时,陈平亮出了底牌:兵不如楚精,将不及韩信,怎能出兵征讨?他建议刘邦以出游云梦为名,传令在陈县接见诸侯。陈县(今河南淮阳)在楚国西部边界上,韩信听说天子出游,也必定来谒见,那时再趁机擒拿他。如此,一介力士就可以解决问题。

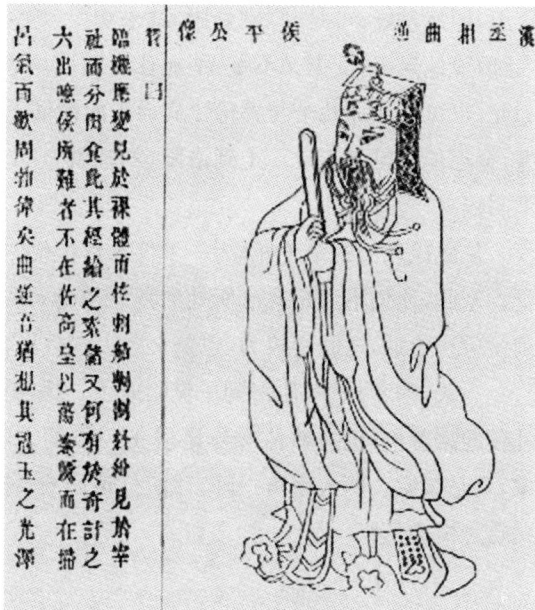

陈平画像

刘邦称妙,马上颁下一诏:朕将南游云梦。

云梦是个湖泊,也称"云梦泽"。这一片水域早已消失,当初的位置后人也就难以说清,大致在今湖北、湖南接壤的江陵、安陆以南,益阳、湘阴以北一带。

刘邦的车驾很快到了楚地界。韩信虽然不知刘邦此行的真正意图,但他也害怕去见刘邦。有个门客出计:斩钟离眜,提他的人头去见皇上,皇上必定高兴。如此,肯定平安无事。这人可能是一片忠心,也可能是刘邦的人,给韩信挖陷阱。韩信不忍心杀钟离眜,去见钟离眜时,谈了那个门客的方案。钟离眜一听,暴跳如雷,大骂韩信不够朋友,遂拔剑自刎。韩信嗟叹良久,最后让人割下钟离眜的人头,提了去见刘邦。

刚刚行完叩见之礼,就听刘邦一声断喝,上来几个武士把韩信绑了。

韩信最担心的事情终于发生了。事已至此,只好认命,他冲着刘邦凄然一笑,道:"果若人言:'狡兔死,良狗亨;高鸟尽,良弓藏;敌国破,谋臣亡。'天下已定,我固当亨!"

刘邦也知道韩信无辜,心生愧意,不知说什么才好,嗫嚅良久,才抛出一句:"人告公反。"说完,挥手让人把他押走了。

在械系韩信回京的路上,刘邦心绪难平。对韩信,是杀还是赦?杀了他,消除了心头之患,固然是好;可是,刚刚开国,就杀功臣,难免让人心寒。当然,可以给他加个谋反的罪名,但说他谋反,证据又不足,不能让人信服。思虑再三,刘邦终于决定留韩信一条活命。如此,也可以让那几个与韩信比肩而王的诸侯王如彭越、英布等,稍稍放心。不然,唇亡齿寒,会逼他们铤而走险。走到洛阳,刘邦就宣布了大赦令:赦免韩信死罪,褫夺王位,贬为淮阴侯。

从威风八面的楚王,降为一个仅衣食租税的淮阴侯,今昔对比,反差强烈,韩信难以接受。至此,他仍不清楚自己所处的危险境地,对被贬为淮阴侯愤懑不已。遇上朝廷大典,列侯应当参加,这既是权力,也是义务。多数场合,韩信都不出席,说是有病,不能起身。

一天,闲着无事,他来到了樊哙府上。樊哙很崇拜韩信,虽然他也是侯爵,却以臣下的礼仪迎接韩信,仍把韩信看作诸侯王一级的人物,跪拜之后,受宠若惊地说:大王莅临臣家,真是荣幸。两人寒暄一阵,韩信打道回府,刚出樊家,他摇头自嘲道:我韩信如今竟与樊哙之流为伍!

樊哙、吕雉等画像

樊哙虽出身卑微,是个屠狗夫,但刘邦起兵反秦,他是第一批追随者,他又娶了吕雉的妹妹吕媭为妻,对韩信恭敬有加,韩信还是如此小觑。

樊哙听了,不知作何感想?

诸如此类的言行,还有很多,司马迁写《史记·淮阴侯列传》,仅举了这两个例子,以说明韩信"居常鞅鞅",不满于自己的处境。

更有甚者,对皇上刘邦,他居然也说三道四。

一日,刘邦召韩信入宫,君臣闲话。不久,话题扯到诸将的能力上,韩信一一点评。"如我能将几何?"刘邦问。

韩信说:"陛下不过能将十万。"

刘邦又问:"于君何如?"

"臣多多而益善耳。"韩信自负地说。

刘邦笑了,说:"多多益善,何为为我禽?"

韩信道:"陛下不能将兵,而善将将,此乃信之所以为陛下禽也。"①

司马迁《史记·淮阴侯列传》和班固《汉书·韩信传》,都没有介绍君臣两人对话之后,刘邦是喜还是忧。我们猜测,韩信的"直言"只能增加刘邦对韩信的畏惧、担忧,使刘邦下定决心,不能放虎归山。

处境危难的韩信不思苟全性命,一点点勒紧了套在自己脖子上的绳索。

韩信在长安度日如年,他不甘心老死于淮阴侯府。

汉十年(前197),阳夏侯陈豨出任赵国(都治邯郸,今属河北)相国,监领赵、代(都治代县,今河北蔚县东北)两国士兵。陈豨是韩信好友,莅任前,特来向韩信辞行。韩信让身边的仆人都走开,拉着陈豨的手走到庭院中,有几句心里话要对他说。

陈豨恭敬地表示唯韩信之命是听,韩信告诉陈豨,赵、代一带民风剽悍,是个出武士的地方。今上对你也很信任,如果有人说你要造反,今上肯定不信;又有人说你要造反,今上就怀疑了;等到第三个人说你要造反,今上就要御驾亲征了。如果到了那时,我在长安做内应,天下就不姓刘了。

陈豨最佩服韩信,竟被他说动了。

到任以后,陈豨就招徕大批敢死之士,积蓄力量,准备起事。不久,陈豨回老家省亲,车队多达一千辆。在礼仪上,这是一种僭越。有人上书弹劾陈豨,刘邦下令调查。陈豨一看形势不妙,就在九月起兵,自立为代王。

刘邦统领大军北上,征剿陈豨。

本来,刘邦对韩信放心不下,打算带上他一起出征。韩信装病,卧床不起,刘邦也就不好勉强。刘邦率大军一走,京师空虚,韩信来了精神,派人密告陈豨:贤弟放手干,我在京师起兵响应。然后,与家臣密谋,准备矫诏赦免在京的刑徒、奴隶,把他们武装起来,袭杀皇后吕雉,夺取长安。民间还传说韩信做了个风筝,放飞于空中,用来测量到未央宫的距离,打算挖地道进去。

不料,有人向吕雉告发了韩信的密谋。

---

① 《史记·淮阴侯列传》。

这个告密者叫乐说,他的哥哥是韩信的门客,不知为何触怒了主子,被抓了起来,准备处死。弟弟听到风声,就向吕后告密,以搭救兄长。

吕雉接到密报,临危不惧,立即让人把相国萧何找来,商议对策。

吕雉皇后的"皇后之玺"

一件棘手的事摆在了萧何面前。

韩信是他力荐给刘邦的。在萧何的力荐下,刘邦拜韩信为大将军,韩信从此成为叱咤风云的人物。萧何荐举之功,韩信没齿不忘。在刘邦的文武大臣之中,他敬重的只有萧何一人。

对于韩信的才干,萧何是再清楚不过了。眼下大军北上,京城兵力单薄,对韩信不能动武,唯有智取。他向吕后献上一计:就说皇上派人送来捷报,陈豨已被擒杀,要列侯大臣都进宫庆贺,以此趁机拿下韩信。

吕后依计而行。

韩信还是称病不去。

萧何亲自登门动员,说这等大事不去不好,贵体欠安,辛苦一趟,去去就回。

韩信素来敬重萧何,不知是计,就随他入宫。刚进宫就被擒下,在长乐宫的钟室(悬钟之室),吕后亲自监斩,处死了韩信。这是刘邦汉纪年第十一年(前196)正月之事。宋人洪迈《容斋随笔》卷八《萧何给韩信》记有一句俚语,韩信一生,是"成也萧何,败也萧何"。

刘邦镇压了陈豨,回到长安,听吕后说韩信已被杀掉,司马迁《史记·淮阴侯列传》用"且喜且怜之"来描述刘邦的心情:惊喜之余,又有几分悲怜,毕竟一同出生入死几年。

史家从国家统一的角度出发,肯定刘邦铲除韩信做得对;重情感的诗人,却每每哀叹韩信的不幸,明人骆用卿《题韩信庙》云:

逐鹿中原汉力微,登坛频蹙楚军威。

足当蹑后犹分土,心已猜时尚解衣。

毕竟封侯符蒯彻,几曾握手到陈豨?

英魂漫洒荒山泪,秋草长陵久落晖。

在韩信被杀当月,叛逃匈奴的韩王信,也被汉将柴武斩杀。

两个月后,梁王彭越又被诛灭三族,彭越的尸骨被做成肉酱,分赐给各位裂土为王者。肉酱送到淮南国的时候,英布正在野外打猎,一见肉酱,顿时吓得面无血色,回到王宫,就部署人马,不久就起兵造反。不过,最后的结局,是英布兵败被杀。

两个月后,卢绾也起兵反叛,结果兵败逃往匈奴,老死于大漠之中。

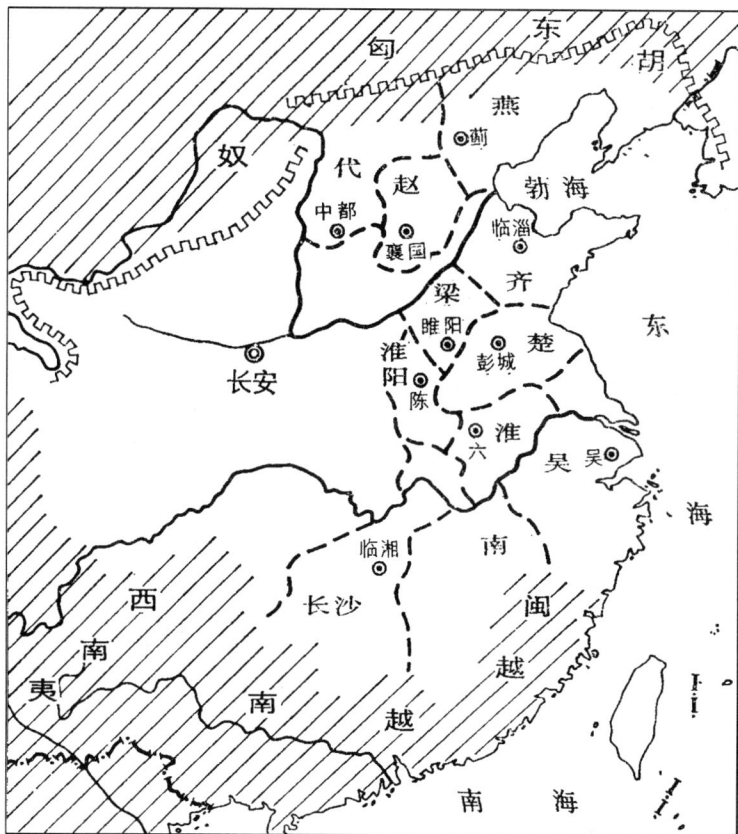

西汉同姓诸侯王割据图

这样,当年刘邦分封的八个异姓诸侯王,只剩下了长沙王吴臣和闽越王无诸。

削平异姓王后,鉴于秦孤立而败的教训,刘邦又大封同姓子弟为王。刘邦的十个兄弟子侄中,大哥刘伯之子刘信,因其母当年待刘邦刻薄,未得到王位,其余九人全封为王,他们是:荆王刘贾,楚王刘交,齐王刘肥,代王刘喜、刘恒,吴王刘濞,淮南王刘长,赵王刘如意,梁王刘恢,淮阳王刘友。刘邦以为,他的嫡长子为帝,其他刘氏子弟为王,镇抚一方,拱卫中央,如此便可确保刘氏家天下。为了进一步维护、巩固刘氏家天下的局面,又与众大臣杀白马歃血为盟:"非刘氏王者,天下共击之。"①

为了防止王国尾大不掉,危及中央,刘邦也采取了一些限制诸侯王的措施。如诸侯王不得使用皇帝礼仪;诸侯国之二千石官,由中央任命;诸侯王无虎符,不得擅自发兵;诸侯王不得擅自赐爵,赦免死罪;诸侯王不得收纳亡命之人;诸侯王当定期入朝;诸侯王之间不得私自会晤,等等。

---

① 《史记·吕太后本纪》。

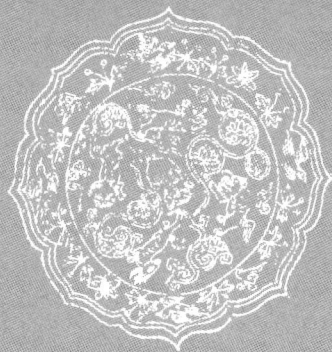

三　汉家盛世的基石

汉承战乱之后，满目疮痍。虽贵为天子，刘邦的乘舆竟凑不齐颜色相同的四匹马；那些开国将相，则只有坐老牛破车的分了。面对这一现实情况，刘邦君臣只好轻徭薄赋、约法省禁、与民休息。惠帝二年(前193)，曹参接替萧何出任相国，萧规曹随，奉行无为而治。从此，这种出自黄老学派的主张被定为统治思想，历吕后、文帝、景帝不改，从而奠定了汉家盛世的基础。

萧规曹随:走向无为而治

秦始皇帝时繁重的徭役与沉重的赋税,把社会经济推到了崩溃的边沿。而秦末战乱,又雪上加霜,给社会经济以巨大的破坏,刘邦接过来的江山,满目疮痍。以曲逆县(今河北完县)为例,秦时有三万多户,劫后余生者仅剩五千余户。就是这样一个残破的县,刘邦见了还惊讶地赞道:“壮哉县! 吾行天下,独见洛阳与是耳!”[①]秦时的达官贵人,在秦末汉初也穷困潦倒。如召平,本秦之东陵侯。秦灭,沦为布衣,家贫,只得种瓜长安城东。

当然,也有人大发战争财,宣曲(今陕西长安西南)任氏即是其中之一,他靠倒卖粮食,囤积居奇,大发横财。他们的行为,又进一步加剧了社会经济危机。

摆在汉初君臣面前的当务之急,是恢复发展生产;而饱受兵燹之害的黎民百姓,也亟需休养生息。

于是,清静无为成为有识之士的共识。

曹参是这一方针的忠实实践者。

曹参是刘邦的同乡,秦时为沛县“狱掾”。《史记·曹相国世家》说他与萧何并为沛县“豪吏”,颜师古注:“言参及萧何并为吏之豪长也。”萧何是县令之下地位最高、职权最大的主吏,曹参只是一名管理监狱的小吏,何以也成为“豪吏”? 其原因是秦以严刑峻法绳下,吏民动辄触禁,囹圄成市,赭衣(罪犯之衣)塞路。管理监狱的“狱掾”,也就成了一个显赫人物。

刘邦起兵后,曹参成为刘邦手下的一名战将。刘邦汉纪年二年(前205)八月,曹参以代理丞相的身份随同大将军韩信征战——实际上,他是刘邦派去监督韩信的。曹参战功显

曹参画像(选自明王圻、王思义辑《三才图会》)

① 《史记·陈丞相世家》。

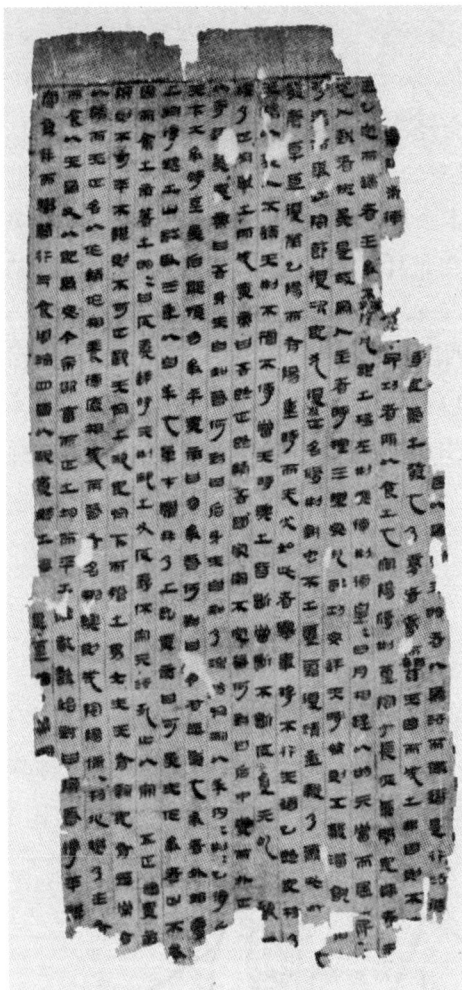

长沙马王堆三号汉墓出土《黄帝四经》(部分)

　　1973年,考古工作者发掘了长沙马王堆三号汉墓,在该墓东边厢五十七号漆盒中发现了二十六种帛书,其中一种最初被命名为《黄帝书》,后来唐兰先生认为该书即《汉书·艺文志》中的《黄帝四经》,为学界所认同。研究者认为,帛书《黄帝四经》乃稷下黄老学派的开山之作。

赫,《史记·曹相国世家》为他开列了一份战绩表:

　　攻占的地区:诸侯国两个,县一百二十二个;

　　俘虏的人员:诸侯王两人,国相三人,将军六人,卿、郡守、司马、候、御史各一人。

　　刘邦登基的第二年,分封长子刘肥为齐王,曹参被任命为齐国相国。

　　汉初诸侯,齐国最大,《汉书·诸侯王表序》说齐有七十三县。汉初形容齐国之大的另一种说法是:说"齐言"者皆与之①。"齐言"即齐地方言。

　　齐是受秦末战乱破坏比较严重的地区,曹参到任后面临的第一桩事,是如何安集百姓。为此,他邀请一百多位有名望的儒生到相府,请教安集百姓之道。那些大儒名宿各执一词,让曹参无所适从。后来,他听说胶西(郡治高密,今属山东)有位姓盖的老先生,人称"盖公",是黄老学派的大家,遂以重金把他请来。盖公讲了一通治国安民的道理,其主旨是:"治道贵清静而民自定。"曹参深以为然,把相府正堂让给盖公居住,待以殊礼。

　　曹参礼敬盖公,被视为汉初文化复兴的表现之一。

　　盖公是如何指导曹参无为而治的,曹参在齐国怎样具体实施这种思想的? 今已不得而知。不过,曹参在齐国推行"无为而治"的结果是十分明显的:"相齐九年,齐国安集。"

　　第九年上,汉帝国的相国萧何病逝,曹参被任命为相国。

　　当曹参到中央做相国时,经过萧何等人的努力,汉家皇朝的政治体制已粗具规模。曹

---

　　① 《汉书·高五王传》。

参在此基础上，大力推行无为而治，举事无所变更，一遵萧何约束。他还整顿了相府官吏，把那些言文刻深、欲务声名者尽皆辞退，而遴选那些木讷质朴、重厚老成之人为吏。他自己则整天喝得烂醉，不问政事。谁人来劝他，未等开口，就被曹参灌醉。上行下效，属吏无所事事，均以喝酒为乐。

公卿大臣对曹参的所作所为很不理解，当朝天子惠帝也不理解，心中寻思：相国是否是看不起朕？曹参的儿子曹窋时为中大夫，在宫中侍从惠帝。一天，惠帝告诉他，如果他回家，乘着曹相国高兴的时候问一下，身为相国，为什么整天喝酒，不理国事。惠帝还特别叮嘱曹窋：不要说是朕让你问的！当曹窋按惠帝的吩咐问曹参时，曹参大怒，打了曹窋二百板子，说国家大事"非若所当言也"。

惠帝无奈，次日上朝，亮出了老底，说是他让曹窋问的。

曹参免冠谢曰："陛下自察圣武孰与高帝？"

惠帝道："朕乃安敢望先帝乎！"

曹参又问："陛下观臣能孰与萧何贤？"

惠帝直言："君似不及也。"

曹参道："陛下言之是也。且高帝与萧何定天下，法令既明，今陛下垂拱，参等守职，遵而勿失，不亦可乎？"

惠帝彻悟，道："善。君休矣！"

君臣这一问一答，在"无为而治"上达成共识。

从此以后，"无为而治"才统一了百官公卿的思想，随即全面推广开来。百姓为之欢欣鼓舞，歌曰：

> 萧何为法，颟若画一。
> 曹参代之，守而勿失。
> 载其清净，民以宁一。[①]

---

① 《史记·曹相国世家》。

文景之治:汉家皇朝的繁荣

曹参仅做了三年相国就病死了。第三年,惠帝死。惠帝的皇后是鲁元公主之女,无子。惠帝一个嫔妃生子,吕后杀了这个嫔妃,伪称其子为鲁元公主所生,立为太子。惠帝死,太子嗣位,吕后以皇太后身份临朝听政,行使皇帝的权力。不久,那位小皇帝知道了自己的身世,扬言亲政后定要料理此事,吕雉大惊失色,废而杀之,另立恒山王刘弘为帝,史称"少帝"。吕雉不仅仍然临朝称制,而且不再给刘弘设置纪年,这就意味着不把他作为一代皇帝对待。吕雉从公元前187年临朝称制,至公元前180年病死,凡八年。称制期间,吕后继续推行"无为而治"的国策。

"戚姬寺"(位于今山东定陶县城北)

"戚夫人"或称"戚姬"。民间传说,戚夫人乳名蓉儿,是定陶县戚员外的女儿。戚夫人能歌善舞,最得刘邦欢心。戚夫人之子刘如意,也最讨刘邦喜爱,一度打算立他为继承人。刘邦死后,吕雉将戚夫人剁去四肢,挖去双眼,弄哑了喉咙,扔进茅厕——《史记·吕太后本纪》说:"使居厕中。"《汉书·外戚传》说:"使居鞠域中。""鞠域",蹴鞠之地。二者孰是? 或先在"鞠域",后扔进厕中? 今难断言。吕雉说那是一头"人彘"。刘如意也被鸠杀。但吕雉在建立、稳定刘氏汉朝方面,起过重要作用。对此,司马迁《史记·吕太后本纪》有如下评论:"吕后为人刚毅,佐高祖定天下,所诛大臣多吕后力。"也就是说,吕雉"佐刘邦定天下"的主要体现,在"诛大臣"方面。

吕后病死,周勃、陈平等发动政变,诛杀诸吕,迎立代王刘恒为帝,是为文帝。文帝、景帝在位的四十年间(前180—前141),是中国历史上的太平盛世之一,史称"文景之治"。

　　"文景之治"一词始见于唐代,出自白居易笔下[①]。《白氏长庆集》卷四十七《才识兼茂明于体用科策》中提到"成康、文景之理",这里的"理"当为"治",因避唐高宗李治之讳而作"理",《增注唐策》卷二《白居易贤良策》作"治",可证。

　　"成康"指周成王、周康王,根据《夏商周年表》,成、康两王在位时间为公元前 1042 年至公元前 996 年[②],这是古人称颂的中国历史上第一个太平盛世,司马迁《史记·周本纪》云:"成康之际,天下安宁,刑错四十余年不用。"

　　"文景之治"主要表现在哪些方面?

　　一是"养民",即与民休息。这也就是曹参确立的黄老无为政策。

　　二是"节俭"。在这个方面,史家最称颂的是文帝。不独汉时人,就连千年后的宋朝人王禹偁,也对汉文帝的言行赞叹不已,他的《读汉文纪》一诗云:

> 西汉十二帝,孝文最称贤。
> 百金惜人力,露台草芊眠。
> 千里却骏骨,鸾旗影迁延。
> 上林慎夫人,衣短无花钿。

　　三是"刑措"。措,搁置。意思是没人犯法,刑法搁置不用。

　　其中最为人们所称颂的,是文帝被一个叫缇萦的女子所感动,下诏废除肉刑。

　　缇萦的父亲淳于意犯法,被逮往京城长安受刑。淳于意没有儿子,只有五个女儿,临行,他感叹无子,生了一群没用的女儿。小女儿缇萦毅然随父西至长安,上书汉文帝,请求没为官婢,以赎父罪。文帝被感动,下令废除肉刑,赦免淳于意。

　　缇萦的言行,深受后人称赞,班固《咏史》云:

缇萦画像(选自清上官周《晚笑堂画传》)

---

①　参见王子今《唐人历史意识中的"文景之治"印象》,《人文杂志》2004 年第 5 期。

②　夏商周断代工程专家组《夏商周断代工程——1996—2000 年阶段性成果报告》,世界图书出版公司 2000 年版,第 88 页。

三王德弥薄，惟后用肉刑。

太仓令有罪，就递长安城。

自恨身无子，困急独茕茕。

小女痛父言，死者不可生。

上书诣阙下，思古歌鸡鸣。

忧心摧折裂，晨风扬激声。

圣汉孝文帝，恻然感至情。

百男何愦愦，不如一缇萦！

从司马迁《史记》起，人们对文、景二帝，特别是文帝极尽赞美。司马迁写完《史记·孝文本纪》，对文帝之节俭不惜笔墨，大加褒美：

孝文帝从代来，即位二十三年，宫室、苑囿、狗马、服御无所增益，有不便，辄弛以利民。尝欲作露台，召匠计之，直百金。上曰："百金，中民十家之产，吾奉先帝宫室，常恐羞之，何以台为！"上常衣绨衣，所幸慎夫人，令衣不得曳地，帏帐不得文绣，以示敦朴，为天下先。治霸陵，皆以瓦器，不得以金、银、铜、锡为饰，不治坟，欲为省，毋烦民。南越王尉佗自立为武帝，然上召贵尉佗兄弟，以德报之，佗遂去帝称臣。与匈奴和亲，匈奴背约入盗，然令边备守，不发兵深入，恶烦苦百姓。吴王诈病不朝，就赐几杖。群臣如袁盎等称说虽切，常假借用之。群臣如张武等受赂遗金钱，觉，上乃发御府金钱赐之，以愧其心，弗下吏。专务以德化民，是以海内殷富，兴于礼义。

但事实并不完全如司马迁所言。

司马迁说文帝在位二十三年，没有新建宫室苑囿。但是，《三辅黄图》卷四却记载，文帝为太子刘启建了一个"思贤苑"，有宫室六所，广庑高轩，富丽堂皇。此外，据《史记·封禅书》《汉书·郊祀志》等书记载，文帝新建的建筑，还有五帝庙、五帝坛等。

司马迁说文帝本人及他所宠爱的慎夫人如何如何节俭。但是，文帝赏赐大臣动辄上千斤黄金，且如周勃、陈平等诛杀诸吕、迎立文帝，文帝乃拜周勃为右丞相，赐金五千斤，加封一万户；陈平为左丞相，赐金二千斤，加封三千户；灌婴为太尉，赐金二千斤，加封三千户；赐刘章、纪通、刘兴居金各一千斤，各加封二千户。如文帝所说，百斤黄金是十户中等家庭的财产。文帝一次赏赐周勃等人一万二千金，相当于一千二百户中等家庭的全部财产。

文帝赏赐最多的是邓通。

一天，文帝白日做梦，他想上天为仙，可就是飞不起来。忽然，一个"黄头郎"从后面推了一把，他就飞起来了。他回头一看，那个"黄头郎"衣带后穿。梦醒以后，他来到渐台，按梦中的相貌寻找那个"黄头郎",果然发现一个划船的"黄头郎"衣带后穿。文帝问他姓名,他说叫邓通,蜀郡南安(今四川乐山)人。文帝认定"邓通"就是那位能助他登天的神仙,于是邓通从此发迹,官至上大夫。《史记·佞幸列传》记文帝赏赐他"巨万以十数","巨万"即万万。文帝赏赐给他的钱物,多达十几个"巨万"。司马迁《史记·货殖列传》开列了九位最富的大工商业主,最富的是鲁地曹邴氏,以冶铁起家,富至"巨万"。文帝赏赐给邓通的钱物,超过了汉初九个最富的大工商业主财富的总和。

后来,文帝让一个相面先生给邓通看相,相面先生说邓通将被饿死。文帝说,邓通的贫富在我,怎么会饿死?于是,赐给邓通蜀郡严道(今四川荣经)一座铁矿山,让邓通自行铸钱,于是"邓氏钱"遍天下。这时的邓通,真正富可敌国了。

不过,文帝死后,景帝即位,邓通被抄家,一文不名,死在别人家里。

文帝是一个很会"演戏"的皇帝。建一个露台,只需百金,一个小工程,文帝竟然亲自召见工匠,询问工程造价,然后当着众臣之面说了那番关心民生、节俭为本的话。文帝此举,被后世当作节俭的典范,大加赞美。然而,他赏赐佞臣邓通的钱物,即使昏君亦难望其项背!

文帝采取一系列轻徭薄赋的改革措施:

前元元年(前179)六月,取消各郡国向中央的岁贡。

前元二年九月,赐民田租由十五税一减为三十税一。

前元十三年六月,免除全年的田租。

《汉书·贾捐之传》还记载:文帝把丁男每年应服役一月,减少为每三年服役一月。

汉文帝刘恒与窦皇后画像(宋人绘,现藏台湾故宫博物院)

伏胜授经图(传为唐人王维绘,现藏日本大阪市美术馆)

汉惠帝四年(前191),废止《挟书律》,儒学逐渐发展起来。

伏胜,又称"伏生",济南(今属山东邹平)人,经学家。秦始皇帝"焚书坑儒",伏胜冒着生命危险,把《尚书》藏在了墙壁中。《挟书律》废止,伏胜取出藏书,仅残存二十九篇,以此教授齐、鲁之间。《尚书》原为古文,伏胜弟子改录为汉代通行的隶书,此即传承至今的今文《尚书》。汉文帝时,太常掌故晁错奉命到伏生家中学习《尚书》。此时伏生已经九十余岁,口齿不清,便让女儿羲娥在一旁代为解说。羲娥讲的是齐地方言,而晁错是颍川(今河南禹州)人,有十之二三听不懂。

文帝在位二十三年。公元前157年,文帝驾崩,景帝即位。景帝之贤明不如乃父,但在无为而治这一国策上,贯彻犹力。班固写完《汉书·景帝纪》,对景帝一朝用"遵业"两个字来评价,也就是说,景帝一朝主要是遵循文帝之制。

经过文景时期的恢复发展,到武帝君临天下时,社会经济已出现了空前繁荣的景象。据司马迁《史记·平准书》说:

> 至今上即位数岁,汉兴七十余年之间,国家无事,非遇水旱之灾,民则人给家足,都鄙廪庾皆满,而府库余货财。京师之钱累巨万,贯朽而不可校。太仓之粟陈陈相因,充溢露积于外,至腐败不可食。

与汉初那种残破景象相比,已不可同日而语了。

汉景帝刘启画像(选自明弘治刻本《历代古人像赞》)

民间社会的个案：朱买臣与公孙弘

文景之时，社会较稳定，民众负担较轻，经济发展较快，这一点是毋庸置疑的。但是，当时社会的实际状况，也非如文献所渲染的那么美好。

当时，一部分人乘无为而治之机发财致富，这部分人主要是大商人、大手工业主。他们富侔王侯，生活奢侈。文帝的大臣贾谊，曾尖锐地指出这一点①。而一般民众的生活依旧贫苦。

朱买臣就是一个典型。

朱买臣字翁子，吴县（今江苏苏州）人。家中一贫如洗，地无一垄，夫妇二人靠砍柴割草，卖几个钱度日。虽然贫困，但朱买臣好读书，一边挑着柴草走路，一边诵读《春秋》《楚辞》。他的妻子负薪相随，薪重如山，步行艰难，看到朱买臣边走边读，心中烦躁，叫他不要再读了。朱买臣不听，妻子制止他一次，他的声音就提高一个分贝。

妻子愤恨不已，要求离婚。

朱买臣说：我年五十岁当富贵，如今已经四十多岁了，你跟着我受苦这么多年，等我富贵了好好报答你。

妻子骂道：像你这种人，终将饿死沟中，哪里有什么富贵可言？

朱买臣无奈，只好听任妻子离他而去，另嫁人家。

朱买臣一人砍柴割草，读诵如故。

一天，他在一片坟地割草，正好碰上前妻与她的后夫上坟。前妻看他面如菜色、衣衫褴褛，心中酸楚，就把他叫到跟前，拿出一些祭祀用后的食物，让他吃了个饱。

若干年后，朱买臣得到汉武帝重用，武帝说：富贵不归故乡，如衣锦夜行。特地任命他为会稽（郡治吴县，今江苏苏州）太守。于是，有了下面一幕：

会稽官员听说新太守到任，征发民众清扫道路，各县官员恭迎。朱买臣的车队来了，

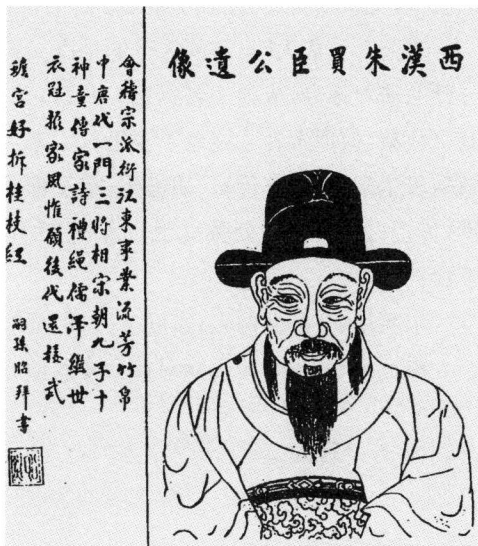

朱买臣画像

---

① 《汉书·贾谊传》。

浩浩荡荡,一百多辆。在清扫道路的人群中,朱买臣发现了前妻与她的后夫,招呼他们上了一辆车,随他到了太守官邸,安排他们住下,每天供给好酒好饭。

一个月后,前妻羞愧的上吊自杀了。

公孙弘也是一个例子。

《史记·平津侯主父列传》记曰:"公孙弘者,齐菑川国薛县人也。"查《史记》、《汉书》,鲁国有薛县(今山东枣庄市薛城区),孟尝君食封之地,而菑川国无"薛"。顾炎武于《日知录》特作《史记菑川国薛县之误》一文考辨之。齐菑川国之薛,当在今山东寿光南。从"公孙"一姓推测,公孙弘祖上应为齐国公族之后。但是,到公孙弘这一代,已是一贫如洗。生母去世,父亲续娶,公孙弘孝事之。

当公孙弘成人时,君临天下的是汉文帝。"孝文本好刑名之言"[1],受社会风气的影响,公孙弘研习律令,成为一名狱吏。一次,公孙弘触犯法禁,被免官,无以为生,只得替人在海边牧猪,但他不甘心终老于乡里。后来,他听说胡毋生告老还家,遂扔掉牧猪的木棍,追随胡毋生学习《公羊传》。胡毋生,字子都,是研究《公羊传》的宗师,景帝时为博士,年老还家,传授《公羊传》。公孙弘虽已年过四十岁,但他勤奋好学,终于成为菑川一带著名的学者。

朱买臣、公孙弘两人,家庭贫穷,但都好学不辍。

由此来看,当时的民众对社会充满信心,有一种奋发上进的精神。

---

① 《汉书·儒林传》。

皇朝的隐患：商贾、地主、诸侯与匈奴

到文、景之时，西汉皇朝也存在很多隐患。

一是富商大贾、豪强地主称雄一方。

趁汉初无为而治之机，富商大贾快速发展起来。司马迁的《史记·货殖列传》中开列了九位大工商业主：

卓氏，临邛（今四川邛崃）人，以冶铁起家，僮仆千人。

程郑，临邛人，以冶铁起家，富埒卓氏。

孔氏，宛县（今河南南阳）人，以冶铁起家，家产数千斤黄金。

曹邴氏，鲁县（今山东曲阜）人，以冶铁起家，家产亿万。

刁间，齐人，以渔盐起家，家产数千万。

师氏，洛阳（今河南洛阳）人，以贩运起家，家产七千万。

任氏，宣曲（今陕西西安西南）人，以囤积粮食起家。

无盐氏，关中人，以高利贷起家。

桥姚，边塞人，以畜牧起家，马千匹，牛二千头，羊万头，粟以万钟计。

司马迁说，这九位仅是"章章尤异"、富甲天下之人。此外，富敌一郡、一县、一乡者，不可胜数。

富商大贾不仅凭借雄厚的财力称雄一方，还以金钱开路，结交郡国守相、王公贵族。

且以临邛卓氏为例。

卓氏本是赵国人，靠铁冶起家，富甲一方。秦灭赵，把富豪迁往蜀郡（郡治成都，今属四川）。卓氏的财产被没收，夫妻两人推着小车，来到蜀郡。当时这里集中了大批移民，他们纷纷把仅剩的一点财产拿出来，贿赂官吏，希望不要把他们迁往偏远之地，最好能就近去成都东北的葭萌（今四川剑阁东北）。卓氏却认为葭萌土地贫瘠，临邛盛产芋头，不至于饿死。于是，卓氏舍近求远，要求去临邛。

临邛一带铁矿蕴藏丰富。当地还有火井，最大的一处在临邛城南一百里。这种火井可能就是现在的天然气。当地还有盐井，《华阳国志·蜀志》说，用火井之火煮盐井之水，一斛水可得五斗盐。

卓氏重操旧业，开矿冶铁，再次致富。

到卓王孙这代，卓氏的事业达到顶峰。

汉文帝时，把临邛的古石山（亦谓之"古城山"）赐给了佞臣邓通，允许他开矿、冶铁、铸钱。邓通把古石山的开采及冶炼、铸钱等事出租卓王孙，卓王孙从中获得丰厚利润，富

甲天下。卓王孙凭借其财富，成为临邛县令的座上客。

梁园飞雪图

景帝朝，王吉出任临邛县令。

王吉有个好友叫司马相如。

司马相如，蜀郡成都人，字长卿，出身于一个大户人家。本名"犬子"，因慕蔺相如之为人，自己更名为"相如"。相如喜读书，又好剑。长大以后，家里拿出十万钱，给他捐了个郎官。郎官是皇帝的禁兵，赀选为郎，需自备鞍马、服装、兵器。相如很有才干，辞赋、剑术俱佳，数年间，官至武骑常侍，这是一个秩八百石的中级军官。郎官是当时入仕的最佳路线，县以上的官员大多是郎官出身。如果沿着这条路发展，相如成为一名高官是不成问题的。但是，相如最热衷的是辞赋，而当朝皇帝景帝却不喜欢这一套，他认为自己的爱好、特长得不到发挥。

景帝有个弟弟，叫刘武，封为梁王。他在梁国大治宫室，招延四方文人学士，邹阳、枚乘等名士趋之若鹜。从《史记·梁孝王世家》、《汉书·文三王传》来看，刘武没有什么文采，他招贤纳士，附雅风流，只是为了扩大影响：他一直觊觎皇位。刘武入京朝会，邹阳、枚乘等随侍左右，相如好生羡慕，遂借口有病，辞掉武骑常侍，去了梁国。在梁国期间，他写下了著名的《子虚赋》。在大臣窦婴、袁盎等人的支持下，景帝立刘彻为继承人，刘武的希望落空，抑郁而死。那帮文人学士也作鸟兽散，相如回到老家，家徒四壁。临邛令王吉是相如的朋友，邀请相如到临邛小住。

卓王孙对临邛另一个大富商程郑说，县令来了贵客，我们应当宴请一下。他们宴请的实际上不是"贵客"司马相如，而是县令王吉。卓王孙在县城南五里的豪宅，张灯结彩，车水马龙。王吉欣然前往，倒是相如谢病不去。日中，仍不见相如的身影。于是，王吉又亲去请司马相如，相如不得已，乘坐他从梁国带回来的那辆车去赴会。

酒酣，王吉请相如弹奏一曲，以助酒兴。

相如早就听说卓王孙有个女儿，名文君，才貌俱佳，新寡在家。于是，相如名为王吉弹奏，实乃挑逗文君。据说他弹奏的曲子是：

凤兮凤兮归故乡，
遨游四海求其皇，
有一艳女在此堂，
室迩人遐毒我肠，
何由交接为鸳鸯。①

文君从窗户偷窥相如，为他的相貌、才气所倾倒。自己是个寡妇，配得上这样的俊男才子吗？正在胡思乱想之时，丫鬟送来了相如仰慕她的口信。文君欣喜若狂，偷偷收拾了一下，当天夜里就与相如私奔了。

回到成都，文君才知道什么叫"一贫如洗"。她渴望老父给一笔钱，老父回话说：女儿不才，我不忍杀，分文不给！

文君与相如无奈，一起回临邛，相如把他那心爱的车骑卖了，买了一个酒馆酤酒，文君卖酒，相如身穿短裤——时称"犊鼻裤"，与雇工一起洗盘子。

卓文君窥司马相如抚琴图

卓王孙引以为耻，杜门不出。

文君的兄弟及其他亲朋好友纷纷劝解，说文君已经嫁给司马相如，他虽然贫穷，但才能出众；又是县令的朋友，这个面子不能不给。卓王孙不得已，分给文君家奴百人、钱百万。

文君与相如归成都，买田宅，为富人。

自《史记》以来，人们渲染的是司马相如与卓文君的爱情故事。但是，透过这个千古美谈的爱情故事，我们可以看到卓王孙、程郑是如何巧妙地利用各种机会，与县令王吉建立起密切关系的。

除了富商大贾外，称雄于乡里者还有豪强地主。他们也趁着汉初"无为而治"、田租较轻之机发展起来。司马迁《史记·货殖列传》记曰："田农，掘业，而秦扬以盖一州。"这位富甲一州的秦扬，就是一个大地主。不过，像他这样仅仅经营土地的地主为数不多，大多数都是或经商兼营土地，或手工业与耕稼并举，或官僚与地主两位一体。

---

① 《史记·司马相如列传》司马贞《索隐》引张揖语。

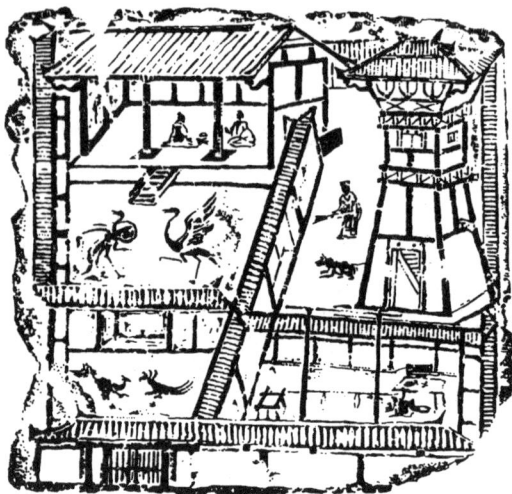

汉代豪强地主的庭院

这些没有官爵而富侔王侯、势倾郡国的富商大贾、豪强地主，司马迁称他们为"素封"①，史书或谓之"豪强"、"豪族"、"豪党"。他们称雄一方，君命有所不受，既削弱了君主专制主义中央集权统治，又分割了国家人户。

二是诸侯王骄恣不法。

削平异姓王后，鉴于秦孤立而败的教训，刘邦又大封同姓子弟为王。

在分封最初，确实达到了这一目的。汉初的安定局面以及平定诸吕，都有赖于同姓诸侯王的力量。不过，王国本身也包含着分裂割据的因素，随着诸侯王势力的发展，他们与中央的离心力逐渐加大，当他们自以为有力量与中央抗衡时，便会铤而走险。

最典型的是吴王刘濞。

刘濞是刘仲之子，刘邦的侄儿。二十岁那年，随从刘邦征讨英布，勇猛善战，给刘邦留下深刻的印象。在考虑吴王人选时，刘邦相中了刘濞。但是，颁赐刘濞王印之后，刘邦发现他有反相，又后悔了。但王印业已赐予，不好收回，遂抚其背曰："汉后五十年东南有乱者，岂若邪？然天下同姓一家也，慎无反！"

刘濞慌忙顿首说不敢。

汉十二年（前195）十月，刘濞携金印就国。

刘濞充分利用当地优越的自然资源，开山取铜铸钱，煮海水为盐，成为当时最富庶的地区之一。汉初经济恢复、发展，吴地起了重要作用。

刘濞是一个有政治头脑的诸侯王，一方面大力发展经济，增强国力；另一方面又竭力笼络民心：免除国中百姓赋税；中央征兵，派到谁人头上，由他出钱，雇人服役；逢节慰问优秀人才，赏赐百姓钱物，等等。在当时各诸侯王国中，只有吴国能够如此这般。刘濞深得吴国吏民爱戴，其他王国百姓不胜神往。

---

① 《史记·货殖列传》。

吴国坐大,刘濞有了与中央抗衡的条件,逢事大有寸步不让之势。

刘濞的太子刘贤入京朝见。身为吴太子,刘贤在吴国自是专横跋扈;到了京城,自恃强藩,锋芒不减。一天,刘贤与皇太子刘启下棋,竟与刘启争棋。皇太子是储君,刘贤与皇太子争棋,自是不把他放在眼里。刘启大怒,拿起棋盘砸向刘贤。不曾想,正中刘贤脑袋,刘贤一命呜呼。

这是个意外事故。文帝训斥了刘启几句,就派人护送刘贤的灵柩归国了。

刘贤的灵柩到了吴国,刘濞说:"天下同宗,死长安即葬长安,何必来葬为!"要他们再把刘贤的灵柩抬回去。

不仅如此,刘濞还从此称病,不再入京朝见。

汉制,诸侯王应定期入朝,春以正月,曰"春朝";秋以八月,曰"秋请"。春朝,诸侯王必须亲自去;秋请,可派人代行。不朝,便是大不敬,于法当诛。

文帝派人查办,结果是刘濞没病装病。为了笼络刘濞,文帝赐他"鸠杖",特许他可以不朝。"鸠杖"也叫"王杖",授予年八十岁以上的老人。甘肃武威磨咀子汉墓出土的"鸠杖"表明,"鸠杖"是一根长一点九四米、圆径零点零四米的木杆,杆端以母卯镶一木鸠。

晁错、贾谊等深感诸侯王尾大不掉,多次谏言削弱吴国,文帝姑息迁就刘濞,没有采纳。

文帝死,景帝嗣位,年少,诸侯王更加骄横。时为御史大夫的晁错提议尽快削藩,晁错的父亲听说此事,特地从家乡颍川赶来,问晁错:今上初即位,你作为辅政大臣,侵剥诸侯,别疏刘氏骨肉,很多人指责你,何以如此?

晁错说:不如此,天子不尊,宗庙不安。

父亲道:这样,刘氏安,而

晁错父子画像

晁氏危矣!早晚是个死,老父先走一步吧!遂饮药死。

景帝终于下定决心,先削了几个势力较小的王国,初见成效,晁错遂建议向势力最大的吴国开刀,并告诫说:今削亦反,不削亦反。削,其反快,但祸小;不削,其反晚,但祸大。刘濞获悉,遂以诛晁错"清君侧"为名,举兵反叛。

刘濞发布了一篇告诸侯王书,颇值得一读:

吴王刘濞敬问胶西王、胶东王、菑川王、济南王、赵王、楚王、淮南王、衡山王、庐江王、故长沙王子：幸教！以汉有贼臣错，无功天下，侵夺诸侯之地，使吏劾系讯治，以侵辱之为故，不以诸侯人君礼遇刘氏骨肉，绝先帝功臣，进任奸人，诳乱天下，欲危社稷。陛下多病志逸，不能省察。欲举兵诛之，谨闻教。

敝国虽狭，地方三千里；人民虽少，精兵可具五十万。寡人素事南越三十余年，其王诸君皆不辞分其兵以随寡人，又可得三十万。寡人虽不肖，愿以身从诸王。南越直长沙者，因王子定长沙以北，西走蜀、汉中。告越、楚王、淮南三王，与寡人西面；齐诸王与赵王定河间、河内，或入临晋关，或与寡人会洛阳；燕王、赵王固与胡王有约，燕王北定代、云中，转胡众入萧关，走长安，匡正天子，以安高庙。愿王勉之。楚元王子、淮南三王或不沐洗十余年，怨入骨髓，欲一有所出久矣，寡人未得诸王之意，未敢听。今诸王苟能存亡继绝，振弱伐暴，以安刘氏，社稷所愿也。

吴国虽贫，寡人节衣食用，积金钱，修兵革，聚粮食，夜以继日，三十余年矣。凡皆为此，愿诸王勉之。能斩捕大将者，赐金五千斤，封万户；列将，三千斤，封五千户；裨将，二千斤，封二千户；二千石，千斤，封千户：皆为列侯。其以军若城邑降者，卒万人，邑万户，如得大将；人户五千，如得列将；人户三千，如得裨将；人户千，如得二千石；其小吏皆以差次受爵金。它封赐皆倍军法。其有故爵邑者，更益勿因。愿诸王明以令士大夫，不敢欺也。寡人金钱在天下者往往而有，非必取于吴，诸王日夜用之不能尽。有当赐者告寡人，寡人且往遗之。敬以闻。[①]

从这篇檄文来看，刘濞是何等猖狂，直把大汉江山、未央宫皇位看作了他的囊中之物。

加盟到刘濞集团的，有楚、胶西、胶东、菑川、济南、赵六国，史称"吴楚七国之乱"。当时共有诸侯王二十二名，其中，景帝之子六位，此外还有十六王，而参加反叛的竟达七个。如前所述，齐是汉初第一个发展起来的诸侯国，胶西、胶东、菑川、济南四个诸侯王皆为齐王刘肥之子，乃分齐国而立；汉初另一个快速发展起来的诸侯国，就是吴国。汉初势力最强盛的两大诸侯国都参加了叛乱。起初，景帝为缓解这次叛乱，只好牺牲晁错，晁错还穿着朝服就被押往长安东市斩首。距老父自杀，不过十余天。

"清君侧"只是刘濞起兵的一个借口，他们不会因晁错已死而偃旗息鼓。

景帝只得发兵平叛。

"吴楚七国之乱"很快被镇压下去，景帝随机采取了一些限制、削弱诸侯王的措施。这些措施限制了诸侯王的权力，但仍不能有效地控制诸侯王的势力，解除他们对中央的威

---

① 《汉书·吴王刘濞传》。

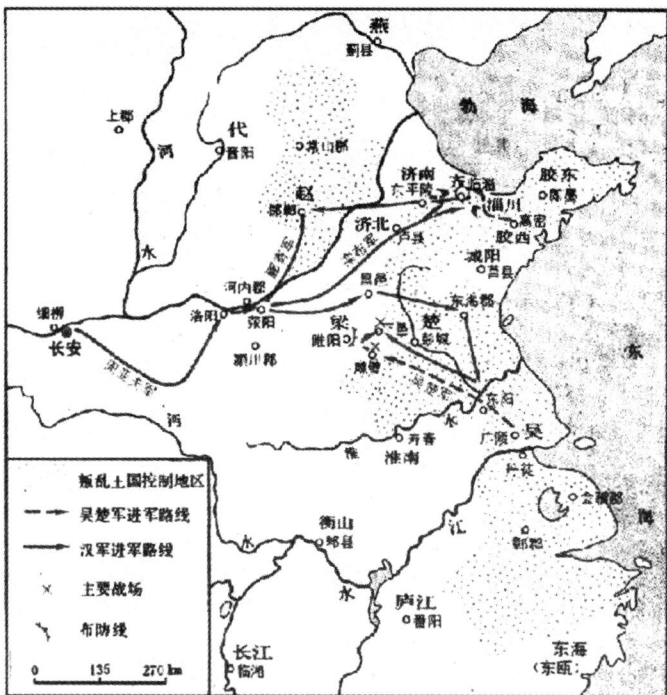

平定吴楚七国之乱图

胁。诸侯王问题不解决，汉家天子就不能高枕无忧。

三是匈奴南进。

刘邦接受刘敬的建议，与匈奴和亲。惠帝二年（前193），曹参出任汉相国，推行"无为而治"，与民休息，更不愿再启战端。汉朝君臣的软弱，更助长了冒顿的嚣张气焰。惠帝三年，冒顿致书吕后：

> 孤偾之君，生于沮泽之中，长于平野牛马之域，数至边境，愿游中国。陛下独立，孤偾独居。两主不乐，无以自虞，愿以所有，易其所无。

匈奴有妻寡嫂的风俗，汉与匈奴曾约为兄弟，冒顿单于这一要求，对匈奴来说，似乎是顺理成章，但是把本民族的风俗习惯强加于素守礼仪之邦的汉朝，则是一种带有污辱性的蛮横无理的有意挑衅。吕后展读来书，气愤难抑，但衡量再三，还是委曲求全，婉转地回复道：

> 单于不忘弊邑，赐之以书，弊邑恐惧。退日自图，年老气衰，发齿堕落，行步失度，单于过听，不足以自污。弊邑无罪，宜在见赦。窃有御车二乘，马二驷，以奉常驾。[①]

---

① 《汉书·匈奴传》。

又以一位宗室女,冒名公主,献给冒顿以求"和亲"。

冒顿车、马、美人照收,而侵掠如故。

文帝一即位,便立即与匈奴重修前好,嫁女和亲。然冒顿仍不时入侵。文帝三年(前177),匈奴右贤王大举入侵河南地。文帝急令丞相灌婴将兵八万抵御,自己也亲临太原(郡治晋阳,今山西太原)督战。第二年,文帝让大臣讨论与匈奴和战问题,公卿异口同声地主和。文帝六年,又派人向冒顿奉送礼物。

不久,冒顿死,其子稽粥立,号"老上单于"。文帝又送上一位宗室女,与老上单于和亲,命宦官中行说充当和亲使者。中行说至,遂降匈奴,并教老上单于计算和登记人畜,又将汉之虚实悉数告知老上单于。

老上单于更加狂傲。汉呈递匈奴的使书,牍长一尺,开头称"皇帝敬问匈奴大单于无恙"。老上单于给汉的使书,牍长一尺二寸,开头称"天地所生日月所置匈奴大单于敬问汉皇帝无恙",处处高出汉朝一等。

像冒顿一样,老上单于也不时入侵。

文帝十一年,匈奴寇狄道(今甘肃临洮南)。十四年冬,老上单于率十四万骑入侵朝郏(今甘肃平凉西北)、萧关(今宁夏固原东南)、彭阳(今甘肃镇原东),遣轻骑长驱南下,烧回中宫(故址在今陕西淳化西北)。长安震恐,文帝大发车骑抵御。老上单于并不畏惧,在塞内逗留一个多月,才带着掳掠的人口、牲畜和财产回去。

文帝又遣人去匈奴,请求和亲,得到老上单于的同意。文帝下诏约束军民,不得轻启边衅。四年后,老上单于病死,子军臣单于嗣立,文帝又嫁女给军臣单于以和亲。

但没过几年,军臣单于又撕毁和约,大举入侵上郡(郡治肤施,今陕西榆林东南)、云中(郡治云中,今内蒙古托克托东北),烽火一直烧到长安。

翌年,文帝驾崩,景帝嗣位。

景帝仍恪守和亲政策。他即位的第二年,匈奴入寇代郡(郡治代县,今河北蔚县东北),景帝忙遣御史大夫陶青至代,恳请和亲。景帝五年(前152),一位花枝招展的"公主"和大批礼物又送到了军臣单于的大帐。

然而,景帝的和亲同样不能羁縻军臣单于,匈奴的铁骑仍不时南下,杀掳吏民,抢掠财物,匈奴问题已到了非解决不可的时候了。

上述内忧外患不解决,大汉皇朝连生存都将成问题,遑论发展!

历史的机遇落到了汉武帝身上。

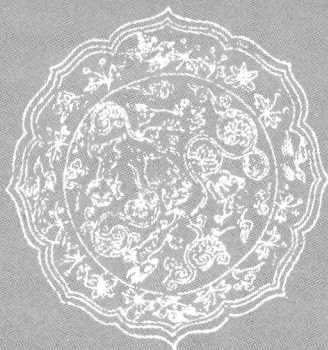

四　独尊儒术：要人们只读一种书

　　汉武帝对内改制，分化削弱诸侯王，打击地方豪强大族；裁抑相权，组建中朝；以严刑峻法驭下，加强对百官的监察；构筑严密的防御体系，加强对皇宫和京师的保卫；建设官僚队伍，广开仕途，唯才是举，量能授官。其中，在中国历史上影响最大的，是"罢黜百家，独尊儒术"。

历史的真相：建元元年之诏

《汉书·武帝纪》记载的武帝朝第一件事，是武帝诏举"贤良方正直言极谏之士"。这件事牵涉中国历史上一桩重大公案："罢黜百家，独尊儒术"是否就是这事情的结果？众所周知，"罢黜百家，独尊儒术"是中国儒学发展史上的大事，儒家思想从此登上了中国历史的思想舞台，直到清朝的统治结束。我们现在对这起聚讼纷纭的公案给出一个评断。

武帝之诏及处理过程如下：

> 建元元年冬十月，诏丞相、御史、列侯、中二千石、二千石、诸侯相举贤良方正直言极谏之士。丞相绾奏："所举贤良，或治申、商、韩非、苏秦、张仪之言，乱国政，请皆罢。"奏可。

汉武帝画像(选自明王圻、王思义辑《三才图会》)

建元是武帝第一个年号，也是中国历史上第一个年号。颜师古在《汉书·武帝纪》"建元元年"下面注曰："自古帝王未有年号，始起于此。"许多学者认为，"建元"乃以后追加的年号。陈直先生认为，"建元"年号并非后来追加的，并举出《金石记》卷五"高阳右军建元二年"戈、杭州邹氏藏"建元元年"砖、西安南郊出土"建元四年长安高"陶尊为证[①]。汉武帝初年仍沿用秦《颛顼历》，以十月为岁首。建元元年(前140)冬十月，是当年岁首。

"贤良"一词始见于《周礼·地官·司徒》，指有德行之人。建元元年举贤良方正，被举之人今可考者有四：辕固、严助、公孙弘、冯唐。被举之人，儒家居多，也有其他学派。

司马光《资治通鉴》卷十七《汉纪九》，将董仲舒列入建元元年被举贤良中，卫绾奏"所举贤良，或治申、商、韩非、苏秦、张仪之言，乱国政，请皆罢"，即历史上著名的"罢黜百家，独尊儒术"。钱穆、顾颉刚、侯外庐、赵纪彬、杜国庠、邱汉生、张维华、孙叔平等著名学者皆

---

① 陈直《汉书新证》，天津人民出版社1979年版，第26页。

从之。南宋洪迈《容斋续笔》卷六《汉举贤良》则认为，董仲舒对策在元光元年(前134)，冯友兰、郭沫若、田昌五、安作璋、周桂钿等先生皆赞同之。

实际上，建元元年举贤良，与"独尊儒术"无涉。

武帝这次诏举"贤良方正直言极谏之士"的目的，是为了征求治国理民的意见。当时，治国思想依旧是黄老无为。自汉景帝时期起，太皇太后窦氏就是黄老无为思想的监护人。她两眼早已失明，却不甘寂寞。她虽然没有像婆婆吕后那样临朝听制，却也左右着帝国的命运。她目睹了"无为而治"之下的欣欣向荣，确信这是最佳选择。

"丞相绾"即卫绾。卫绾是一个黄老无为模式的人物。卫绾奏劾贤良"乱国政"，是他们当中一些人提出了与黄老无为不同的治国方针。卫绾所维系的是黄老思想，并非尊儒。

建元元年被举贤良，也没有完全罢黜。如公孙弘被拜为博士，严助被任命为太中大夫。被罢黜者有辕固，他是因为年老，再加上其他儒生的排挤，汉武帝才将他罢归。

武帝一朝的第一件大事，就涉及治国方针问题。

马克思在《〈黑格尔法哲学批判〉导言》中指出：

> 理论在一个国家的实现程度，决定于理论满足这个国家的需要的程度。①

黄老无为之所以能够成为汉初的统治思想，就在于它能够满足汉初经济残破情况下休养生息的需要。到武帝君临天下时，经济繁荣起来，黄老无为的历史使命已经完成，改弦更张已是势在必然。

---

① 马克思《〈黑格尔法哲学批判〉导言》，《马克思恩格斯选集》第1卷，人民出版社1972年版，第10页。

第一次尊儒活动的失败

儒学乘机而动,试图取代黄老无为思想。

这次尝试是由"鲁学"一派发动的。组织策划人是窦婴、田蚡、赵绾和王臧。

鲁是儒学发祥地,自孔子以降,鲁地便是儒学传播的中心,形成了深厚的学术传统,不仅名家辈出,在黎民百姓中间,儒学的影响也极为深远。

在汉代,"齐鲁"成为儒学造诣最高的代名词。

"鲁学",以《穀梁传》、《鲁诗》和《鲁论》为其经典著作。《汉书·艺文志》说《穀梁传》出自穀梁子之手,但穀梁子的名字、生活的时代,班固都没有交代。唐朝人杨士勋说穀梁子名俶,字元始,鲁人。另一个唐朝人颜师古则说穀梁子名"喜"。这都是后代传闻,不足为据。《穀梁传》虽未必出自穀梁俶或穀梁喜,但在"鲁学"经典中,却是最早产生的。《鲁诗》的作者是鲁人申培,他在文帝时被拜为博士。《鲁论》不知出自何人,成书大约在汉初。以《穀梁传》、《鲁论》和《鲁诗》为主构成的"鲁学",是儒学在鲁地传播而形成的一种区域儒学。

鲁是儒学的发祥地,儒学在鲁地传播属"区内传播",较少变异。故此,"鲁学"恪守孔子教诲,崇尚伦理道德。缺点是因循守旧。

王臧和赵绾,都是"鲁学"大师申培的高足。王臧做过太子少傅,武帝即位后,王臧上书请求宿卫皇上,武帝遂任命他为郎中令。赵绾则出任御史大夫。"鲁学"在朝中的势力占了明显优势。

倾向儒学者还有两个重要人物:窦婴与田蚡。

窦婴是窦太后的娘家侄儿,参与太尉周亚夫平定"吴楚七国"之乱,以功封魏其侯,贵倾公卿,成为窦氏外戚的领军人物。

田蚡乃皇太后王娡同父异母之弟,长得其貌不扬,五短身材。窦婴为大将军时,田蚡只是一名郎官,见了窦婴,跪拜如晚辈。武帝即位,田蚡以帝舅之尊封武安侯。

窦婴画像

建元元年(前140)六月,卫绾免相。田蚡身为外戚,有王太后这层非同寻常的关系,他自忖有条件、有能力坐上丞相这把交椅。但门客藉福却劝他把相位让给窦婴,说如果窦婴为相,太尉一职非田大人莫属,丞相与太尉地位相同,还可落得个让贤之名。田蚡以为然,请求太后王娡为他说情,武帝同意。

窦婴既相,田蚡遂为太尉。

从《汉书·百官公卿表》上看,当时的三公九卿中,除了窦、田、赵、王四人外,在太常任上的是许昌,太仆为灌夫,中尉是张欧。许昌乃开国功臣许说之孙,以功臣之后袭爵起家,司马迁《史记》仅在《张丞相列传》之末提及他的名字,班固《汉书》也仅在《张周赵任申屠传》中一笔带过,其思想倾向失载。灌夫是颍阴(今河南许昌)人,字仲孺。本姓张,其父张孟是颍阴侯灌婴的门客,得到灌婴的提拔,官至二千石,遂冒姓灌。"吴楚七国之乱"时,灌婴之子灌何以将军身份参加平叛,任命灌孟为校尉,灌夫率千人在老父手下冲锋陷阵。灌孟战死,按军法,父子俱从军,一人战死,另一人可扶丧归家。灌夫不肯归家,披甲持戟,奋臂怒吼:取吴王或其将军的人头,以报父仇!军中数十名敢死之士响应。及出垒门,那些敢死之士胆战心惊,莫敢向前,只有两人及家奴十余人随灌夫杀入敌阵,直扑吴军大将麾下。灌夫身负重伤十几处,最后只剩下一名随从。从此灌夫扬名天下,他粗犷刚烈,一诺千金,是侠客一类的人物。张欧是开国功勋张说之子,对法家思想有所研究,但其为人处世,更像个儒家。三公是清一色的儒家;九卿中,郎中令是儒者,中尉也是此类人物。他二人一个负责皇宫的戍卫,一个职司京师的保卫,权重九卿。

朝廷大臣中,儒家者流占了绝对优势。

于是,经过一番准备,从建元元年(前140)起,窦、田、赵、王四人开始酝酿以儒学治国。在他们建议下,武帝将大儒申培请到长安,请教治乱之事,申培说治理国家不在说教,关键在于实际行动。这本是孔子遗教,所谓"君子欲讷于言而敏于行"[①]。听了申培的谏言,武帝很是扫兴,封了他个"太中大夫"的官职,让他研究明堂之事去了。

不过,窦、田、赵、王等人并没有灰心丧气,他们又提出一系列的改革措施。这些改革措施,有些具有儒家色彩,有些则是针对时政,打击部分权贵的势力。打击的重点,是贵族势力。如其中有一条是"令列侯就国",就是已经封侯的要离开京城,到他的封地去。这样,他们再干预朝政、结党营私,就不方便了。

窦太后耳闻此事,心中十分不悦。汉家制度,列侯尚公主。堂邑侯陈午娶的便是窦太后的掌上明珠馆陶长公主。而列侯、驸马们谁也不愿离开繁华的京师,便天天去向窦太后告状,说窦、田、赵、王诸人要以孔子取代老子云云,少不了添油加醋。窦太后听了更加

---

① 《论语·里仁》。

生气。

对窦太后的态度，窦、田、赵、王自然知道，担心窦太后败坏他们的大事。他们密谋之后，决定先下手为强，由赵绾出面，奏请武帝在军国大政的处理上不必请示太皇太后，自行决断。

窦、田、赵、王四人虽皆精明过人，这次却委实小觑了窦太后。

虽然她两眼已失明多年，年事已高，但仍喜干预朝政，凡军国大事皆须奏白于她，她不赞成的，绝难实行。窦太后和武帝母王太后都住在长乐宫，长乐宫位于未央宫之东，又号"东宫"。武帝与大臣集议国政，往往在东宫中，故长乐宫又名"东朝"。之所以如此，当是为了窦太后听政方便。窦太后闻悉赵绾建议要剥夺她的监国权，自然怒不可遏，要武帝从重处置他们四个"祸国乱制"之人。武帝不敢不从，将赵绾、王臧投进死牢，二人自杀；窦婴、田蚡沾了外戚的光，仅被罢官；申培也被打发回老家，自然也没了来时那般风光。

崇奉儒学的首次尝试就这么失败了。这是建元二年冬十月的事。这虽然可以归咎于守旧的窦太后，但申培的食古不化、不识时务，也是一个重要原因。即使窦太后不施加压力，"鲁学"也难以引起武帝的兴趣。如何取代黄老无为思想，使儒学成为统治思想，保守的"鲁学"是无能为力的。

首次尝试失败后，大汉皇朝又被拉回到了"无为而治"的老路上。

罢黜百家,独尊儒术

建元六年(前135)五月,窦太后去世。

至此,武帝始亲豫万机,独断国政。怎样才能把国家治理好?这位年轻的皇帝不时陷入深思之中。最后,他决定按先帝的做法,请教于贤良文学。元光元年(前134)五月,武帝正式把他日夜思虑的问题提了出来:为什么五百年来,守文之君,当途之士,欲效法先王而拯救万民的很多,最终都没有成功?都说三代是受天命而王,有什么证据?天灾横行,是什么原因造成的?人的寿命有长有短,人性有好有坏,又是为什么?

董仲舒画像(选自明弘治刻本《历代古人像赞》)

应征参加对策的贤良文学很多,广川(今河北景县)人董仲舒,就是其中之一。

广川乃赵国故地。从《史记·货殖列传》、《汉书·地理志》对赵地风俗的记载来看,这一带没有齐、鲁那种读书的风气,儒学的影响也很少。有的学者考证,董仲舒曾游学于齐,得到了公羊寿的教诲,带着《公羊传》回到董家庄,继续研读①。董仲舒热衷于《公羊传》,用功很勤,近乎痴醉,有"三年不窥园"的传说。对这个传说,王充等人表示异议,说人非草木,怎能三年始终如一?但是,董仲舒刻苦攻读《公羊传》是无疑的,他是治《公羊传》的大家。除《公羊传》外,董仲舒还兼通《诗》、《书》、《易》、《礼》四经。他还写得一手好文章,口才也好。

据说董仲舒是今河北景县董家庄人。自从出了个董仲舒以后,村名改为"董子故里"。后来人们觉得该名过于学究气,就又改为"董故庄"。随着人口的增多,从董故庄中分出一个村庄,于是就有了"大董故庄"与"小董故庄"。为了纪念董仲舒,在大董故庄村北修建一个规模很大的"董庙"。古时,大、小董故庄及附近村庄的少儿上学,要先拜"董庙"。如今"董庙"仅剩土台和残砖碎瓦。古时董故庄附近还曾建有"董子书院",迄今重修"董子书院"的残碑,仍遗存在大董故庄村北。

到汉景帝时,董仲舒以学问高深被征拜为博士,与齐地大儒辕固、胡毋生比肩而朝。慕名而拜在他门

---

① 参见周桂钿、吴锋《董仲舒》,吉林文史出版社1997年版,第13—34页。

下的弟子日多,以至董仲舒难以逐一面授,弟子遂递相传授,有些弟子只是从师兄那儿听到了老师的一些说教,虽恭列门墙,却不曾见过老师的面。

在汉武帝与董仲舒之间,有一段被后世传为美谈的三问三答。最后,董仲舒向武帝提出了"罢黜百家,独尊儒术"的建议:

> 《春秋》大一统者,天地之常经,古今之通谊也。今师异道,人异论,百家殊方,指意不同,是以上亡以持一统;法制数变,下不知所守。臣愚以为诸不在六艺之科孔子之术者,皆绝其道,勿使并进。邪辟之说灭息,然后统纪可一而法度可明,民知所从矣。①

武帝被董仲舒的高谈阔论说服了,终于下定决心,罢黜百家,独尊儒术。

武帝独尊的儒学,实乃儒学中的齐学。

齐学是儒学的地域变体。对"齐学"的内涵,论者有不同的认识,一种观点认为,"齐学"包括在齐地产生、流传的一切学术思想,特别是阴阳家、黄老思想和神仙家(方士),这一派的观点可谓之"广义的齐学";另一种观点认为,"齐学"仅指儒学在齐地传播所形成的地域变体,这一派的观点可谓之"狭义的齐学"。对"齐学"的研究,是儒学研究的一个热点问题。傅斯年、胡适可谓"齐学"研究的拓荒者。1927年,傅斯年在中山大学的讲义《战国子家叙论》中,不仅论述了齐地的学术思想,还特别论及"齐儒学";1930年,胡适写成《中国中古思想史长编》七章,第一章就是"齐学"。胡适属于"广义的齐学"一派,他把阴阳家称之为"齐学的正统",做了较为系统的论述。他还论述了神仙家和黄老思想。1931年至1932年,胡适在北京大学文学院讲授"中国中古思想史",也是从"齐学"讲起。

我们把"齐学"定义为:西汉初年在齐地形成的儒学地域变体。

"齐学"的经典著作,主要是《公羊传》、《齐诗》和《齐论》。

《汉书·艺文志》谓《公羊传》为齐人公羊高所撰,徐彦《春秋公羊传疏》引戴弘《序》说,公羊高是子夏的学生。但自古以来论者便谓此不可信。戴弘说《公羊传》开始是口耳相传,到汉景帝时始著之于竹帛。杨伯峻据此认为,所谓汉景帝时始著之于竹帛,也就是《公羊传》成书的时间②。《齐诗》的作者是辕固,建元元年举贤良方正就有他。《齐论》也成书于西汉初年,但不知出自何人之手。"齐学"的三部代表作《公羊传》、《齐诗》和《齐论》,都是在西汉初年完成的。它们的完成,标志着"齐学"的形成。

历史上的中国文化,是由若干个地域文化构成的。文化的地域性使文化传播呈现出

---

① 《汉书·董仲舒传》。
② 杨伯峻《〈公羊传〉和〈穀梁传〉》,《经书浅谈》,中华书局1984年版,第86—97页。

两种方式:在某一文化区内生成的文化事项并在该文化区内传播,是文化传播的第一种方式:区内传播。一旦这种文化事项越出本文化区而传入另一个文化区,便出现文化传播的第二种方式:跨文化传播。在同一文化背景下发生的文化区内传播,传播过程中文化较少发生变异。在不同文化背景下发生的跨文化传播,将不可避免地导致传播中文化的变异。因为跨文化传播是一个双向交融的过程,甲地文化传入乙地,势必受到乙地文化的影响、同化,从而发生变异。任何一种异域文化的介入,都不可能是原版输入,都将为当地的文化所影响、同化。

儒学的跨文化传播也不例外,儒学在鲁地传播,属于文化的区内传播,在传播过程中,儒学较少发生变异。一旦儒学越出鲁文化区而传入另一个文化区,便不可避免地受到该区文化的影响、同化而发生变异,形成一个个特色各异的儒学地域变体,"齐学"就是其中之一。

齐学的第一个特征,是崇尚权变。

东汉大儒贾逵指出:属于"鲁学"的《左传》和属于"齐学"的《公羊传》有相同之处,也有不同的地方。这就是:"《左氏》义深于君父,《公羊》多任于权变。"①《春秋》和发挥其大义的《左传》、《穀梁传》,一脉相承地关注仁义道德,与崇尚权变的《公羊传》截然有别。

"齐学"的第二个特征,是带有浓厚的神秘性。

孔子创立的儒学,是重人事而轻鬼神的。但当儒学传入齐地后,不可避免地染上了巫术迷信色彩。

"齐学"这种崇尚权变、多神秘性的特征,与"正宗儒学"相去甚远。但是,"齐学"更适合汉武帝的口味。

---

① 《后汉书·贾逵传》。

儒学：官学讲席的独占

对于武帝"罢黜百家、独尊儒术"一事，历来有不同的看法。因为司马迁在《史记·龟策列传》中说：

> 至今上即位，博开艺能之路，悉延百端之学。通一伎之士咸得自效，绝伦超奇者为右，无所阿私。

司马迁所言不虚。董仲舒对策以后，武帝仍然悉延百端之学，诸子百家在武帝一朝并没有敛迹，依旧十分活跃，并得到武帝重用。只要有利于统治，不论何种思想、哪一派学说，武帝一概采用，并没有用一种思想学说来压制另一思想学说。

在这一点上，武帝比秦始皇帝高明。

秦始皇帝统一全国后，用"焚书坑儒"的方式，实行思想专制。这不仅破坏了春秋战国以来思想界生动活泼的"百家争鸣"的局面，严重破坏了思想文化的发展，同时也束缚了统治者自己的手脚，沿着日益残酷的严刑苛法之路，走向灭亡。

汉武帝汲取了这一教训，兼收并蓄众家之长，为其统治服务。

东方朔字曼倩，平原厌次（今山东惠民东北，一说山东陵县）人，文学家。汉武帝广纳人才，东方朔上书自荐，后任常侍郎、太中大夫、给事中等职。他滑稽多智，善于讽谏，武帝以俳优待之。著《答客难》，以陈心志；著《非有先生论》，言君主之得失。东方朔性机敏，言辞诙谐，后来被相声界奉为祖师。

东方朔画像（选自清上官周《晚笑堂画传》）

那么,汉武帝"罢黜百家、独尊儒术"是怎么一回事?

实际上,"罢黜百家、独尊儒术"只发生在官学教育上。

秦代官学的最高学官是博士。汉承秦制,也设博士。建元五年(前136),武帝诏置"五经博士",即《诗》《书》《易》《礼》《公羊传》,其中,《诗》有鲁、韩、齐三家,其余四经各一家。元朔五年(前124),在丞相公孙弘等人的提议下,武帝诏令为博士置弟子五十人,传授儒学。博士弟子的设立,标志着儒学在官学中取得了独占席位和唯一的讲授权力。从此,太学成为传播儒学的最高学府。儒学不仅在太学,在郡国学中也取得独尊地位,独占讲席。

在中国古代社会,读书的目的主要是做官。《论语·子张》记孔门高足子夏之言曰:"仕而优则学,学而优则仕。"汉武帝一方面规定在官办学校中,只允许讲授儒学;另一方面又把儒学作为做官的敲门砖。通经入仕笼络了文人学士,赚得莘莘学子尽白头;儒生为官,是儒家思想得以贯彻、实施的重要保障。顾颉刚先生说:

> 秦始皇帝的统一思想是不要人民读书,他的手段是刑罚的裁制;汉武帝的统一思想是要人民只读一种书,他的手段是利禄的诱引。结果,始皇帝失败了,武帝成功了。①

---

① 顾颉刚《秦汉的方士与儒生》,上海古籍出版社1978年版,第49页。

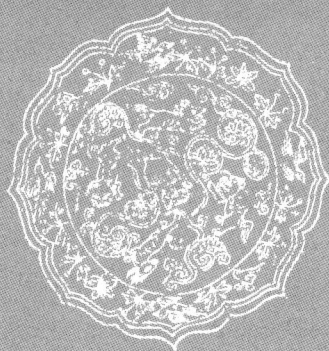

五　四十五年战争：北伐匈奴

汉武帝利用文景时期积蓄的国力，征伐"四夷"：平闽越、南越、西羌，通西南夷、西域，出兵朝鲜，用兵的重点是北方的匈奴。汉、匈之战持续四十五年，匈奴的势力终被削弱。

马邑之谋:诱歼匈奴

北伐匈奴是武帝的既定国策。建元三年(前138),武帝便着手策划北伐事宜:派张骞出使大月氏,欲断匈奴右臂。

张骞画像(选自清金古良《无双谱》)

为了联络西域大月氏、乌孙等共同对付匈奴,汉武帝派张骞两次出使西域。汉时"西域"所指的地区有狭、广两种含义。狭义指玉门关(今甘肃敦煌西)和阳关(今甘肃敦煌西南)以西、巴尔喀什湖以东以南(今新疆天山南北)等广大地区;广义泛指葱岭以西包括今中亚、南亚和西亚一带。张骞是开通西域的第一人,故有"凿空"之誉。凿空,"谓西域险,本无道路,今凿空而通之也"[1]。张骞开辟了东西经济文化交流的通道,西域的葡萄、苜蓿、石榴、胡麻(芝麻)、胡豆(蚕豆、豌豆、绿豆)、胡桃(核桃)、胡荽(香菜)、胡蒜(大蒜)、胡瓜(黄瓜)等植物,狮子、鸵鸟、犀牛、汗血马等动物,口中吐火、自缚自解等魔术以及乐器、乐曲、乐舞等,陆续传入中国内地[2];中国内地的穿井、冶铁以及先进的农业生产技术和大量精美的丝织品,也传入西域以及更远的西方。这条东西交流的通道,即著名的"丝绸之路"。"丝绸之路"的开辟,在中外历史上都产生了深远的影响。

建元六年,匈奴单于军臣遣使请求和亲。

这时,窦太后刚去世,武帝亲豫国政,在和亲一事上,他没有行使皇帝的权力,而是把此事交给大臣们讨论,试图以此为契机,扭转大臣们的思想。

果然,有几个人挺身而出,反对和亲,要求兴兵北伐。大行王恢持之尤力。他是燕人,又在边郡为吏多年,对匈奴人很了解,他说"和亲"不能羁縻匈奴,应以战争解决问题。

御史大夫韩安国第一个站出来反对。韩安国虽读过《韩非子》等书,但他为人处世持重守成,清静无为,颇具黄老家风范,对无为而治依旧情有独钟,故竭力反对向匈奴开战,说什么匈奴人迁徙无常,难以制御;得其地不足为广,有其众不足为强;千里征战,人疲马

---

① 《史记·大宛列传》司马贞《索隐》。

② 参见林梅村《西京新记——汉长安城所见中西文化交流》,载《古道西风——考古新发现所见中西文化交流》,三联书店2000年版,第169—193页。

乏,难以取胜云云。众大臣大多还没有从黄老无为的思想桎梏中解脱出来,纷纷赞同韩安国的观点。这时在丞相任上的是田蚡,上任伊始,他没有明确表态。

迫于众大臣的态度,武帝只得同意和亲。

翌年,马邑(今山西朔县)富豪聂壹献计于王恢,说他能够引诱匈奴南下,汉军伏击,可大获全胜。王恢如获至宝,但他知道此举必然还将遭到韩安国等人的反对,为了驳倒主和派,他做了充分的准备。

第二年,年节刚过,他便把聂壹的计策上奏武帝。武帝大喜,立即召集公卿集议。这次,他来了个先声夺人:

> 朕饰子女以配单于,币帛文锦,赂之甚厚。单于待命加嫚,侵盗无已,边境数惊,朕甚闵之。今欲举兵攻之,何如?[①]

李广画像(清人绘)

王恢抢先发言,表示赞同。韩安国也不甘示弱,又站出来反驳王恢。他抬出了高祖刘邦,说高祖自平城之围后,遣使和亲,利及五世。又举例说文帝兴兵北伐匈奴,终无尺寸之功。王恢则说圣王当因时制宜,高祖时天下残破,为了休养生息,故与匈奴和亲。现在情形不同,不能再放任匈奴侵掠。两人唇枪舌剑,反复辩论。最后王恢提出了一个诱敌伏击计划。王恢话音刚落,武帝便大声叫好。韩安国一班大臣不敢再说什么了。

元光二年(前133)六月,诱歼匈奴的战役开始实施。

武帝任命卫尉李广为骁骑将军,太仆公孙贺为轻车将军,太中大夫李息为材官将军,统兵三十万,埋伏于马邑城附近的山谷中;命大行王恢为将屯将军,将兵一支,待匈奴兵南下后,兵出代郡(郡治代县,今河北蔚县东北),从背后拦截匈奴辎重;命御史大夫韩安国为护军将军,监督四将。

大军布置既毕,聂壹找到军臣单于,说他能斩马邑县令,以城降。军臣单于信以为真,让他回去依计行事,自己则集结兵马以待。聂壹回到马邑,与韩安国等人密谋之后,把一

①《汉书·韩安国传》。

个死囚犯的人头割下,悬于城上,对军臣单于派来的人说马邑令已被他杀了,催军臣单于速速进兵。

军臣单于闻报,立即率十万人马杀奔马邑而来。一路不见汉兵狙击,原野上牛羊成群,却不见放牧之人。军臣单于渐渐起了疑心。恰巧,雁门郡的一名官员巡视属县,见匈奴兵来,躲进一亭。匈奴骑兵将他俘虏,面对屠刀,他胆怯了,和盘端出了"马邑之谋",军臣单于大惊失色,他的前锋部队距马邑仅有百余里,差点中了埋伏,急忙传令撤兵。汉军进击,未能追上。这时王恢已绕到了军臣单于的背后,正准备拦截辎重,突然见匈奴大军掉头返回,知道机密已泄,自己兵马又少,遂按兵未动。

马邑之谋以失败而告终。武帝以此计出自王恢,其临敌又畏缩不前,遂将他斩首。自此之后,汉、匈的"和亲"彻底破裂。

卫青、霍去病北伐

军臣单于脱身后，很快便重整旗鼓，挥师南下，侵掠长城内外。武帝加紧筹备北伐事宜。元光六年（前129），北伐开始。是年春，汉军四万精锐骑兵分四路北伐：

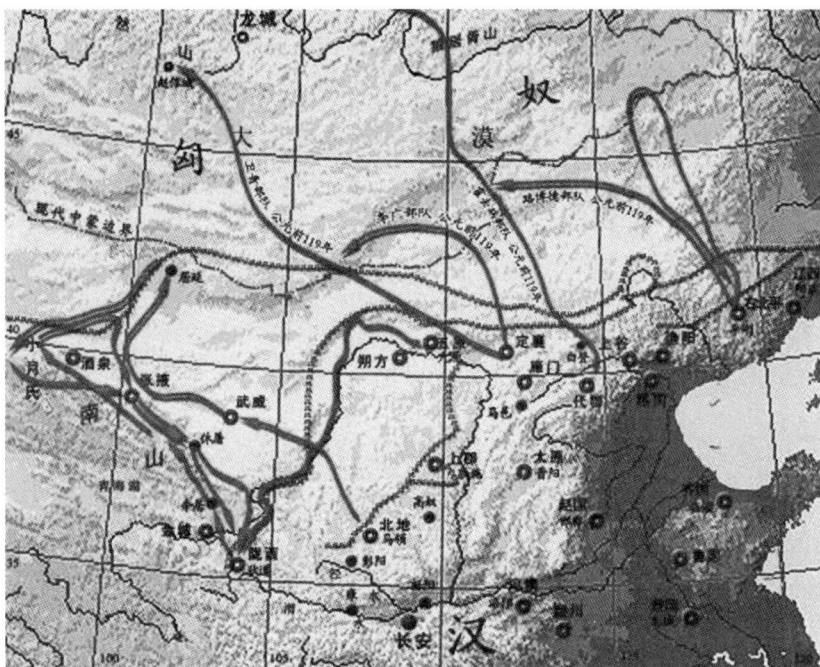

西汉对匈奴战争示意图

车骑将军卫青从上谷（郡治沮阳，今河北怀来东南）出击；

骑将军公孙敖从代郡（郡治代县，今河北蔚县东北）出击；

骁骑将军李广从雁门（郡治善无，今山西右玉南）出击；

轻车将军公孙贺从云中（郡治云中，今内蒙古托克托东北）出击。

四路大军在东西千里的战线上，同时发起进攻。

卫青挥兵北上，深入匈奴腹地，一直打到龙城（今内蒙古锡林郭勒盟西乌珠穆沁附近）。龙城是匈奴人的"圣地"，每年五月，大会于此，祭祀祖先、天地与鬼神。卫青斩首生俘七百余人，凯旋而归。公孙敖却被匈奴打得大败，一万骑兵损失了七千多。李广更惨，被匈奴活捉，在被押送见军臣单于的路上，夺得一马逃回。公孙贺一路没寻得匈奴人，徒劳而返。

四路大军唯卫青一路立功。卫青从此脱颖而出。

卫青,字仲卿。父亲郑季,平阳(今山西临汾西南)人。平阳是汉开国元勋曹参的封邑,曹参死后,儿孙世袭。传至曹时,尚武帝姊阳信长公主,又名"平阳公主"。长公主有个婢女叫卫媪,颇有几分姿色,与人私通,生了一儿三女,皆从母姓,男名卫长君,长女名卫君孺,次女名卫少儿,三女名卫子夫。后来,侯府中又来了一个办事的小吏,叫郑季,也是平阳人。卫媪又与他私通,生下了卫青。郑季任职期满,离开了平阳侯府。

卫青七八岁的时候,卫媪打发他去寻找父亲。郑季家里有一房妻儿,卫青来了后,那几个同父异母的兄弟都瞧不起他,郑季也不喜欢他,整天要他去放羊。一天,有人见了卫青,便惊呼"贵人",说他定当封侯。卫青苦笑道:人奴之子,不受笞骂就心满意足了,哪里还有封侯之事!长大成人后,卫青在郑家无法立足,又回到了平阳侯府,做了平阳公主的一名骑士。

建元二年(前139),卫青的命运有了转机。

是年,姐姐卫子夫被武帝纳入宫中。不久,卫青也被召进了建章宫当差。

皇后陈娇一直没有生育,听说卫子夫有了身孕,老母馆陶长公主恨得要死,她奈何不得卫子夫,便拿卫青出气,把他抓了起来。卫青有个好友,叫公孙敖,时为骑郎,与几个壮士把他救了出来。武帝听说后,怕他再遭不测,便拜他为建章宫监,侍从于身边。不久,卫青又进位太中大夫。

元光六年出击匈奴,武帝慧眼识贤,觉得卫青才堪将帅,遂拜他为车骑将军。果然,卫青不负厚望,初战告捷。从此,武帝更加器重卫青。

元光六年这一仗,匈奴人占了上风。军臣单于得意起来,当年秋,匈奴又大举南下,渔阳(郡治渔阳,今北京密云西南)岌岌可危,武帝忙派御史大夫韩安国为材官将军,率兵驰援,匈奴退兵。

翌年秋,匈奴铁骑又南下,其中一支约二万人马,攻入辽西(郡治阳东,今辽宁义县西),杀掳二千多人,辽西太守阵亡。渔阳、雁门两郡告急,韩安国的大营被围困多日。武帝不得不再次加强边防,选派名将出任边郡太守,李广被重新起用,到右北平(郡治平刚,今辽宁凌源西南)做太守。

这年秋天,武帝命卫青率三万骑兵从雁门出击,又命将军李息率一支人马从代郡北进,与卫青互为犄角。卫青斩杀数千匈奴兵,李息则无功而还。

第二年,即元朔二年(前127),武帝调整了战略,决定先夺取"河南地"(今内蒙古鄂尔多斯市一带)。此为匈奴的发祥地,水草丰美;距长安也近,直线距离仅七百公里。秦将蒙恬曾攻取此地,秦末战乱,驻守上郡的三十万秦军奉调去镇压项羽、刘邦等,匈奴人乘机把它夺回。武帝决计攻取"河南地",解除对长安的威胁。

这一重任又交给了卫青,他率李息等将领从榆溪塞(今陕西榆林东北)北上,抵达云

李广、卫青、霍去病出击匈奴示意图

中，突然挥师西进，攻占了高阙（位于今内蒙古杭锦后旗北），切断了驻牧"河南地"的匈奴楼烦王、白羊王与匈奴的联系。接着，卫青移师南下，大败楼烦、白羊两王，俘虏数千人。楼烦王、白羊王丢下一百多万头牛羊，带着残兵败将北逃。

主父偃建议在"河南地"筑城置郡，加强兵备。武帝采纳，命苏建带领十万人筑朔方城（今内蒙古杭锦旗北），置朔方郡；从内地募民十万口充实朔方；修缮了蒙恬当年建造的障塞，与黄河天险构成一道强固的防线。

匈奴决不肯轻易放弃"河南地"。但由于军臣单于病死，匈奴内乱，左谷蠡王伊稚斜自立为单于，与军臣单于的太子於单同室操戈，一时还无暇他顾。不久，於单兵败，投奔汉朝，伊稚斜的地位稳定下来，随即挥师南下。

匈奴政权分三部，单于居中，统领全族；东为左贤王，管领东部；西为右贤王，管领西部。"河南地"在右贤王的辖区，右贤王竭力想夺回这块风水宝地，攻势最烈。武帝决定组织一次大的战役，打垮右贤王。

元朔五年春，汉军兵分五路北伐匈奴，这次北伐，汉军接受了元光六年北伐战线过长、彼此缺乏协同作战的教训，收缩战线，五路大军皆从朔方北进。汉军大胜，匈奴右贤王携爱妾在数百名亲兵的扈从下突围北逃，汉军俘虏右贤王手下裨王十余人，男女一万五千余人，牲畜近一百万头，右贤王元气大伤。

卫青以功晋升为大将军,加封八千七百户。他的儿子卫伉封宜春侯,卫不疑封阴安侯,卫登封发干侯。卫青上表谢恩,说他的三个儿子尚在襁褓中,不宜封侯,武帝不听。

不久,一桩婚姻又落在他的头上。

平阳公主的驸马曹时患上一种恶疾,难以治愈,平阳公主与他分居。两人很快就离婚了,《汉书·卫青霍去病传》对此没有明说,而用曹时"就国"一词,即曹时离开长安,去了他的平阳侯国。看来曹时是被迫离开的。

平阳公主想再找一个驸马,问身边的人,列侯之中谁最合适。左右皆言大将军卫青。公主笑了,说此人本是我的家奴,以前经常骑马扈从于左右,我怎能下嫁于他?左右都说卫大将军如今尊贵无比,乃最佳人选。平阳公主传话给卫皇后,卫皇后言于武帝,武帝乃下诏卫青尚平阳公主。

卫青墓

卫青三个儿子尚幼,文献上也没说他的夫人去世。但是,对于今上的诏令,他又不能不从。

不久,定襄(郡治成乐,今内蒙古和林格尔西北)一带又频频告急,匈奴屡屡犯边。元朔六年春二月,汉军再次兵分五路北伐,兵力按前、后、中、左、右部署,采取的仍是进攻型的方阵。

是役战果不大,仅斩首数千级。卫青回师,分兵于定襄、云中、雁门三郡休整。夏四月,汉军再次出击,俘杀万余。汉军伤亡也很惨重,其中,右将军苏建、前将军赵信与伊稚斜单于的大军遭遇,双方鏖战一日,汉军伤亡殆尽,苏建只身逃归,赵信投降。赵信本是匈奴的裨王,兵败降汉。伊稚斜以其在汉日久,熟悉汉方军情,封他为自次王,位次于单于,并把姐姐指配给他。赵信乃教伊稚斜兵撤漠北。

北撤,的确是个良策。因为,汉军决意消灭匈奴主力,匈奴南下攻掠,正好撞在汉军的矛头上。撤至漠北,汉军要寻找匈奴主力决战,长途跋涉,兵马劳乏,而匈奴则可以逸待劳。不过,伊稚斜北撤,也给了汉武帝一个时机,他决定乘北部边塞无患之际,腾出手来,发动河西之役。

河西,即河西走廊,地势险要,匈奴屡次从此入侵。占据河西走廊的,是匈奴浑邪王、休屠王二部。为了确保西北边陲的安全,打通西域,河西一带势在必争。武帝把夺取河西的重任交给了霍去病。

霍去病,卫青的外甥,其父霍仲孺与卫少儿私通,生下了他。卫子夫正位中宫,霍去病沾了姨妈的光做了侍中。元朔六年,卫青北伐,霍去病以票姚校尉随行。出塞后,他将八百骑为先锋,深入漠北数百里,斩杀二千余人,其中有匈奴相国、伊稚斜的叔祖父等人,并俘虏伊稚斜的叔父。年轻勇武的霍去病牛刀小试,武帝认定他才可大用,遂擢他为骠骑将军,命他去收复河西。

元狩二年(前121)春三月,河西之役开始。汉兵出动的兵力不多,仅一万骑兵。他们在霍去病的指挥下从陇西出发,一路冲杀,打到了焉支山(在今甘肃山丹东南,接永昌界)以西,行程千余里,俘杀八千多人,其中有折兰王等六王,以及浑邪王王子、相国若干人,还缴获了休屠王的祭天金人。

是年夏,霍去病与公孙敖又统兵数万骑,从陇西、北地出击,郎中令李广与博望侯张骞麾兵出右北平。李广的四千骑兵被匈奴四万骑兵包围,危急时刻,李广使用了圆阵。汉军在十倍于己的匈奴军的包围下,力战两日,并最终击退了敌军。霍去病麾兵一直打到了祁连山。此役俘杀三万多人,仅匈奴裨王就有七十多个,还有二千五百多人归降。

丢掉祁连、焉支两山,对匈奴影响很大。祁连山是匈奴重要的牧场,焉支山盛产"红蓝",其花可做胭脂,故名"焉支"、"燕支"。匈奴人歌曰:

> 亡我祁连山,使我六畜不蕃息。
> 失我焉支山,使我妇女无颜色。[1]

浑邪王和休屠王遭到了致命打击,伊稚斜斥两人无能,欲诛之。两王恐,共谋降汉。霍去

---

[1] 《史记·匈奴列传》司马贞《索隐》引《西河旧事》。

病统兵去迎。休屠王反悔,被浑邪王所杀,并其部,领四万人降汉。

为了巩固对河西走廊的占领,武帝先后在这里设置了敦煌(郡治敦煌西)、酒泉(郡治禄福,今甘肃酒泉)、张掖(郡治觻得,今甘肃张掖西北)和武威(郡治武威,今甘肃民勤东北)四郡。

霍去病墓

从此,河西走廊无匈奴踪迹。

接下来,武帝要解决漠北匈奴主力了。

元狩四年,漠北之役开始。是年夏,武帝集结了十万骑兵,又招募了四万人马,由卫青、霍去病分领;征调数十万步兵,转运粮草。卫青出定襄,霍去病出代郡。

卫青一路穿越大漠北上,行进一千余里,但见伊稚斜已摆好了阵势,待汉军来攻。卫青立即下令用战车布成圆阵,稳住阵脚,然后派一支五千人的骑兵直扑伊稚斜的大营;伊稚斜命一万骑兵出营迎战。此时,夜幕四合,大风骤起,沙砾扑面,对面不见人。卫青见状,又派出两支人马,从左、右两翼包抄上去。伊稚斜自度难以取胜,带了数百名精骑,突围而去。卫青一面命令围歼残敌,一面派轻骑追击伊稚斜。包围圈内的匈奴兵全部被歼,卫青又亲自带领大军追击伊稚斜,一直追到寘颜山(今蒙古国杭爱山南)脚下的赵信城。此战俘杀匈奴兵一万九千人。霍去病一路深入漠北二千里,遇上了匈奴左贤王的大军。霍去病挥兵攻击,左贤王大败,被俘被杀七万多人。霍去病封狼居胥山(今蒙古国肯特山),临瀚海(今贝加尔湖)而还。

这次漠北会战消灭匈奴近九万人,伊稚斜的主力丧失殆尽,远遁逃命,不敢再战。武帝为巩固战果,徙天下奸猾吏民于边,设置郡县,开渠屯田。

霍去病以赫赫战功与卫青同加"大司马"官衔,名位相等,而武帝对他的宠信愈于卫青。霍去病性格内向,少言寡语,但有勇气,敢于承担责任,平时喜爱蹴鞠,虽行军塞外,仍常以此为戏。武帝给他建了一座豪华的府第,让他去看一下是否中意,霍去病朗声道:"匈奴不灭,无以家为也!"①武帝更加器重他。

元狩六年,霍去病不幸病逝。

元封五年(前106),卫青病死。

卫青、霍去病为一代名将,名垂千古。

霍去病墓前的"马踏匈奴"石像

---

① 《汉书·霍去病传》。

白发丹心:苏武出使

元鼎三年(前114),伊稚斜病死,子乌维继立,忙于整顿内务。不久,汉朝南方也出了问题:南越相吕嘉反,武帝调兵遣将镇压,一时也无暇北顾。

到元鼎六年,南越平定,武帝方腾出手来解决匈奴残余势力。是年秋,武帝命浮沮将军公孙贺、匈河将军赵破奴各领一支人马出塞寻歼匈奴残部。两将深入漠北数千里,也没见到匈奴兵,只得班师。

翌年十月,武帝勒兵十八万骑北巡,旌旗绵延千余里,耀兵北疆。武帝派使臣郭吉恫吓乌维单于:

> 南越王头已悬于汉北阙下。今单于即能前与汉战,天子自将兵待边;即不能,亟南面而臣于汉。何但远走,亡匿于幕北寒苦无水草之地为?①

乌维大怒,扣留郭吉,放逐到北海(今贝加尔湖)。但他也不敢挑战,只是休养士马,整饬兵备;另一方面,又遣使入汉,卑辞言好,请求和亲以为缓兵之计。

兵不血刃,匈奴臣服,对国内虚耗的汉朝来说,最为上策。故此,武帝又接连派王乌、杨信等出使匈奴,然乌维最终也未能俯首称臣。

元封六年(前105),乌维病死,子詹师庐立,年少,号曰"儿单于"。汉朝又屡次遣使游说,詹师庐终不肯听。他喜怒无常,好杀伐,左大都尉与他有隙,欲杀他降汉。武帝大喜,命因杅将军公孙敖在塞外筑受降城(故址在今内蒙古乌拉特中旗东),准备接纳来降匈奴。为了助左大都尉一臂之力,又派赵破奴统兵二万前去支援。左大都尉准备举事,被詹师庐发觉杀死。接着,詹师庐发兵迎击赵破奴,赵破奴撤兵,被詹师庐追上,全军覆灭,赵破奴被俘。武帝欲匈奴臣服的希望破灭,边衅复启。

太初三年(前102),詹师庐死,子年幼,叔父右贤王句黎湖被立为单于。

苏武牧羊图

---

① 《汉书·匈奴传上》。

武帝为加强北部边防建设,命光禄勋徐自为出五原塞(今内蒙古包头西),筑城障,构成一条长达千余里的防线;命游击将军韩说、长平侯卫伉将兵驻屯其中;又命强弩都尉路博德筑塞于居延泽(今内蒙古额济纳旗北境的居延海)。这些措施对遏制匈奴铁骑南下,有重要作用。句黎湖自然也明白这一点。这年秋,他命匈奴兵大举南下,捣毁徐自为所筑的城障。

第二年冬,句黎湖单于病死,其弟且鞮侯继立。这时,汉对大宛的军事行动已经结束,武帝腾出手来,准备彻底解决匈奴问题。且鞮侯初立,自忖不是汉朝的对手,遂遣使求和,送回了被扣押的汉使。不战而屈匈奴之兵,自然是上策。武帝决定暂缓军事行动,派使臣再去游说。

苏武担当了这一重任。他是杜陵(今陕西西安市雁塔区东南)人,父亲苏建多次随卫青北伐,立过不少战功,苏建有三个儿子。苏武是次子,少以父任为郎,稍迁至栘中厩监。此番出使,挂了个中郎将的头衔。随同他出使的,还有副中郎将张胜及官员常惠以及一百多名士卒。

到了匈奴,苏武拜见且鞮侯,献上礼物,且鞮侯傲慢无礼,苏武大失所望,准备回国。

这时,匈奴发生内乱,为首的是缑王、虞常。缑王是昆邪王姐姐的儿子,与昆邪王一起降汉,后来随汉军出击匈奴,兵败而降;虞常本是汉长水校尉,出征匈奴时被俘。他二人早就策划劫持且鞮侯的老母归汉,还未动手,苏武出使到来,虞常与张胜是老相识,暗中去见他,说他准备刺杀投降匈奴的卫律,事成之后,希望汉朝赏赐其在老家的母亲和弟弟,张胜应允。

不料,其中一人临时变心,向留守的匈奴兵告密,缑王被杀,虞常被活捉。

这时,张胜才把他和虞常的密谋报告苏武。

苏武道:事已至此,必涉及我。等他们来捉再死,有损汉使威名,说完就要自杀。张胜等竭力劝阻,苏武才打消了自杀的念头。

虞常果然供出了张胜,且鞮侯大怒,欲尽杀汉使。有人说张胜仅参与了谋杀卫律,并未对单于有什么越轨的活动,不宜把汉使全部杀掉,最好乘机威逼他们投降。于是,且鞮侯命卫律去处理此事。

苏武说屈节辱命,虽然活命,无颜再见家乡父老,遂拔刀自刺,卫律大惊,上前抱住苏武,呼唤医者抢救。医者用匈奴的方法,凿地为坎,生起煴火,把苏武覆于坎上,用脚踩他的后背,挤出淤血,半日复苏。且鞮侯由衷地敬佩苏武的气节,一天两次派人探视,愈欲降服苏武。

待苏武伤势好转,且鞮侯命人把苏武押来,当场斩了虞常。接着,卫律吼道:汉使张胜谋杀单于近臣,当死!举剑向张胜刺去,张胜胆怯,伏地请降。卫律又冲着苏武说,副手有罪,你罪责难逃! 苏武镇定自若,说他不曾参与,不应承担责任。卫律语塞,又扬起了手中的利刃,以恫吓苏武,苏武却岿然不动。

　　威逼不成,卫律又以利诱,说他本人降了匈奴之后,受封为王,拥众数万,牛马满山。若苏君今日降,明日也当如此。否则,葬身荒漠,谁还知道你苏武云云。苏武大骂卫律叛主背亲,说今若杀汉使,挑起两国相攻,匈奴之祸自此始矣。卫律知道苏武不可屈服,遂回去向且鞮侯复命。

　　且鞮侯很赞赏苏武之为人,更想招降他。于是,又设下一计,让人把苏武关进一个地窖中,断其饮食。苏武饥吞旃、渴饮雪,仍不屈服。匈奴人惊诧不已,以为他是天神。且鞮侯无奈,只得把苏武放逐到北海(今贝加尔湖)牧羊,说是等公羊下崽,就放他回去。

　　苏武到了北海,没有食物,就掘鼠洞、寻找老鼠贮存的草籽充饥。手持汉节,牧羊于海滨。过了五六年,且鞮侯的弟弟於靬王来北海打猎,苏武用生丝缕帮他校正了弓弩,於靬王仰慕苏武的气节、才干,供给他衣食。三年后,於靬王病重,临终前,给了苏武一些马匹、衣服和穹庐。不久,却被丁零人盗走了,苏武又陷于困境。

　　过了一段时间,李陵来到了北海。他在苏武出使的第二年兵败投降匈奴,此番是奉狐鹿姑单于之命来劝降的。任凭李陵动之以情义,诱之以利害,苏武还是坚不动摇。李陵也深受感动,喟然叹息说:"嗟呼,义士! 陵与卫律之罪上通于天。"①

　　过了不久,李陵又来到北海,说匈奴捕得一批汉人,从他们嘴里得知,汉郡守以下皆白服,说是皇上驾崩。苏武大恸,南向号哭,直哭得口吐鲜血。

　　苏武在荒无人烟的北海度过了十九个春秋,直到昭帝始元六年(前81),汉匈和亲,方被允许归汉。李陵置

苏武画像(选自清上官周
《晚笑堂画传》)

①　《汉书·苏建传附苏武传》。

酒,表示祝贺,起舞而歌:

> 径万里兮度沙幕,为君将兮奋匈奴。
> 路穷绝兮矢刃摧,士众灭兮名已隤。
> 老母已死,虽欲报恩将安归![1]

李陵泣下数行,与苏武诀别,苏武全节而归。

---

[1] 《乐府诗集》卷 84《李陵歌》。

北伐末战:李广利败北

武帝得知苏武被扣的消息后,认为与匈奴和谈已经无望,决定恢复军事行动。

天汉二年(前99)夏五月,武帝派贰师将军李广利统兵三万北伐。李广利是李夫人的哥哥,曾将兵征服过大宛。武帝命李陵负责押运粮草,李陵是李广的孙子,骁勇善战,他不愿做运粮官,要求去冲锋陷阵。武帝说没有马匹了,李陵说他愿将步兵五千人,直捣单于大帐。武帝壮而许之,又命强弩将军路博德将兵一支,于半道接应。路博德是员老将,羞于为此,上书请求等明年春,与李陵将兵纵横匈奴。武帝疑心李陵胆怯了,让路博德来谏阻,遂严令李陵于九月出兵。

李陵带着五千步兵上路了。这时,李广利正与匈奴右贤王鏖兵于天山脚下。李陵从居延遮虏障出发,急行军三十天,直至浚稽山(约在今蒙古国土拉河、鄂尔浑河上源以南一带),在山间安营扎寨。且鞮侯率三万精骑来袭,李陵列阵御敌,击溃且鞮侯大军。且鞮侯大惊,征调左、右贤王八万骑来攻李陵。李陵且战且退,撤至一山谷中,匈奴大军围了上来。李陵下令,负过三次伤的,坐车;受过二次伤的,驾车;仅负一次伤的,持兵再战。翌日,李陵率兵在杀敌三千后,突围而去。且鞮侯挥兵追击,李陵边打边撤,又有数千名匈奴骑兵被他们射落马下,但他们的箭也所剩无几了。且鞮侯疑心李陵"诱敌深入",打算收兵。

就在此时,李陵军中出了叛徒。此人叫管敢,是个小军官,被上司凌辱,愤而降敌,说李陵箭矢将尽,后无救兵。且鞮侯大喜,挥兵猛攻,大呼李陵快降。匈奴兵占据山头,李陵兵在谷中,矢下如雨。李陵在射出最后一枝箭后,命士卒砍下车辐为兵器,撤入一个峡谷中。且鞮侯麾兵将他们团团围住,从山上往下滚石,汉军死伤甚众。李陵命将士人持二升粮、一块冰,于半夜时分分头突围。李陵带十余亲兵突围被发现,数千名匈奴骑兵围追堵截,校尉韩延年战死。李陵见大势已去,遂降匈奴。五千步兵中仅有四百余人逃回塞内。不过,倒在他们刀箭之下的匈奴兵也有一万多人。

再说李广利一路,也杀了一万多匈奴兵,但汉军损失却有二万人。

天汉二年之战,汉军实得不偿失。武帝有些恼火,决定再组织一次更大规模的军事行动,集中优势兵力,毕其功于一役。

天汉四年春正月,草枯马瘦,武帝下达了北伐令。贰师将军李广利将骑兵六万、步兵七万出朔方,强弩都尉路博德将万余人与李广利齐头并进,游击将军韩说将步兵三万出五原,公孙敖将骑兵万人、步兵三万出雁门。步骑二十一万,兵分四路,杀入漠北。

且鞮侯把粮草辎重和妻子家人撤到余吾水(今蒙古土拉河)以北,自将十万人马列阵于余吾水南。李广利挥兵进击，双方大战十几天，胜负难分。其他诸路大军都失利。但匈奴人也再次领教了汉军的人多势众，很长一个时期不敢轻举妄动。武帝乘机休养兵马。

征和二年(前91)九月，匈奴又入侵上谷、五原。翌年，武帝遣贰师将军李广利再次将兵七万出五原，御史大夫商丘成将兵两万出西河，重合侯马通将兵四万出酒泉，反击匈奴。这时，且鞮侯已死四年有余，坐在单于位上的是他的儿子狐鹿姑。狐鹿姑把粮草辎重和妻子家人撤到更远的郅居水(今蒙古国色楞格河)以北，自己则将兵在郅居水以南与汉军周旋。李广利击溃匈奴右大都尉和卫律的人马，乘胜追至范夫人城(今蒙古国达兰扎达加德西北)。这时，从塞内传来消息，说李广利的妻子牵扯进巫蛊案中被投进大牢。属吏胡亚夫也因避罪从军，乘机劝李广利降敌。李广利犹豫再三，最后想立殊功以赎妻子，遂挥兵渡郅居水北上。匈奴左贤王左大将领二万人马迎战，汉军斩左大将，杀死匈奴兵无数。长史揣知李广利的心意，怕他断送了七万汉军，与人谋执李广利迫使退兵。李广利发觉，杀了长史，引兵南撤。走到燕然山(今蒙古国杭爱山)，狐鹿姑将五万骑追了上来，汉军大败，李广利遂降匈奴。

汉武帝未能彻底征服匈奴，匈奴也元气大伤，从此一蹶不振，再也难以对汉构成大的威胁了。

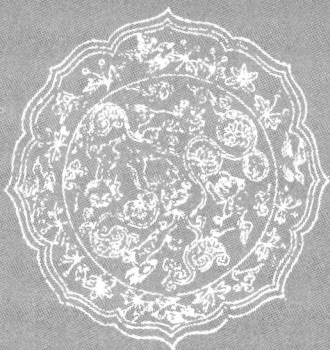

六 盛世背面:皇朝的危机

　　文治武功,特别是北伐匈奴的战争,很快便耗尽了父祖留下的那笔物质财富。当此之时,武帝又果断地采取了一系列财政措施,藉此积聚了大笔钱物,使北伐匈奴得以进行下去。但代价也是巨大的,不仅国库空虚,富人也贫困潦倒,穷人则更加贫穷。穷则思乱,难以苟延残喘的黎民百姓铤而走险,揭竿而起。大汉帝国濒临"土崩"的险境。在此危难之际,武帝毅然颁布中国历史上第一个皇帝罪己诏。这一转变,挽狂澜于既倒。

集中财利：一切为了战争

北伐匈奴等战争，勘定了边患，开拓了疆土，奠定了中国版图的基本框架。《史记·三王世家》记载，元狩四年（前 119），太仆公孙贺行御史大夫事，奏请立皇子刘闳等为王时，提到了《舆地图》，《汉书·武帝纪》元鼎六年（前 111）"浮沮将军"条下臣瓒注曰："浮沮，井名，在匈奴中，去九原二千里，见汉《舆地图》。"据此，这幅《舆地图》覆盖了汉朝势力所能达到的地区，是一幅"全国地图"。国家疆土观念已经形成。在统一国家内，各民族的政治、经济、文化联系更加密切。

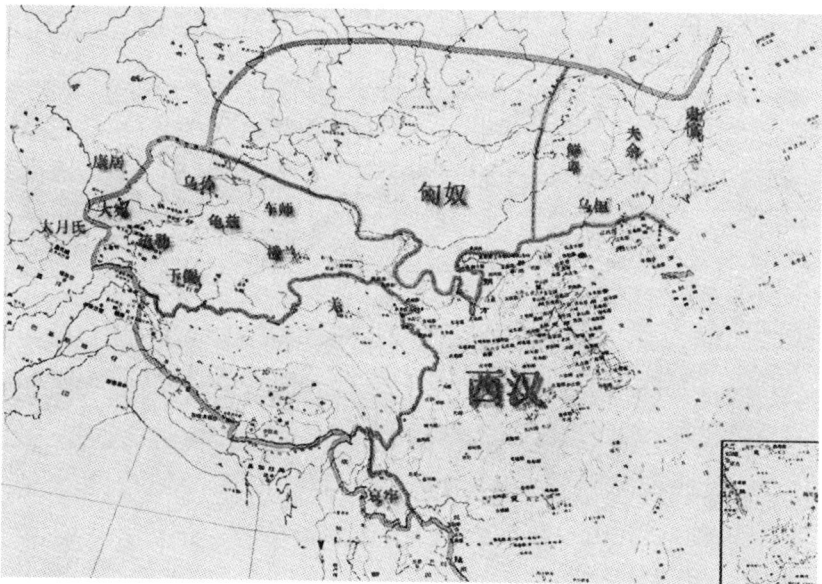

西汉时期全图

但是，战争的耗费也是巨大的，仅以战后奖赏有功将士为例：

元朔五年（前 124）卫青率十余万人出击匈奴右贤王，大获全胜，武帝高兴之余，赐给有功将士黄金二十余万斤。

元狩四年的"漠北之役"，汉军在付出重大代价后，大败匈奴单于和左贤王，武帝又拿出五十万斤黄金犒赏将士。

仅这两次的赏金便是七十万斤黄金。

汉元帝时，全国一年财政收入为"四十万万"①。汉时黄金一斤值万钱，七十万斤黄金

---

① 《汉书·王嘉传》。

换算成钱是七十万万,差不多是当时两年的国家财政收入。

武帝一改父祖节俭的传统,穷奢极欲,大兴土木,广建宫苑,耗资巨大。为了长生不老,又耗费以亿计的钱财千方百计寻找不死药和仙人,仅一次赐给方士栾大的黄金便是十万斤,相当于文帝时一万户中等人家的家产,是元帝时一年财政收入的四分之一!

赏赐佞幸之臣的金银财宝,也动辄成千上万。儿时陪伴武帝读书的韩嫣,睡的是玳瑁装饰的大床。他喜欢玩弹弓,弹丸竟是金子做的,一天要打掉十几丸,长安城有歌谣云:"苦饥寒,逐金丸。"①城中的贫困儿童,每次听说韩嫣出来了,就簇拥于后,准备去捡金丸。

一笔笔钱粮从国库中支出。到元朔二年,国库已捉襟见肘。元朔五年,拿出二十万斤黄金赏了将士后,大司农奏报:"臧钱经用,赋税既竭,不足以奉战士。"②

文景时期积累起来的财富已告罄尽。

西汉汧河码头仓储遗址

该遗址位于陕西凤翔县长青镇孙家南头村西汧河东岸,建筑面积七千二百平方米。在凤翔县曾经采集到一件"百万石仓"瓦当,发掘者推测,该仓储当即"百万石仓",可能是一座军需物资库③。

频繁的自然灾害,又使财政危机雪上加霜。水灾与旱灾大约十至十五年为一个周期,

---

① 《西京杂记》卷4《韩嫣金弹》。
② 《汉书·食货志》。

交替发生，大旱之后往往发生蝗灾。更为严重的是黄河水灾，以元狩三年（前120）那场大水为例，黄河中下游地区数十万人遭殃，武帝急令各郡县开仓赈济，然杯水车薪，无济于事；又向富家大户借贷了一大笔钱，还是不够。最后，只好把七十二万人迁到陇西、北地、西河、上郡等地安置，搬迁费以亿计。

受灾地区大多在黄河中下游地区。这里是最重要的农业区，是国家的粮仓。自然灾害严重地影响了这一带的农业生产，仅元光三年（前132）黄河一次决口就淹了十六郡，此后二十余年间，这里连年歉收，民不聊生。

天灾肆虐，进一步加剧了财政危机。

日趋严重的财政危机若不设法缓解，不仅征伐战争难以为继，且会危及大汉江山。严峻的形势，迫使武帝君臣不得不尽快采取对策。

民以食为天。重视农业，增加粮食生产，无疑是解决财政危机的一个有效途径；而兴修水利，增加灌溉面积，则又是提高粮食产量的根本方法之一。于是，一些水利工程纷纷开工。

兴修水利以增加粮食生产，虽系治本之策，但仅有的一点收益对近乎崩溃的财政来说，不过杯水车薪。武帝觉得此法收效甚微，而且太慢。

于是，汉武帝开始卖官。

此法收效快，马上可以见利。公卿大臣们觉得这是填补财政缺额的好办法，遂提议设置一种"武功爵"，标价出售。武帝批准。元朔六年，"武功爵"开始实行。"武功爵"分为十一级，每级价格十七万，凡买至第五级官首者，官位有缺，可优先递补；买至第七级千夫者，可免徭役，有罪减二等。最高可买到第八级"乐卿"。第九级以上，用以赏军功。因国库空虚，拿不出钱来奖赏有功将士，便以爵代钱。若买到第八级"乐卿"，需一百三十六万钱。

卖官鬻爵虽搜刮了大笔钱财，但后患无穷。买官买爵者步入仕途，就得给他们发俸禄，买官爵的钱财又分批还给了他们。另外，卖官鬻爵只要钱财，不问才德，致使官僚队伍鱼目混珠。不仅如此，因买至第七级千夫爵的人很多，致使兵役征发困难。

武帝又劝民捐献。

此举是受卜式的启发。卜式，河南（今河南洛阳）人，家富于财，他却只要了百余头羊，入山放牧，田宅财物都让给了弟弟。十余年间，羊繁衍至千余头，买田宅，为富人。

汉兵出击匈奴时，卜式至长安上书，愿献一半家产以助军用。武帝对卜式的义举不理解，派使者问卜式：是想做官吧？

卜式说他自小牧羊，不习仕宦，不想做官。

使者又问他：是否蒙受冤案？

卜式说他与世无争，家贫者，他借给钱；行为不端之人，他耐心教育。大家与他的关系很好,不曾有什么冤情。

使者不耐烦了,问他到底想干什么?

卜式长叹一声说:天子发兵征伐匈奴,民有才干者,应誓死以赴;有钱之人,应慷慨解囊。如此,匈奴可灭也!

使者回奏武帝,武帝还是不相信天下会有这等心系国家之人。丞相公孙弘上朝,武帝又把卜式之事说给他听。公孙弘很肯定地说:这种事出乎人之常情,不轨之民沽名钓誉,不必理他。

公孙弘的话使武帝坚信了自己的判断,不再理睬此事。

卜式呆在长安,苦苦等候皇上的回音。谁知,春去秋来,几年过去了还是不见动静。终于盼来了诏令,却是让他走人,离开长安。卜式回到老家,仍去山中牧羊。

过了一两年,匈奴浑邪王率众降,安置他们需要一大笔钱。第二年,即元狩三年,函谷关以东的黄河中下游地区又发生特大水灾,数十万人流离失所,国库中实在拿不出救急的钱物了,武帝只得向富人借钱,卜式又献上二十万钱。武帝御览捐钱者的名单,在河南郡一栏中见到了卜式的名字,说:这就是以前要拿一半家产以助军用那人!武帝特赐卜式免除四百人徭役的特权,但卜式又全部还给了官府。武帝这才知道前番卜式捐钱,确是出自忠心爱国,遂大树特树卜式这个典型。

然而,武帝大失所望,众多富豪无人效法卜式。

武帝君臣认为,只有采取强制手段从富商大贾们的口袋里往外掏钱了。

于是,有了垄断财利的一系列措施:统一铸钱、算缗告缗①、盐铁官营、榷酒酤②、均输平准③。这些措施的核心是官府垄断财利,虽然增加了国库的收入,保证了北伐匈奴等战争的顺利进行,但是,严重影响了民间工商业的发展。对西汉皇朝来说,这些改革措施可谓竭泽而渔,在短时期内搜刮了大量钱物,却造成了以后税源的枯竭。

武帝的所作所为,不仅将文景以来积累的钱物挥霍一空,且将今后发展的基础破坏殆尽。

---

① 算缗是对工商业者征税,告缗是鼓励检举揭发隐匿不报或少报的商人、手工业主。
② 榷酒酤是官府经营酒的酿造、销售。
③ 均输是官府经办运输贸易,平准是官府通过买进卖出,平抑物价。

三大事件:皇朝危机的信号

1. 百姓蜂起

　　尽管武帝君臣通过一系列财政经济政策筹措了大笔钱物,但很快又被旷日持久的征伐战争以及武帝的穷奢极欲所耗尽,结果仍是国库空虚,财匮民穷。穷则思变。当黎民难以继续生存下去时,铤而走险便是势在必然。如果武帝君臣能及时地采取恤贫富民措施,或许不会酿成大的社会动乱。然而武帝君臣所采取的是严酷镇压的政策。

　　法令愈酷,反抗愈烈。

　　天汉二年(前99)前后,较大规模的联合反抗终于出现了。从燕、赵直到江、汉,整个关东地区,到处都有衣衫褴褛、面黄肌瘦而手执刀枪、攻城夺地的起义军,大汉皇朝在这一带的统治被搅乱了。更为严重的是,西汉统治中心——关中地区,有不少人还与东方的义军秘密交往。一旦东西联合,后果不堪设想。

　　武力镇压,是当权者对付反叛者惯用的手法,武帝也不例外。他指令御史中丞、丞相长史督责关东各郡县的官吏全力镇压,但收效不大。于是,在天汉二年,武帝又接连颁布两道诏令,一是任命光禄大夫范昆等为直指绣衣使者,分赴各郡县,以虎符调遣各路兵马围攻起义军;二是敕令关都尉严加防范,加强对出入关人员的盘查,以防止关中"豪杰"与东方义军联合。各郡国竭尽全力围攻义军,义军损失惨重,上万人战死。为了孤立义军,武帝又下令:提供粮秣给义军者,一律处死。

　　残酷的镇压持续了数年,义军的首领或战死沙场,或被俘,他们的残部退入山林川泽,继续战斗。于是武帝作《沉命法》,对"群盗"起而未发觉、发觉而未彻底镇压,二千石以下至主事小吏,一律处死。法令颁布以后,又派出暴胜之等直指绣衣御史,督察各郡国,一旦查获渎职官员,先斩后奏。然而,有些地方官吏害怕被杀,辖区内虽发生小规模农民起义,唯恐一时镇压不下去,祸及自身,遂千方百计加以遮盖、隐匿不报,致使义军又逐渐发展起来。

　　农民起义,是社会危机的总爆发。当此之时,严刑峻法、武力镇压,是难以挽救的;即使一时奏效,也难保长治久安,起义还会爆发。

2. 刘据冤案

　　刘据乃武帝长子(宣帝时追谥"戾太子")。武帝二十九岁时始有此子,自是格外喜爱,班固《汉书·武五子传》用"甚喜"二字,来表达武帝当时的心情。武帝搞了一系列喜庆活动来祝贺他的诞生,卫子夫也因生了刘据而被立为皇后。

刘据七岁那年被立为皇太子,时间是在元狩元年(前122)。为庆祝此事,武帝下诏赐中二千石右庶长爵,天下为人父者爵一级。

然而,当刘据长大成人后,武帝惊异地发现:此子性格不类己!刘据为人,仁恕温谨、敦厚好静,与雄才大略、好大喜功的武帝截然有别。

性格的差别,引起了父子二人在政见上的分歧。

武帝兴兵征伐"四夷",刘据却认为此举劳民伤财,常加谏阻;武帝用法严酷,刘据却认为法严伤人,武帝派他审案,他常常予以平反。

武帝是位英明的君主,他清楚地知道征伐战争不可能长期打下去,严刑峻法也不能一直持续下去,最终要转向清静守文。而刘据在他眼中,又恰是位清静守文之主。故此,尽管武帝觉得刘据为人处事过于温谨,不大像自己,有时看不上他,但一想到清静守文以安天下,正需要他这种人,又为之释然。

然而,群臣之中却有些人必欲扳倒刘据。

有个叫苏文的,是个黄门郎。刘据常入宫看望母后,苏文密报武帝:太子与宫人戏。此事纯属诬告,刘据听了愤恨不已。苏文还与黄门常融、王弼等侦伺刘据过失,然后添油加醋地奏报武帝。一次,武帝偶染小疾,让常融去召刘据,常融回来说:太子有喜色。武帝很是生气。待刘据至,武帝看见他脸上有泪痕,问他为何,他说为父皇担心,武帝方知常融诬陷太子于不义,诛杀了他。

刘据躲过一场灾难,但紧接着而来的又一场灾难,却使他难逃厄运。

这次是一个叫江充的人一手策划的。

江充是邯郸人,本名齐。他有个妹妹擅长歌舞,被选入赵王刘彭祖的太子刘丹宫中为妃,江齐遂为赵王座上客。后来刘丹怀疑江齐把他的一些丑事告诉父王,派人逮捕他,江齐逃匿,遂抓了他的父兄,全部杀了。江齐被迫改名为江充,乔装溜出邯郸,跑到长安告发刘丹。武帝召见他,颇欣赏他的仪容,派他出使匈奴,回来后即任命他为直指绣衣使者,督察三辅。江充是武帝开边政策的积极拥护者。武帝为财政困难而忧心,江充便设法逼迫贵戚子弟入钱以保人身安全,得钱数千万。他执法严厉,不避权贵。一次,刘据派人去甘泉宫向武帝请安,那人乘车行驰道中,被江充碰上,把他抓了起来。刘据让人去向江充求情,江充不听,奏报武帝,武帝赞他忠诚。

刘据与江充从此有隙。

此时武帝年事已高,江充担心一旦武帝病死,刘据即位,向他报复,欲先下手除掉刘据。

公孙敬声巫蛊一案,给了江充以可乘之机。

公孙敬声是丞相公孙贺之子，其母卫君孺乃卫皇后之姐。公孙敬声官居太仆，骄奢不法，挪用北军军费一千九百万。征和二年（前91），事发，公孙敬声被逮捕下狱。时武帝正在通缉阳陵大盗朱安世，公孙贺主动上疏，奏请由他来逮捕朱安世以赎子罪。武帝许之，后果得朱安世。朱安世听说丞相逮他是为了赎儿子之罪，遂从狱中上书，揭发公孙敬声与武帝之女阳石公主私通，还使巫人诅咒皇上云云。武帝大怒，严令追究，穷治所犯。公孙贺父子被逮捕下狱，处死，抄家灭族。

武帝年迈，最怕死，总是疑心有人暗中要害他，故对巫蛊之事必加严究。巫蛊在西汉是一种令人毛骨悚然的巫术，使用巫蛊之术者，按例族诛。根据《史记》、《汉书》等文献的记载，巫蛊之术的主要做法是将木偶埋于地下，然后诅咒。据说，这样就可以致人丧命。江充受命为"使者"，查办公孙敬声巫蛊之案，他决计把刘据也罗织进去。

一日，江充神秘地指证说宫中有巫蛊事，在皇宫中一阵乱挖乱掘，寻找木偶。武帝信以为真，派按道侯韩说、御史章赣、黄门苏文等协助江充。苏文早就与刘据不和，也担心武帝死后，刘据即位，向他报复，所以必欲除去刘据而后快。他们一伙来到了太子宫，挖掘了一番，说是掘出了木偶。

刘据知道，此事难以自明，有口难辩。太子少傅石德劝刘据矫诏收捕江充等，拷问他们的奸谋，以洗刷自己。刘据无计可施，只得听从。他让一个门客伪装成使者去逮捕江充，韩说看出了破绽，不肯受诏，门客格杀韩说，章赣负伤逃往甘泉宫，向在宫中避暑的武帝报信。

刘据见事已至此，遂铤而走险，奏明母后，打开武库，取出兵器，把母后的长乐宫卫士和他的门客武装起来，告令百官江充谋反。刘据抓住了江充，愤愤地说："赵虏！乱乃国王父子不足邪！乃复乱吾父子也！"①喝令把他推出去斩了。

这是征和二年七月的事。

接着，刘据挥兵杀入丞相府，丞相刘屈氂来不及拿上他的大印，仓皇逃命。

刘据宣言皇上病危，奸臣欲作乱，故起兵诛讨。为了戳破刘据的谎言，武帝抱病驾临长安城西的建章宫，诏发三辅近县兵，由刘屈氂指挥平乱。刘据也矫诏赦免长安城中的囚徒，打开武库，取出兵器，把他们武装起来；他又派本是囚犯的如侯持节征调长水及宣曲骑兵。这两支骑兵是由降附的匈奴骑兵组成的，长水骑兵屯驻于长安东南，宣曲骑兵屯驻于长安西南。侍郎莽通在回长安的路上发觉此事，斩如侯，通知宣曲胡骑：节有诈，勿听。然后，莽通指挥两支骑兵杀入长安，支援刘屈氂。节是皇帝的信物，汉节本是赤色，因为刘据持赤节矫诏，武帝命令在赤节上边再加黄旄，作为汉节。刘据又命监北军使者任安发北军兵，任安接了符节，发觉苗头不对，闭门拒绝。至此，刘据明白，他已无法征调国家军队，只

① 《汉书·江充传》。

有孤军奋战了，遂引兵驱四市人，凡数万众，至长乐宫西阙下，碰上刘屈氂的大军，双方大战五日，死者数万人，血流成河。刘屈氂的兵越来越多，刘据兵败，南逃覆盎城门，司直田仁率兵把守此门，见刘据逃至，有些不知所措，刘据乘机逃出。

刘据的残部被消灭。但刘据在逃，武帝不敢大意，在长安各城门驻屯重兵，加紧防范。

卫皇后见大势已去，自杀。

苏文用一口薄木小棺装了她的尸首，埋在长安城南。卫氏外戚全部被诛。

刘据的良娣(嫔妃名)史氏、史氏的儿子刘进(号史皇孙)、刘进的妃子王翁须，也全部被杀。刘进的儿子刘询，当时才出生数月，也被投进大牢，廷尉监邴吉可怜他无辜，偷偷地将其收养起来，才幸免一死。刘据一支，仅剩下他一人，他便是后来的汉宣帝。

刘据逃至湖县(今河南闵乡)，藏在泉鸠里一户贫民家中，主人卖履来供养他。刘据有个故人在湖县，家庭富有，刘据派人去求他资助，被人发觉，官府派兵围捕，刘据自度再难逃脱，关上房门，准备自杀。来自山阳(郡治昌邑，今山东金乡西北)的兵卒张富昌一脚踹开房门，新安县(今河南渑池东)一名叫李寿的小吏上前抱住刘据，意欲活捉。刘据奋起反抗，被兵卒杀死。他的两个孙子，也同时遇害。

当刘据从覆盎门出逃、武帝还在震怒之时，数千里之外的壶关县(今山西屯留)三老令狐茂正在奋笔疾书。三老，乡官，负责地方教化，一般都是德高望重的人物。令狐茂老人在壶关县，也算得上是一个有名望的人物。刘据举兵造反一事很快便传到了壶关县，令狐茂综合道听途说的各种消息，断定刘据造反是个冤案，遂斗胆给武帝写了一道奏疏，为刘据申冤。这是需要一点胆量的，对刘据的冤案，公卿百官中不是没有人意识到，只是看到皇上震怒，没有人敢出头为之申诉而已。令狐茂已豁出了性命，奏疏写好后，便赶赴长安，至建章阙呈上，然后待罪于阙下，听候武帝发落。武帝御览之后，颇有感悟。但是，他没做任何表示。在当时的情况下，沉默实际上等于默认。于是，一些稍有点胆气的官员，也通过各种方式向武帝反映情况。武帝汇总各种信息，越来越清楚地意识到：刘据举兵，是被江充一伙逼出来的。

征和三年，田千秋又上疏为刘据申冤。

田千秋的祖上本是齐国王室，汉初，诸田被徙居长陵，田千秋长大后，在刘邦的陵寝做郎官。他的为人，既忠厚又不失睿智。他没有令狐茂那个胆量，直言刘据冤枉，仅是说刘据罪不至死，又故弄玄虚地说是一个白发老人教他这样说的。

武帝终于下定决心为刘据平反昭雪，他下令召见田千秋，田千秋长得仪表堂堂，更增加了武帝的好感，当即拜田千秋为大鸿胪。接着，下诏为刘据平反：

①将江充全族悉数诛灭；

②将苏文在横门渭桥上烧死；

③在泉鸠里加兵于刘据者一律处死；

④于刘据死难之地建"思子宫"，造"归来望思之台"。

诏令颁布后，吏民莫不感伤。

3. 李广利事件

征和三年三月，武帝又组织了一次对匈奴的军事行动——这也是武帝朝最后一次北伐。贰师将军李广利被任命为主帅，率主力军七万人出五原；御史大夫商丘成率军两万人出西河；重合侯马通率军四万人出酒泉。三路大军齐头并进。

不曾想，在此役进行中发生了一系列事件。

首先是李广利与刘屈氂密谋拥立昌邑王刘髆为皇太子。

此时在继嗣的选择上，武帝已属意于钩弋夫人之子刘弗陵，但还没有公开表示。李广利和刘屈氂的密谋使他认识到：大臣之中，有些人正为个人私利而阴谋活动，若不及早地把自己的打算付诸实施，一旦某些人的阴谋得逞，其后果将很难预料。为了杀一儆百，武帝下令腰斩刘屈氂，把他的妻子枭首，又将李广利的妻子逮捕下狱。

这时，又从北伐前线传来消息：李广利兵败降敌。

李广利投降匈奴与妻子被捕有一定关系，但更重要的还是兵败。另外两路，马通毫无建树，只有商丘成打了几场小小的胜仗。

十三万大军竟一败涂地。实际上，这已不是第一次了，从天汉二年（前99）以来，北伐连连失利。是年，李广利、李陵统兵北伐，李陵兵败降敌。天汉四年，李广利率步骑二十一万北伐

汉昭帝画像

又失利。加上征和三年这一次，已经是第三次了。这次失利的原因很复杂，李广利是李夫人的哥哥，缺乏将才，凭藉外戚身份得到武帝的信用。但更重要的原因是：匈奴远遁漠北，汉军劳师远征，实犯兵家之大忌；汉国内形势不稳，将帅不和，士兵厌战。在这种局面下，北伐失利是必然的。

实际上，从元狩四年（前119）的漠北之役后，匈奴的威胁已基本上解除；要将匈奴人彻底剿灭，又是不可能的事。接连三次失败，使武帝逐渐认识到了这一点。

《轮台诏》：第一个皇帝罪己诏

武帝即位之初，就清醒地明白时代赋予他的使命：

> 汉家庶事草创，加四夷侵陵中国，朕不变更制度，后世无法；不出师征伐，天下不安；为此者不得不劳民。若后世又如朕所为，是袭亡秦之迹也。①

武帝是位英明的君主，他清楚地知道征伐战争不可能长期打下去，严刑峻法也不能一直持续下去，最终要转向清静守文。在完成"外事四夷"的任务以后，把军国大政从对外征伐，转到对内恢复发展经济、稳定社会秩序上来，是武帝的既定方针。但是，何时实现这一转变？从武帝让卫青传话给刘据时已清楚地讲明了这一点：这就是他要身当其劳，然后由刘据来收拾残局、完成政策的转变。但是，历史的发展是不以个人的意志为转移的。国内危机严重，百姓揭竿而起；北伐匈奴难以为继，接连失败。武帝意识到，政策的转变已经等不到下一代了，必须马上进行。

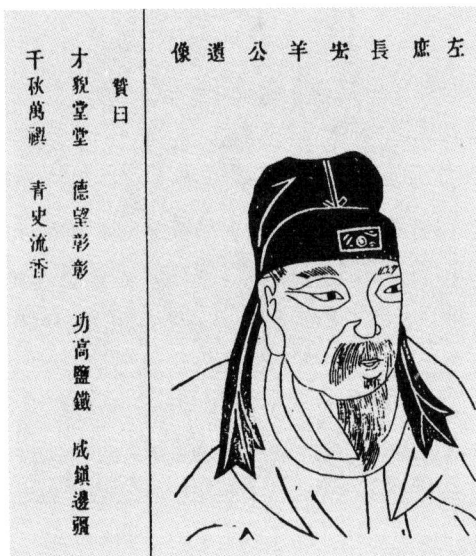

桑弘羊画像

恰在此时，搜粟都尉桑弘羊联合丞相田千秋、御史大夫商丘成上了一道奏章。这道奏章的重点是：扩大在轮台（今属新疆）以东的屯田；轮台以西，修筑亭障，以威西域；加强西北边防建设；招募囚徒去匈奴搞暗杀。一言以蔽之，他们要继续推行开边政策。

奏章是以丞相田千秋的名义写的。但是，桑弘羊当是其中的主谋。《汉书·西域传》说"搜粟都尉桑弘羊与丞相、御史奏言"云云，即透露了这一点。桑弘羊是武帝开边政策的积极支持者，筹措开边经费、缓解财政危机的若干措施都是他主谋策划的。他本来官居大司农，天汉四年（前97）因子弟犯法受牵连，被贬为搜粟都尉。这是一个负责军队屯田的官职。轮台屯田，正是他分内的事。

当时，三公九卿中，除了丞相田千秋、御史大夫商丘成外，在太常任上的是缪侯郦终根，任光禄勋的是有禄，任大鸿胪的是戴仁，他们几个都是平庸之辈，在朝中影响不大。丞

---

① ［宋］司马光《资治通鉴》卷22《汉纪》14。

相、御史大夫二人都在桑弘羊主谋的奏章上签了大名，说明这道奏章是很有分量的，基本上代表了朝中大臣的观点。

武帝已下定决心，要给桑弘羊等人及全国吏民一个明确的答复。于是，有了中国历史上第一个皇帝罪己诏——《轮台诏》。在《轮台诏》中，武帝首先检讨了征和三年（前90）开陵侯成娩进攻车师，特别是贰师将军李广利北伐匈奴造成的巨大损失。武帝承认，是他相信了卜卦之言而未听从公卿之谏，遂有此败。这是他的"不明"。作为一国之君，他为此而痛心疾首。接着，武帝转向对一些大臣的批评，他把桑弘羊、田千秋、商丘成提议的扩大轮台屯田斥为扰民；把招募囚徒去匈奴搞暗杀的方案斥为非仁义之举；痛责边陲长吏营私舞弊，致使边防松弛。最后，武帝宣布："当今务在禁苛暴，止擅赋，力本农，修马复令以补缺，毋乏武备而已。"

禁苛暴，是针对严刑峻法而言的，要从高压转向宽容。这实际上也是对从前推行严刑峻法的一个否定。

止擅赋，是针对各种赋敛而言的，其中也包括为缓解财政危机而采取的各种措施中的某些内容。武帝也承认了对黎民百姓的赋敛过重。

力本农，这本是汉朝的基本国策，汉初诸帝曾反复强调这一点。武帝承认，他背离了父祖遗训，现在要悬崖勒马，把经济工作的中心重新转移到发展农业生产上来。

修马复令，是针对在开边活动中军马损失惨重而言的，马匹不仅是重要的武备力量，而且是重要的农业生产和交通运输工具。

归纳起来，《轮台诏》中提出的政策转变有以下几项：

①在统治手段方面，从严刑峻法转向宽松温和；

②在赋役征发方面，从赋役繁重转向轻徭薄赋；

③在经济建设方面，从垄断财利转向发展农业；

④在对外关系方面，从战略进攻转向战略防御。

征和四年，是武帝一朝也是西汉一代的历史性转折。

《轮台诏》仅是一个纲领性的文件，如何实现政策的转变，从哪里入手？武帝决定先从农业抓起。民以食为天，当财政危机时，武帝曾把兴修水利、移民屯田、发展农业生产作为缓解危机的手段，只是由于此举见效太慢，难救燃眉之急，才转而从富人口袋中搜括钱财。现在客观形势已发生了重大变化，武帝明白，要安定社会必须先安民，安民必须先要解决他们的衣食问题。于是，在颁布《轮台诏》的同时，武帝诏封丞相田千秋为富民侯，以明休息，思富养民。如何富民？武帝决定从发展农业生产入手，在诏封田千秋富民侯的同时，又下诏把力农定为第一要务。

在发展农业生产上，武帝把改进农业生产技术作为突破口，任命农学家赵过为搜粟都

汉代耕作画像石拓片

尉,让他负责农业生产技术的改进。

赵过总结前人的经验,发明了代田法。

代田法是在一亩田上挖掘三条沟,各深一尺、宽一尺。把种子播在沟里,待幼苗生长起来,进行中耕;在锄草的同时,将垄上的土锄下以培壅苗根。到了天热的时候,垄上的土削平,作物的根长得很深。第二年,则将原来的垄改作沟,原来的沟改作垄。一年一换,故名"代田法"。

美国匹茨堡大学历史系教授许倬云先生把"代田法"称为"垄田法",并分析了其优点:

> 将田地区分成条理井然的沟与垄有四点好处:第一,与播种过密导致作物群集丛生相比,种植时整齐的分行排列,使得作物容易通风好、阳光充足。甚至在汉以前的农作里,通风良好的重要性就已至少原则上被注意到了。第二,汉代的犁无法进行深耕。将垄上的土逐次地推入沟内,使得培壅苗根的土壤日益厚实,可以弥补这一缺陷。第三,作物在生长早期,容易为强风吹得倒伏,也易丧失水分。这是华北干旱土地上的两个老问题。把作物种在沟里,就既可以使幼苗免于风灾,又可保持土壤和作物枝叶的湿度。第四,作物在垄间的分行排列,使农民可以在作物之间走动,方便了锄草,而锄草是精耕细作的重要工作。[①]

"代田法"还有一个使庄稼增产的重要方式:沟、垄一年一换,使土地轮番利用,地力得到恢复。故此山东大学马新教授认为,轮耕制的改进是"代田法"的核心内容:

> 先秦时代,一般是整块土地间的轮种。到《吕氏春秋》时代,又出现了畎耕法,亦即"上田弃亩,下田弃畎",依然有很大局限性。而代田法则是在同一地亩中,用垄、沟轮作的方式进行轮耕,既保障了土地的年年休耕,"岁代处",又保障了土地的充分利用。[②]

---

① 许倬云《汉代农业:早期中国农业经济的形成》,江苏人民出版社 1998 年版,第 120 页。
② 马新《两汉乡村社会史》,齐鲁书社 1997 年版,第 36—37 页。

赵过还发明了从耕地、下种到耘锄一整套新式农具。班固在《汉书·食货志》中仅提到了一种"耦犁"，说明耦犁最为重要。但是，班固仅说耦犁是用"二牛三人"，未再作进一步解释，汉代其他文献也没有更详细的说明。于是，后人众说纷纭，莫衷一是。山东石刻艺术博物馆从金乡县香城堌堆收集到的一块汉画像石，上面刻有牛耕图，解答了这个问题：

> 画面上二牛抬杠共挽一犁，牛前一人双手各执系引牛前进，右牛后一人执竿赶牛，牛肚下一犊正在吃奶，长辕犁后一人扶犁掌握方向和深度、两牛间一孩童扶辕，似在戏耍，扶犁人上方还有一犊随耕前行。①

牛耕图(山东金乡县香城堌堆汉画像石刻拓片)

从这幅牛耕图来看，"二牛三人"的耦犁是二牛共挽一犁，一人牵牛，一人扶犁，一人赶牛。

不过，黎民百姓不是家家户户都有牛的，无牛的人户就难以使用耦犁了。有个叫光的人，曾任平都(今陕西子长西南)县令，他教赵过用人拉犁的方法，赵过奏请武帝，任命他为

---

① 易友玉《耦犁新解》，《文史知识》1995 年第 5 期。

搜粟都尉的属吏。

赵过先在离宫外垣之内、内垣之外的闲地上,试验代田法和新式农具,结果,亩产量比别的农田高一斛以上。武帝大为高兴,命大农令选择技术好的工匠制造赵过发明的新式农具,郡国守相派县令长、三老及里中父老善种田者,领取新式农具,学习代田法。

不久,代田法和新式农具便在西北沿边各郡、河东、弘农、三辅等地推广开来,极大地促进了农业生产的发展,居延汉简中多次提到代田法,即证实了这一点。

临终托孤,遴选顾命大臣

自刘据死后,皇太子之位虚悬。当时,武帝六子尚存者,有燕王刘旦、广陵王刘胥、昌邑王刘髆和少子刘弗陵。武帝有心立刘弗陵为嗣。《汉书·外戚传》说,武帝赏识刘弗陵有三个原因:

第一,其母钩弋夫人有宠于武帝。

第二,刘弗陵长得健壮、聪明,酷肖父皇。

第三,刘旦、刘胥不奉法度,多过失。

从征和三年(前90)起,武帝便开始检讨自己的失误,思考改弦更张。征和四年,终于下定决心,痛下《轮台诏》,把军国大政的重点从"开边"转移到"富民"上来。在选立继嗣上,武帝最关心的是谁能把他的"富民"政策贯彻下去,因为只有如此,才能确保汉家皇朝延续下去。

刘旦不是他需要的那种人。《汉书·武五子传》记其为人曰:"为人辩略,博学经书、杂说,好星历、数术、倡优、射猎之事,招致游士。"他的性格颇似改弦更张前的武帝。把帝位传给他,恐怕难以确保"富民"政策的实施。

但刘旦从帝位继承原则出发,自以为刘据、刘闳死后,他年最长,应为继嗣,便迫不及待地上书,请求辞去燕王之位,入宫"宿卫"。"宿卫"二字只不过是把想当皇太子之意说得婉转一些而已。此举是违背礼法的,武帝一怒之下,把他关进了监狱。获释后,他又藏匿亡命,有图谋不轨之动向。武帝诏削三县,从此他已失去立为皇太子的资格。

刘旦的同母弟刘胥,言行举止颇似其兄:身强体壮,力能扛鼎,空手搏击熊、彘;游乐无度,不守法令。因此,也不为武帝所喜。皇太子之位,他也无望。

李广利和刘屈氂密谋拥立昌邑王刘髆为皇太子一事败露后,刘髆也难以成为继嗣了。

排除了刘旦、刘胥和刘髆,剩下的就只有刘弗陵了。尽管他年纪尚幼,但武帝觉得此子最像他。但是,他担心自己死后,幼主临朝,钩弋夫人还年轻,会出现太后专权的局面。

不久,钩弋夫人就死了。《汉书·外戚传》记载,钩弋夫人随武帝去甘泉宫,"有过见谴,以忧死"。至于她犯了什么过错,《汉书》未详。而《资治通鉴》则说:

> 帝谴责钩弋夫人,夫人脱簪珥,叩头。帝曰:"引持去,送掖庭狱!"夫人还顾,帝曰:"趣行,汝不得活!"卒赐死。

事后,武帝问左右,外人对此事怎么看法,左右说有人议论,既立其子,何去其母?武帝叹曰:

是非儿曹愚人之所知也。往古国家所以乱，由主少、母壮也。女主独居骄蹇，淫乱自恣，莫能禁也。汝不闻吕后邪！故不得不先去之也。①

钩弋夫人既死，立刘弗陵的最后一点顾虑也消除了。

钩弋夫人死了，母后干政的威胁排除了。但刘弗陵年幼，必须有人辅佐才行。于是，武帝开始物色顾命大臣。

第一个被武帝看中的是霍光。

霍光画像(选自明王圻、王思义辑《三才图会》)

霍光字子孟，霍去病的弟弟。父亲霍仲孺在平阳侯曹时家供职，与曹府的侍女卫少儿私通而生霍去病。霍仲孺任职期满，回家娶妻，生了霍光，与卫少儿母子断了联系。过了很久，卫少儿的妹妹卫子夫得幸于武帝，被立为皇后，霍去病贵显，始知生父乃霍仲孺，但一直无缘相见。当他被武帝任为骠骑将军，出击匈奴，路过平阳时，才派人把霍仲孺接到传舍，父子相认。霍去病为父亲买了一大批田宅、奴婢，才统兵北上。大军凯旋，途经平阳，霍去病又去看望老父，临别时，把异母弟霍光带回了长安。时霍光仅十余岁，武帝让他做了一名郎官，侍从左右，稍迁为诸曹侍中。霍去病死后，霍光被任命为奉车都尉、光禄大夫，出则扈从，入侍左右，甚见亲信。

霍光为人端庄、谨慎，进退必以礼。时人传言：霍光每次出入殿门，上下车马的地点，都在同一地方，落脚点的误差不出一尺。他在武帝身边侍奉二十余年，未尝有过。胆识、才干，也出类拔萃。

武帝打定主意：以霍光为顾命大臣。他让身边的画家画了一幅周公负成王朝诸侯图，赐给霍光，暗示霍光在他死后行周公之事。

---

① ［宋］司马光《资治通鉴》卷 22《汉纪》14。

　　另一个人选是金日磾。

　　金日磾字翁叔，本是匈奴休屠王的太子。元狩二年（前121）三月，霍去病率部发动河西之役，大败浑邪王和休屠王。是年夏，霍去病等再次出征，给浑邪王和休屠王以致命打击。匈奴伊稚斜单于大怒，要诛杀两王。两王恐，共谋降汉。待霍去病统兵去接应时，休屠王反悔，浑邪王袭杀了他，并其部降汉。金日磾和母亲、弟弟被投入官府为奴，十四岁的金日磾被派去给武帝喂马。

　　有一天，武帝办完政事，带着一群嫔妃去看他的御马，数十个养马的奴隶牵着他们各自喂养的马从武帝面前走过，唯金日磾目不斜视。他身高八尺二寸，不乏匈奴人的魁伟剽悍，喂养的马也膘肥体壮。武帝觉得此奴不俗，把他叫到面前问话，金日磾具以实对，武帝更加赏识，当即让他沐浴更衣，拜为马监。不久，又升为侍中、驸马都尉、光禄大夫。金日磾由养马而致富贵，被中国后世养马业奉为祖师①。

　　金日磾从一个奴隶骤至富贵，言行却更加谨慎。武帝愈加亲信他，出则骖乘，入侍左右，王公贵族大为嫉妒，说一个"胡儿"，何必如此重视？武帝不予理睬，更加信用。金日磾的母亲教子有方，甚有法度，死后武帝诏人图其像于甘泉宫，题曰"休屠王阏氏"。金日磾每次见

金日磾画像

到此像，莫不涕泣，礼拜然后去。后江充党羽马何罗兄弟欲行刺武帝，被金日磾发觉，拼死力擒马何罗于殿下，保卫了武帝的安全。

　　金日磾为人谨慎，不事张扬，对武帝忠心不贰，深受武帝器重。

　　第三个人选是上官桀。

　　上官桀，陇西上邽（今甘肃天水）人，少以六郡良家子为羽林期门郎。一天，扈从武帝去甘泉宫，忽起大风，车顶风而行，走得很慢，武帝下令把伞状车盖拿掉，以减少阻力。车

---

①　参见李乔《中国行业神崇拜》，中国华侨出版公司1990年版，第295—303页。

盖交给上官桀举着，尽管风很大，但上官桀一步不离紧跟在车后。突然，天又下起了大雨，上官桀及时地把车盖罩在了武帝头上。武帝奇其才力，提拔他为未央厩令。一天，大病初愈的武帝来到未央厩，看见厩中的马比以前瘦多了，不禁大怒，要把他投进大牢。上官桀顿首曰：臣闻圣体不安，日夜忧惧，无心养马。话未说完，泪已流下。武帝被感动了，从此亲信他，让他做了侍中，再迁为太仆。

第四个人选是桑弘羊。

桑弘羊，洛阳贾人之子，年十三为武帝侍中。他是在财政危机时涌现出来的理财家，盐铁官营、榷酒酤、均输平准等，都是由他主持完成的。

第五个人选是田千秋。

田千秋为太子刘据诉冤，得到武帝赏识，拜为大鸿胪，数月而为丞相，封富民侯。田千秋为人敦厚有智，居位称职。

总的看来，在顾命大臣的选择上，武帝是英明的，选得其人。但也有一些失误，即他们并非清一色的拥护"富民"政策者，从而使武帝这一既定政策的实施遭到不小阻力。

顾命大臣选定之后，武帝又于后元元年（前88）开始清理公卿大臣队伍。大清洗的重点，是曾参与镇压刘据的人和与这些人有干系之人。这两种人都是不安定的因素，经过这场大清洗，他们全部被清除掉了。

后元二年二月，武帝移居五柞宫。

五柞宫在长安东南盩厔县（今陕西周至东南）境内，宫中有五棵粗至三人才能合抱、荫蔽数亩的大柞树，故名。到了五柞宫不久，武帝就病倒了，且病情日重。武帝把霍光、金日磾、田千秋、上官桀、桑弘羊五人召集到病榻边，宣布遗诏：立刘弗陵为皇太子，以霍光为大司马大将军，金日磾为车骑将军，上官桀为左将军，桑弘羊为御史大夫，田千秋仍为丞相，共辅少主，其中，霍光为首辅。

翌日，武帝驾崩，享年七十岁。

皇太子刘弗陵于同日即皇帝位，是为昭帝。

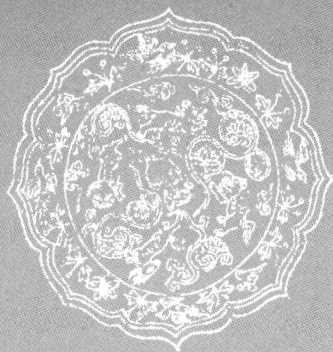

七　昭宣二世：昙花一现的"中兴"

汉武帝晚年的变革，挽狂澜于既倒，使大汉皇朝再次焕发生机，武帝死后，又出现了"昭宣中兴"。但是，"昭宣中兴"昙花一现。入元帝朝以后，皇朝的危机再度爆发，皇帝昏愦，官吏贪腐，汉家皇朝快速滑向覆灭的深渊。

"盐铁会议":既定方针的分歧

昭帝即位时年仅八岁,无法担当起治国理民的重任。霍光以大司马大将军领尚书事,就像当年周公辅成王那样,总理朝政,军国大事悉由他决断。霍光不仅忠心事主,且忠实地履行武帝的"富民"政策。

但是,辅政大臣之间还存在着严重的政见分歧。

金日磾在昭帝即位的第三年就病逝了。官居丞相的田千秋,年事已高,行走都很不便,霍光让他坐着小车入宫上朝,人称"车丞相"。他是为刘据讼冤的两个人之一,是促成武帝改弦更张的中坚人物,在政见上与霍光一致,唯霍光马首是瞻。左将军上官桀的政见,从《汉书》的记载来看,不太明朗。他与霍光是儿女亲家,他的儿子上官安娶了霍光的女儿,由于这层关系,他和霍光格外亲近。每当霍光休假,上官桀便代他决断政事,在辅政大臣中,权势仅次于霍光。据此来看,他在政见上大概与霍光是一致的。掌副丞相的御史大夫桑弘羊就不同了,他是武帝开边时期的理财家,武帝改弦更张后,他的思想没有转过弯来,仍然醉心于武帝前期那一套开边政策。

汉昭帝刘弗陵画像(唐阎立本绘,现藏美国波士顿博物馆)

这样,四位辅政大臣在政见上分成了两派,各有一批支持者。

桑弘羊舌战群儒画像

两派的分歧斗争日益激烈,到始元六年(前81)终于达到白热化。谏大夫杜延年提议召开一次由两派参加的会议,进行一次大辩论,以澄清是非。杜延年是前御史大夫杜周的儿子,他本是大将军府的属吏,由军司空为谏大夫,都是霍光执政时一手提拔起来的,是霍光的亲信。所以此次会议虽由他发起,实际也是霍光的意图。是年二月,会议开始。这就是历史上著名的"盐铁会议"。参加这次会议的,政府方面有丞相田千秋、御史大夫桑弘羊,以及丞相府和御史府的御史。还有一批来自民间的代表——贤良文学,他们有六十多人。会上,以贤良文学为一方,桑弘羊等为另一方,进行了激烈的争辩。会议讨论的范围很广,从经济、政治、军事、社会到学术思想,举凡武帝一代的大事几乎都涉及到了,而中心议题有三个:

第一,是否继续推行统一铸钱、盐铁官营、榷酒酤、均输平准政策?

第二,对匈奴是和还是战?

第三,继续推行严刑峻法还是改行德治?

这次盐铁会议,表面是关于武帝一朝政治得失的会议,实质上则是要不要执行《轮台诏》的会议。

贤良文学是民间商人、地主的代表,他们以儒家思想作武器,讲道德,说仁义,其实是反对政府对商人、地主的限制和打击。他们不看历史需要,全盘否定汉武帝盐铁官营等经济政策以及北伐匈奴等军事行动。但是,贤良文学也的确揭露了一些社会问题。例如他们所揭露的盐铁官营等事业中存在的大量流弊,北伐匈奴中的劳民伤财,在严刑峻法下人民所受的痛苦，以及社会现实生活中存在的尖锐的阶级矛盾等等。

丞相田千秋是这次会议的主持人，从《盐铁论》一书看来，他的发言不多，只是当双方辩论最激烈的时候，他以调解人的面貌出现，讲了几句不偏不倚、模棱两可的话。

在这次会议上，大将军霍光并没有出场，但他实际上是会议的组织者和指挥者。霍光召开这次会议的目的，就是利用贤良文学大造舆论，从政治上打击桑弘羊，排除执行《轮台诏》的障碍。所以盐铁会议是汉朝中央政府内部围绕着要不要执行《轮台诏》，以霍光和桑弘羊为首的两派不同政见的斗争。通过这场斗争，霍光赢得了政治思想上的巨大胜利，为进一步落实《轮台诏》中关于禁苛暴、止擅赋、力本农、不乏武备的休养生息政策铺平了道路。而桑弘羊则在这场斗争中受到了一次沉重的打击，于是桑、霍之间的矛盾斗争在这次会议之后更加尖锐了，以至演成了一场流血的惨剧。

辅政大臣的争斗：一起未遂政变

上官桀是武帝遗诏辅政的四大臣之一。上官桀、霍光两家是儿女亲家，上官一家还与鄂邑长公主拉上了关系。

鄂邑长公主是昭帝长姊，昭帝即位时，年龄幼小，由她居宫中抚养，等于是昭帝的监护人。长公主有个情夫——丁外人。这丁外人原是鄂邑长公主儿子的门客，霍光和上官桀听说鄂邑长公主和丁外人的事后，为了讨好鄂邑长公主，竟特命丁外人侍奉鄂邑长公主。上官桀的儿子上官安竭力巴结丁外人，两人过从甚密。

霍光、上官桀等人画像

鄂邑长公主看中一个姓周的女孩，召她进宫，打算把她许配给昭帝。上官安与霍氏也有个女儿，年方六岁，他热切希望女儿能坐上皇后的宝座。见长公主选了周家女入宫，他急忙恳求岳父大人霍光出面，让他的女儿、也即霍光的外孙女入主后宫。外孙女能做上皇后，对霍光来说也是件好事。但他觉得昭帝还是个乳臭未干的少儿，还不到立皇后的时候，外孙女也太小，故没有答应。

上官安不死心，又去找丁外人，请丁外人帮他在鄂邑长公主那里说项，并答应事成之后给丁外人个侯爵。丁外人大喜，马上跑去找鄂邑长公主，长公主自然不会驳情夫的面子，遂一改初衷，答应立上官女为皇后。

六岁的上官女被迎娶入宫，先封为婕妤，过了一个月后，立为皇后。

这年，昭帝年仅十二岁。

父以女贵，上官安当上骠骑将军，封桑乐侯。他骄奢淫逸，恃势专横。从宫中出来，常对人夸口：与我婿一起饮酒，真快乐。他整日饮酒作乐，与后母、侍婢淫乱。儿子病死，仰而骂天。他整日守在大将军府门口，见霍光出来，便缠住他，央求封丁外人为侯。霍光不允，他又央求委任丁外人为光禄大夫，霍光还是不答应。上官桀也多次替丁外人说情，均遭到霍光的拒绝。

上官父子见霍光不给情面，十分怨恨，自认为是皇后的祖父和父亲，有椒房中宫之重，而霍光不过是皇后的外祖父，凭什么大权独揽？父子俩与霍光争权夺利，力图取而代之。

鄂邑长公生听说霍光拒绝封她情夫官爵，也极为怨恨。

御史大夫桑弘羊是前朝重臣，论资格、功劳、才能，他都自认为在霍光之上，他名义上也是辅政大臣，但权势不仅低于霍光，也不如上官桀。"盐铁会议"上，又遭失败。他曾替子弟谋官，遭到霍光的拒绝，对霍光也甚为怨恨。

于是，上官父子、鄂邑长公主和桑弘羊结成联盟，携手反对霍光。他们担心朝中势力不够，又联络了一个藩王——燕王刘旦。

刘旦谋求皇太子失败，仇视昭帝和昭帝的得力辅佐霍光。上官父子遣人与他通谋，他毫不犹豫地加入了反对霍光的联盟。

上官桀和桑弘羊暗中搜集霍光的过失，把材料交给燕王刘旦，刘旦遣人上疏弹劾霍光。上官桀和桑弘羊乘霍光回家休沐之际，劝昭帝把燕王的奏疏下发百官，罢免霍光。不料，昭帝从燕王的奏疏中看出破绽，他们的阴谋没有得逞。

上官桀等人仍不死心，又指使爪牙弹劾霍光，昭帝怒曰：大将军忠臣，先帝让他辅朕，谁敢诋毁他，就治谁的罪！上官桀等人不敢再言。但他们不甘心失败，决定铤而走险。他们定计：由鄂邑长公主出面请霍光吃酒，伏兵格杀霍光；废除昭帝，拥立上官桀为帝。

一个爪牙问："当如皇后何？"

上官桀恶狠狠地说："逐麋之狗，当顾兔也！"[①]这个权力狂，连自己的小孙女都置之不顾了。

不料，他们的阴谋被稻田使者燕仓侦知，燕仓密报大司农杨敞，杨敞转告谏大夫杜延年，杜延年又奏告昭帝和霍光。霍光发兵逮杀上官桀父子、桑弘羊和丁外人，诛灭三族；鄂邑长公主、燕王自杀。上官皇后年少，仅八岁，未参与谋反，再加上她是霍光的外孙女，不予追究。

此后，霍光独操权柄。

①　《汉书·外戚传》。

汉宣帝:中兴之主

元凤四年(前77),十八岁的昭帝举行冠礼,亲政。第三年,昭帝暴病而亡。昭帝无子,执政的大司马大将军领尚书事霍光,迎立昌邑王刘贺为帝。刘贺登基才二十七天,霍光就上书上官皇太后,要求废黜他。霍光冠冕堂皇的理由是刘贺淫乱,其实是刘贺重用昌邑国旧吏,招致霍光不满。

废了刘贺,霍光迎立势单力薄的刘询为帝。

汉宣帝刘询画像(选自明王圻、王思义辑《三才图会》)

刘询是汉武帝皇太子刘据的嫡孙。当年刘据举兵反,兵败被杀,刘据的良娣(嫔妃名)史氏、史氏的儿子刘进(号史皇孙)、刘进的妃子王翁须,也全部被杀。刘进的儿子刘询,才出生数月,也被投进大牢,廷尉监邴吉可怜他无辜,就找了几个女囚细心照看,体弱多病的刘询存活下来。刘询四岁那年,武帝病重,一些方士说长安狱中有天子气,杀了那些犯人才能祛病。武帝诏准。深夜,刽子手来到关押刘询的牢房,邴吉拦住了他们,使刘询侥幸逃过一劫。对这段历史,邴吉一直不曾道及,至刘询登基多年,才从他人口中得知。

田千秋上疏为刘据申冤,武帝赦免刘询,诏令掖庭养育。刘询虽然获得了皇族宗室的身份,但一直生活在民间。长大成家,妻子许平君,是暴室啬夫——掖廷令之下一个负责纺织事务的小吏——许广汉之女。

不曾想,刘询被霍光看中,登基称帝,是为宣帝。

宣帝与傀儡无异。地节二年(前68),霍光病死,其子霍禹等继续把持朝政。宣帝起用邴吉、许广汉等人,逐步削弱并最终剪除了霍氏势力,收回朝政权。

　　宣帝长期生活在民间,了解民间疾苦。他特别重视郡国守相的选拔、任用,必择贤能者为之。这些郡国守相,多以安抚百姓、发展生产为己任。此为"昭宣中兴"之主要表现,史称:"汉世良吏,于是为盛,称中兴焉。"①兹举龚遂为例。

　　龚遂为渤海(郡治浮阳,今河北沧州东南)太守,渤海郡位于黄河入海口,大部分为齐国故地。龚遂到任后,发现这里的人仍是从前的旧习,奢侈相尚,热衷于买贱卖贵的商业活动,很少有人下田种粮,不少人身上佩着利剑或宝刀。龚遂决心矫正他们的行为,他颁布了一道命令:每人必须植榆树一株,种薤一百棵、葱一百棵、韭一畦;每家必须养母猪二头、鸡五只。规定十分具体。那些佩剑带刀的,龚遂命他们卖剑买牛、卖刀买犊。他的命令收到成效,文献记载说,郡中百姓春夏不得不去田间耕耘。到了金秋时节,龚遂又不辞辛苦,巡行各县,督促他们收割,颗粒归仓。龚遂被后世奉为中国羊牛业的祖师②。

黄霸画像(选自清乾隆刻本《新安黄氏横槎重修大宗谱》)

　　类似龚遂这样以富民安邦为己任的,还有颍川(郡治阳翟,今河南禹县)太守黄霸、赵

① 《汉书·循吏传》。

② 参见李乔《中国行业神崇拜》,中国华侨出版公司 1990 年版,第 329—320 页。

广汉、南阳(郡治宛县,今河南南阳)太守郑弘、东郡(郡治濮阳,今河南濮阳西南)太守韩延寿、北海(郡治营陵,今山东昌乐东南)太守朱邑、胶东国(国治即墨,今山东平度东南)相王成等。

在古代中国,君主之贤明,最为重要的是用人,所谓"明主治吏不治民"①。怎样用人,用什么人,关系国家治乱兴衰。宣帝依靠良吏,造就了"中兴"局面。《汉书·食货志》曰:

> 宣帝即位,用吏多选贤良,百姓安土,岁数丰穰,谷至石五钱。②

一石谷子仅需五钱,创下汉代谷价最低纪录。

边境也日渐安宁。甘露三年(前51),匈奴呼韩邪单于入朝,归服汉朝。从此,汉、匈之间结束了长达一百五十多年的战争状态。班固在《汉书·宣帝纪》中,称此为"中兴"的主要表现之一。

竟宁元年(前33),匈奴呼韩邪单于请求和亲,元帝以宫女王昭君为公主,出嫁呼韩邪单于,成就一桩历史佳话。

明仇英绘《明妃出塞图》(现藏北京故宫博物院)

---

① 《韩非子·外储说右下》。
② 《汉书·食货志上》。

所谓"昭宣中兴"主要发生在宣帝朝，故历史又称"孝宣中兴"①。史称宣帝一朝：

政教明，法令行，边境安，四夷亲，单于款塞，天下殷富，百姓康乐。②

但是，昭宣时期与文景时期相比，已不可同日而语，西汉皇朝在经历了文景时期的经济发展、武帝时期的文治武功之后，已经走上了下坡路。

① 《汉书·魏相丙吉传赞》。
② ［汉］应劭《风俗通义·正失》。

元成二帝:汉家皇朝的掘墓人

"昭宣中兴"昙花一现,入元帝朝以后,皇朝的危机再度爆发。

汉元帝是个史学爱好者,也是高明的艺术家,《汉书·元帝纪》是班彪手笔,在篇末他写了这样一段话:

> 臣外祖兄弟为元帝侍中,语臣曰:元帝多材艺,善史书。鼓琴瑟,吹洞箫,自度曲,被歌声,分刌节度,穷极幼眇。

元帝还是儒学的信徒,可谓中国历史上第一个"儒学皇帝"。他喜用儒生,不乏官至公卿者。他重用许氏外戚,也重用身边的奴仆——宦官,他的爱好多样,用人也滥,结果,时时侍从御前的宦官掌握了实权,宦官石显以中书令的身份把持朝政,结党营私,排斥异己。

一人之下、万人之上的丞相,也沦为石显的附庸。

韦贤,邹县(今山东邹城)人,号为"邹鲁大儒",官至丞相。其子韦玄成以儒学起家,也官至丞相。于是,邹鲁一带有了一句谚语:"遗子黄金满籯,不如一经。"[①]匡衡,承县(今山东枣庄市峄城区)人,一个农家子弟,凿壁偷光,诵习儒经,终成名儒,继韦玄成为丞相。在石显的淫威下,两位"儒学丞相"抛弃了孔孟遗教,阿谀曲从。

元帝在位十六年,于竟宁元年(前33)病逝,太子刘骜即位,是为成帝。成帝尊母后王政君为皇太后,任命帝舅王凤为大司马大将军领尚书事,总理朝政。成帝很信任王氏外戚,倚为心腹。王氏外戚凭藉成帝的信用,把持朝政,胡作非为。

沉浸在赵飞燕姐妹温柔乡中的成帝没有料到,他在为大汉皇朝挖坟墓。

赵飞燕原是阳阿公主家的舞女,体轻如燕,因号"飞燕"。她本是长安宫里的官婢,后来赐给阳阿公主为婢。一次,成帝微服出游,路过阳阿公主家,公主举办舞会以娱成帝。在舞会上,飞燕大出风头,她那翩翩的舞姿、艳丽的容貌大令成帝倾倒。临走,成帝把飞燕带上了,很是宠爱。她的妹妹赵合德美貌如仙,也被选入宫中。鸿嘉三年(前18),成帝废掉许皇后,另立赵飞燕。成帝整日与赵氏姐妹寻欢作乐,荒淫无度。

早在20世纪40年代,翦伯赞先生就曾经指出:

> 西汉的政权,为什么到成帝时便开始崩溃的过程,论者多归咎于成帝个人之腐化,甚至把这个罪案,写在一个可怜的女子赵飞燕的账上,我以为这未免过于滑稽。……我以为赵飞燕姐妹之登台,乃至成帝个人生活的腐化,是西汉政权没落的结

---

① 《汉书·韦贤传》。

果，而不是原因。①

实际上，西汉政权的危机从汉武帝晚年就已经出现，只是那时的危机主要不是由皇帝的腐化造成的。汉武帝晚年的改革，使得危机好转，昭、宣二帝又出现了一个相对稳定的时代。但是，此前的致危根源没有消除，新的危机因素又涌现：

第一，食利阶层庞大。到西汉末，帝国官吏已达十三万余人。

第二，官吏贪污腐败。王氏外戚是个典型，《汉书·元后传》记王氏外戚之腐败云：

> 赂遗珍宝，四面而至；后庭姬妾，各数十人，僮奴以千百数，罗钟磬，舞郑女，作倡优，狗马驰逐；大治第室，起土山渐台，洞门高廊阁道，连属弥望。

汉成帝刘骜画像(现藏台北故宫博物院)

上行下效，各级官吏贪腐成风。

第三，官民矛盾尖锐。官吏滥用职权，胡作非为，百姓怨声载道。

第四，成帝比以前任何一个皇帝更加腐化。

成帝、赵飞燕、外戚王氏及大小官吏的所作所为，促使汉家皇朝快速滑向覆灭的深渊。

成帝死后十四年，汉家皇朝即被王莽的新朝所取代。

---

① 翦伯赞《秦汉史》，北京大学出版社 1983 年版，第 300—301 页。

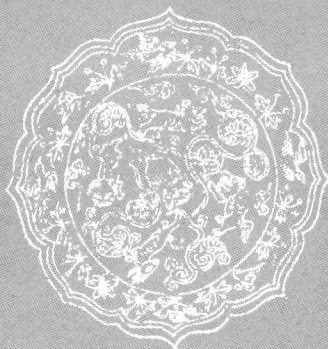

八 王莽新朝：一个人的皇朝

　　他是个文弱的书生，势单力薄。他是个绝佳的投机家，与时变，随势化。他如冷血动物般残酷无情。他利用西汉末年的社会危机，建立了自己的皇朝。他设计、推行了一系列新政，期望藉此化解社会矛盾、巩固统治，不曾想，事与愿违，他成了独夫民贼，死无葬身之地。

王氏外戚:王莽起家的靠山

王莽祖上原不姓王。春秋初年,陈国发生内乱,公子完惧祸逃往齐国,以"田"为姓。齐康公十九年(前386),公子完的后裔中有个叫田和的人,夺取了齐国的政权,位列诸侯。秦王政二十六年(前221),秦军灭齐。民间呼亡国的齐国王室子弟为"王家",于是,他们便以"王"为姓。

西汉初年,王氏后裔中有个叫王遂的,家居济南郡东平陵(今山东章丘西)。王遂生子贺,王贺在汉武帝朝做了个专门逐捕奸宄的小官——绣衣御史。后来,王贺与乡人终氏结怨,举家迁至魏郡元城(今河北大名东)委粟里。

王贺生子禁。王禁妻妾众多,生有四女:君侠、政君、君力、君弟,八男:凤、曼、谭、崇、商、立、根、逢时。王政君,王禁嫡妻李氏所生。政君十八岁入宫,大约过了一年,皇太子刘奭的爱妃司马良娣去世,宣帝命皇后另选后宫中的宫女送去侍奉太子,政君入选。甘露三年(前51),王政君生一子,名骜,字太孙。刘骜三岁那年,宣帝去世,太子刘奭即位,是为元帝,立刘骜为太子,政君为皇后,她的父母、兄弟、姊妹成了皇亲国戚,封爵授官。竟宁元年(前33),元帝一命呜呼,太子刘骜即位,是为成帝,尊王政君为皇太后;以王凤为大司马大将军领尚书事,总理朝政;封王崇为安成侯,王谭、王商、王立、王根、王逢时为关内侯,惟王曼已卒,未得封赏。

王莽就是王曼之子。王莽字巨君,生于初元四年(前45)。王氏外戚一个个贵显无比,鲜衣怒马,趾高气扬,骄奢淫逸,惟王莽一家孤贫寒酸。他恭谨地侍奉早寡的母亲和嫂嫂,教育亡兄留下的侄

王莽画像

儿;拜名儒陈参为师,孜孜不倦地攻读经书;小心翼翼地侍奉执掌朝廷大权的伯父与叔父。与那些惟声色是娱的王氏贵公子相比,洁身自好、恭谨有礼的王莽,引人瞩目,颇受赞誉。阳朔三年(前22),王莽的伯父王凤生病,王莽在侧侍候,不离左右,亲自尝药,照顾备至,几个月未解衣带。这更增加了王凤的好感。弥留之际,王凤嘱托元后和成帝授给王莽一官半职。就在这一年,二十四岁的王莽做了黄门郎,不久升为射声校尉,这是个职掌弓弩兵

的大官,秩二千石。

过了六年,王莽的叔父成都侯王商上书成帝,愿分自己的户邑以封王莽。长乐少府戴崇、侍中金涉、胡骑校尉箕闳等一班名士,也都盛誉王莽。于是,成帝封王莽为新都侯,食南阳新野(今属河南)之都乡一千五百户,晋官为骑都尉、光禄大夫、侍中。骑都尉是个武官,秩俸与射声校尉相同,光禄大夫和侍中都是加官。加上光禄大夫一官,便可参与朝政、议论国家大事;加上侍中一官,便可在皇帝左右侍奉。年方三十的王莽,成为朝中很有权力的大臣。

王莽绝非那种志骄意满之辈,他爵位越尊,节操愈谦,散舆马衣服,赈施宾客,家无所余;收赡名士,交结将相卿大夫。有时,还会做出一些沽名钓誉、哗众取宠的事来。

王莽的哥哥王永早死,遗下一个儿子王光。王莽让他拜一位儒学博士为师。王莽每办完朝政出来,则沐浴净身、整饰车骑,跑到这位博士家里,奉上酒肉,连王光的同学也一起招待。王光的年龄比王莽儿子王宇小,王莽给他两人同日娶妇,在宾客盈门、觥筹交错的筵席上,有侍者告诉王莽:太夫人感到某个地方痛,要吃药。王莽三番五次离席去后堂探视,服侍母亲吃药,举座赞叹其孝心。

王莽曾经偷偷地买了一个漂亮的侍婢,这在当时达官贵人圈子里,是司空见惯的事。但当王莽得知这件事让他的昆弟知道了后,当机立断,煞有介事地对他的昆弟说:我听说后将军朱子元没有儿子,这个女子是宜于生子的,我特地为朱将军买下了。当天便派人把这个侍婢送到了朱子元的府上。

绥和元年(前8),王莽的叔父、大司马大将军王根病重,数次上疏请求离职养病。新的大司马大将军会落在谁的头上呢?与那些终日追逐声色犬马的王氏子弟相比,王莽显得人品出众,靠着王氏外戚多年来的势力,他是能够成为大司马大将军的。但是,王莽要取得这个高位,必须先击败他的对手——淳于长。

淳于长是王君侠的儿子,同王莽是姑表兄弟。王政君做了皇后,淳于长也靠着裙带关系做了黄门郎。大司马大将军王凤病重时,他与王莽一样,不分昼夜地在旁侍奉。王凤临死时,也把他推荐给了皇太后王政君和成帝。王凤死后,他被任命为校尉诸曹,不久迁水衡都尉、侍中,再迁卫尉。卫尉,是汉代九卿之一,统率守卫皇宫的南军。当时,王莽还是射声校尉,淳于长的官位和权势都超过了王莽。鸿嘉三年(前18),皇后许氏被废黜,成帝意欲以赵飞燕为皇后,皇太后因飞燕出身卑微而没有答应。淳于长看准这是猎取进身之阶的好机会,便在太后面前反复为赵飞燕说项。一年之后,皇太后王政君终于答应了立赵飞燕为皇后。成帝对淳于长的斡旋之功甚为感激,便赐淳于长以关内侯的爵位,不久,又再封为定陵侯。淳于长由是大见信用,贵倾公卿。

然而,淳于长没有王莽那般远见卓识,他志骄气满、骄奢淫逸起来。

他与寡居的一个侯爵夫人许嬺私通，又娶她为小妾。许嬺的妹妹，就是遭废黜而居于长定宫的许后。许后通过其姐姐贿赂淳于长，求他在成帝面前为自己说情，希望成帝恢复她婕妤的地位。淳于长先后接受许后千余万贿赂，欺骗说为她说情，立她为"左皇后"。许嬺每次去长定宫，淳于长都致信许后，对她百般戏弄。结果，淳于长的这些阴私被王莽侦知。王莽利用在王根左右殷勤侍疾的机会，对王根说：淳于长见大司马病了这么长时间，很是高兴，他自以为要代您为大司马辅政，连他上台后谁做什么官、谁办什么事都定下来了。接着又添油加醋地把淳于长的丑行大讲了一通，王根听后非常生气，要王莽立即将此事上报皇太后王政君。王莽又在王政君面前把淳于长的骄奢淫逸之行着实渲染了一番，王政君听完大怒，要王莽立即上奏成帝。结果，淳于长不仅失去了马上就要到手的大司马大将军的位子，连卫尉的官职也丢掉了，被赶回自己的封地。

淳于长回到自己的封地后，成帝舅舅红阳侯王立之子王融向淳于长借车骑用，淳于长借此以重宝贿赂王立，王立就在成帝面前为淳于长说情。成帝怀疑二人有奸，命有司案验。有司想逮捕王融，王立叫儿子自杀以灭口。这样一来，成帝更加起疑了，下令逮捕淳于长，解往洛阳诏狱严加拷问。淳于长对以前戏弄许后和贿赂王立等事，供认不讳。成帝大怒，以大逆之罪把淳于长毙死狱中，妻子流放，红阳侯王立也被赶回封地。

王莽彻底击败了对手淳于长。王根推荐王莽代己辅政。绥和元年（前8），成帝擢莽为大司马，代王根辅政。这年，王莽三十八岁。

篡汉的"安汉公"

登上大司马高位后,王莽仍旧克己修行,延聘贤良名士幕僚,赏赐的钱财全用来享士,而自己更加俭约。他母亲生病,公卿大臣派其夫人前来探视,出来迎接客人的王莽夫人,穿着短衣布裙,那些贵夫人竟把她当作王莽家的奴婢了。

不料,王莽很快就被迫辞职。事情是这样的:绥和二年(前7),成帝去世,无子,元帝傅昭仪之孙、定陶恭王刘康的儿子刘欣即位,是为哀帝。他当皇帝一个月,便尊傅昭仪为恭皇太后,父刘康为恭皇,母丁姬为恭皇后,追封傅、丁两家已故的父兄。哀帝的皇后,是傅昭仪的侄女。这样,随着哀帝被推上帝位,傅、丁两家成了皇亲国戚,与王氏外戚在权益的分配上发生冲突。太皇太后王政君为了维持政局的稳定,便让王莽辞职就国。哀帝从小就听说王氏外戚骄盛,心中十分不满,但自王凤出任大司马以来,王氏外戚把持朝政已达二十余年,势力盘根错节,哀帝不敢马上触动王氏外戚,便下了一个诏书,盛誉王氏外戚辅政保国之功,也把王莽夸奖了一番,加以挽留,还加封王莽户邑三百五十户。

但是,这只是迫于王氏外戚的权势而暂时给他们的宽容。

过了一个月,司隶校尉解光便上书弹劾王根任大司马期间贪赃枉法,欺压百姓,排斥异己,专权僭礼,淫于声色。又弹劾王商之子、成都侯王况娶故掖庭贵人为妻,指斥王根、王况无人臣之礼,大不敬,不道。哀帝马上下诏,褫夺王况成都侯爵位,免为庶人;王根、王况及王商所荐举官员皆免职;王根因曾迎立哀帝,保留爵位,被赶回封地养病。

时隔不久,一个叫董宏的高昌侯又以"母以子贵"之义,提出给哀帝母丁氏加封尊号。在等级森严的封建社会,名号就是权力和地位的标志,这是傅、丁外戚争权夺利的又一个信号。王莽马上联合左将军师丹奏劾董宏误国不道,逼迫哀帝免董宏为庶人。

过了几天,哀帝在未央宫举行盛大宴会。负责宫廷礼仪等事务的内者令,在太皇太后王政君旁边给傅太后安了个座位,王莽马上斥责内者令,说定傅太后是个藩妾,怎么能和太皇太后并肩而坐!命令撤去傅太后的座位。傅太后听说后大怒,拒不出席。

面对这种局面,王莽又来了一次上书辞职的故伎,向哀帝和傅、丁外戚示威。这次,哀帝恩准了,他赐给王莽一些黄金,让他在京师闲居。过了两年,又把他赶回了南阳新都的封地。

但是,哀帝不可能彻底剪除王氏外戚的势力,特别是不敢丝毫触动太皇太后王政君。这就留下了王莽卷土重来的余地。

蛰居南阳新野都乡的王莽,结交士大夫,等待时机,东山再起。

南阳太守为了结交王莽,特地选了儒学名士孔休做王莽的新都相。王莽对孔休很是礼敬。有一次,王莽生病,孔休前去探视,王莽拿出一把名贵的玉柄宝剑赠给孔休,孔休不肯受，王莽说：我看到您脸上有瘢痕，美玉可以消去它，想把剑柄送给您。说完，解下剑柄。孔休还是辞让。王莽说：难道您嫌它贵重吗？接着，把剑柄椎碎，亲自包好，送给孔休。

王莽的二子王获杀死了一个奴隶，这在当时算不了什么大事，但王莽痛斥儿子，叫王获自杀以偿命。

王莽的这些行为赢得了极大的声誉，朝野上下为王莽喊冤叫屈者以百数，请求哀帝恢复王莽的官职。元寿元年（前2），日食，周护、宋崇等人借此大做文章，为王莽大唱赞歌。哀帝迫于社会舆论的压力，以侍奉太皇太后的名义，征王莽回京师长安。

一年后，哀帝寿终正寝。哀帝无子嗣，太皇太后王政君下令把汉皇朝的军政大权交给王莽。王莽奏免了大司马董贤，自己重登了大司马的宝座。继立的平帝年幼，王政君临朝称制，委政王莽。王莽以成帝赵皇后杀害皇子、哀帝傅皇后骄奢的罪名，迫令她们自杀，又把丁、傅两家外戚赶出京师。他还不准平帝的母亲卫氏入京。这样，王莽大权独揽，玩平帝于股掌之上。他排斥异己，结党营私；又沽名钓誉，广施恩惠；同时，不断向太皇太后要更尊贵的名号。平帝元始元年（公元1），他获得"安汉公"的称号。

当时，年迈的太皇太后王政君仍握有相当大的权力。对这位太皇太后，王莽是不敢惹的。于是，他指使爪牙上书，说太皇太后至尊，不宜操劳过度，一些小事就不必亲躬了。王政君采纳了这个建议，规定惟有封爵一事须奏闻于她，其他事皆由安汉公和公卿大臣平决。自此之后，朝政大权完全为王莽所把持。

就在王莽迈向权力顶峰之时，发生了一起使他心惊胆战的案子。

平帝入继大位时，王莽担心卫氏外戚分享他的权益，重演哀帝登基时的覆辙，勒令平帝母亲卫姬、帝舅卫宝、卫玄等卫氏外戚留居中山（国治卢奴，今河北定县），不得进京。右扶风功曹申屠刚感到这样做太绝情了，就在对策时要求太皇太后让卫氏入京，王莽以歪曲经义、违背大义的罪名罢免了申屠刚的官职。王莽的长子王宇也认为王莽如此对待卫氏外戚有点太过分了，担心平帝长大后怨恨王莽，危及王氏宗族。于是，王宇派人偷偷送信给卫宝，示意让卫氏上书太皇太后，请求入京，复遭王莽拒绝。王宇见此法不通，便和他的老师吴章、妻兄吕宽密谋新法。吴章认为，王莽刚愎自用，不可劝谏。但王莽迷信鬼神，可伪造鬼怪变异来吓他，然后由己出面以推演灾异之法委婉地劝说王莽，容卫氏外戚入京。于是，王宇派吕宽在夜间把一些鲜血洒在王莽府第的大门上，结果被门吏发觉。王莽探知事情真相后，大怒，将王宇送进监狱，王宇饮药自杀。王宇之妻怀子，也被抓进监狱，待分娩后再处决。接着，王莽穷治吕宽之狱，从中央到地方，凡王莽认为异己者，一律指为吕宽党羽而逮捕治罪。连元帝的妹妹敬武公主、梁王刘立、红阳侯王立及平阿侯王仁，也都被迫自杀。曾与王莽争夺大司马一职的前将军何武，忠于汉室不附王莽的前司隶校尉鲍宣，与卫氏相善的护羌校尉辛通、函谷都尉辛遵、水衡都尉辛茂及南阳太守辛伯等都下狱致死,牵连被处死者达数万人。吕宽之狱,使王莽进一步清除了异己。

为进一步稳固自己的权位,王莽费尽心机,使女儿成为汉平帝的皇后。女儿立为皇后不久,王莽便获得了"宰衡"的称号,位上公。王莽十分得意,让御史给他刻了一枚"宰衡太傅大司马"的印章。

受此殊礼后不久,王莽觉察出日渐长大的平帝对自己的不满,便先下手鸩杀了平帝,拥立年仅两岁的刘婴做"孺子",自己做起"摄皇帝"来了。王莽代汉自立之心,已是路人皆知。东郡(郡治濮阳,今河南濮阳西南)太守翟义、长安男子赵明等起兵反莽,相继被镇压。年迈的太皇太后有名无权,已经没有什么力量能阻止王莽代汉自立了。

居摄三年(8),梓潼县(今属四川)一个无赖哀章见王莽有代汉而立之势,决定来一次大的政治投机。他伪造了两个铜匮,一个上写着"天帝行玺金匮图",另一个上写着"赤帝行玺某传予皇帝金策书"。"某者",指汉高祖刘邦。书中说王莽继汉而立,为真天子,太皇太后应尊奉天命。图、书中都写着王莽八个大臣的名字,又自造了王兴、王盛两个名字,还有他自己的名字,说这十一个人是新皇朝的辅佐。一天黄昏,哀章穿着黄衣,拿着铜匮,跑到汉高祖刘邦的祀庙,把两个铜匮交给仆射。仆射马上报告王莽。次日清晨,王莽郑重其事地来到高庙,拜受铜匮,又戴上皇冠去谒见太后,说明自己将承天命代汉而立。然后,来到未央宫前殿,在皇帝的宝座上坐下来,宣布自己代汉而立,定国号为"新",以十二月为始建国元年正月。

王莽让王舜去向太皇太后王政君索要传国玺。王政君没有想到,侄儿会篡夺她子孙的江山,大骂王舜猪狗不如;又怒骂王莽,说他既然膺天命而为帝,就自己做一方玉玺,传至万世,为何要这块亡国不祥之物?话未完,泪已下。王舜也哭了,说王莽得不到传国玺,绝不会善罢甘休。王政君取出传国玺,摔在地上,致玺上之螭一角缺损。

始建国元年(9)元旦,在未央宫前殿隆重地举行了新朝皇帝登基大典。王莽率公卿朝见太皇太后,奉上"新室文母太皇太后"的玺绶,去掉汉朝的封号。立妻子王氏为皇后。王莽有四子:宇、获、安、临。王宇、王获皆已自杀,王安神志恍惚不清,王莽便立王临为皇太子,封王安为"新嘉辟";封他的孙子、王宇的六个儿子皆为公。大赦天下。又下诏策命孺子刘婴为"安定公",以平原(今山东平原西南)等五县百里之地、人万户,作为安定公的封邑,在那里立刘氏宗庙,奉汉正朔;以平帝皇后为安定太后。

新朝"新政":倒行逆施

汉画像石中的豪强地主的庭院图

王莽代汉而立后,依照《周礼》设计了一套对社会进行复古改革的蓝图,试图缓解自西汉中叶以来的社会危机,巩固新朝的统治。

中国封建社会,是在土地私有化的序曲中拉开帷幕的。土地既归个人所有,富者兼并贫者的土地便不可避免。到西汉中叶,土地业已集中到少数达官贵人、富商大贾和豪强地主的手里。长于权术的王莽,有政治家的敏锐眼光,他洞悉到土地兼并是导致社会危机的根源,决心铲除它。登上帝位不久,王莽便依照夏、商、周三代的井田制模式,进行土地改革,颁布了"王田令":

(1)更名天下田地曰"王田";

(2)禁止土地买卖;

(3)一家男口不满八人,而田过九百亩者,把多出的土地交出来,分给族人邻里;

(4)过去没有土地的,按一夫一妇一百亩受田;

(5)敢有违犯此令者,流放边远地区。

这就是王莽自鸣得意的"王田令"。

与"王田令"相辅相成的另一项改革,是关于奴婢的"私属令"。

奴婢是奴隶社会的产物,进入封建社会后,奴隶作为封建制的补充形式而保留下来。随着土地兼并的加剧,自耕农纷纷破产,沦为奴婢,生杀予夺任由主人,封建国家也丧失了越来越多的劳动人手和剥削对象。王莽称帝后,为了抑制奴婢的增多,又颁布了"私属令":

(1)更名奴婢为"私属";

(2)禁止买卖奴婢；

(3)不听令者，流放边远地区。

在颁布"王田令"、"私属令"的次年，即始建国二年(10)，王莽又据《周礼》，颁布了"五均"、"赊贷"和"六筦"。

"五均"是由政府来管理工商业经营和物价。在长安和全国五大城市——洛阳、邯郸、临淄、成都、宛设置"五均官"。长安分东、西两市，设"市令"；五城市各设"市长"。令、长兼任"五均官"，称为"五均司市师"，下设交易丞五人、钱府丞一人。"五均官"在每一季度的中月，定出各种货物的标准价格，叫做"市平"。物价高于"市平"，把库存物资平价出售；物价低于"市平"，则任其自由买卖。

"赊贷"是发放贷款。贫民遇有丧葬、祭祀，或欲经营工商业而无资金的，可向钱府丞贷款。祭祀限十天归还，丧事限三个月归还，不收利息；工商贷款岁息十分之一，或月息百分之三。

王莽又下令由国家专卖盐、酒、铁；由国家铸钱；由国家管理山林川泽，收山泽税。这五项国营实业，加上国家办理"五均"和"赊贷"，合称"六筦"。

在官制上，王莽也进行了改革。

他以传说中的上古官制为蓝本，兼采汉代官制，融会贯通，制定了新朝的官僚制度。在中央，设置四辅、三公、四将、九卿和六监；在地方，分全国为九州、一百二十五郡、二千二百零三县。州设州牧；郡的长官，按爵位的高低分为卒正、连率和大尹；县设县宰。

王莽还对币制进行了改革。

早在做"摄皇帝"时，王莽就着手进行这项改革。居摄三年(7)，他下令在流通的五铢钱之外，另增发大泉、契刀和错刀三种货币。在他称帝那年，又进行了第二次币制改革。他说"刘"字的造形，是"卯金刀"，五铢、契刀和错刀三种货币的名称，都与"刘"字有关，为了表示改朝换代，这三种货币都应废除，只保留大泉一种，另增发小泉，二品并列。始建国二年(10)，王莽又抛出了第三次币制改革方案，发行"宝货"，计有五物(金、银、铜、龟、贝)、六名(钱货、黄金、银货、龟货、贝货、布货)，共二十八品。由于品类众多，面值不一，换算困难，仅一年就被废除，只保留小泉与大泉两种继续流通。到天凤元年(14)，王莽宣布进行第四次币制改革：废除小泉和大泉，改行货泉和货布。

自从上台以来，王莽在经济、政治等方面进行了一系列改革。应当承认，王莽这些改革，特别是"王田令"和"私属令"，的确抓住了问题的核心。但是，他没有提出切实可行的改革措施，改革方案过于荒诞，富于幻想。他的"王田令"，是根本行不通的，在私有制已根深蒂固的时代，王莽想靠行政手段让那些田连阡陌的大地主把相当一部分土地交出来，分给那些无地的人，岂非梦呓？大地主不交出土地，无地者又从何处受田呢？他的"私属

新莽时期的钱币

令"，只是规定不得买卖奴婢而已，并没有改变奴婢当牛做马的悲惨处境。况且，巧立名目的赠送、转让仍可堂而皇之地进行。"五均"、"赊贷"、"六筦"和币制改革，也没有带来什么好处。相反，扰乱了社会经济，加重了人民群众的负担。拿币制改革来说，他逆货币规律而动，频繁地更改，在短短的六年内，竟四次更改币制！每改一次，就带来一次经济动乱，大批百姓破产失业，富人不能自保，贫者无以自存。他的官制改革更为荒唐。一方面，官制改革侧重于改官名，劳神费力，毫无益处。另一方面，他所任用的官吏，大多是无耻小人。

官居四辅之一的国将，是无赖哀章，他靠伪造两个符命而得到这个大官。哀章伪造的符命中，还有王兴、王盛两个人名，取"王氏兴盛"之意。王莽称帝后，在全国找到十几个名叫王兴、王盛的，其中，一个做过管城门小官的王兴，一个卖大饼的王盛，因容貌合乎卜相，便平步青云，当上了卫将军和前将军。由于分赃不均，引起一些爪牙的不满，导致他们背叛王莽。总之，王莽的"新政"，不但加重了劳动人民的负担，也触动了官僚地主、富商大贾的利益。后者原是对王莽抱有极大希望的，他们原想换一个新皇帝来维护他们的既得利益，并能获取更大的利益。王莽的新政，打破了他们的美梦。

从黎民百姓、豪强地主到公卿百官有一个共同感觉：新朝还不如从前的汉朝。

危机四起，众叛亲离

新朝的危机首先来自边陲。

在汉族的周边，居住着若干少数民族：东北，有高句丽等；北方大漠上，有匈奴人；西方，有西域诸族；西南，有诸夷；南面，有诸越。他们当中，以匈奴人为最强大。王莽称帝后，认为天无二主，土无二王，少数民族首领称王违反古典，悖于一统。他派五威将出使各少数民族。这些五威将乘坐着像天的乾文车，驾着法地的坤六马，背上插着鹙鸟毛，每将各置前、后、左、右、中五帅。将持节，号"太一之使"；帅持幢，称"五帝之使"。他们分四路出使各族。北出者，到匈奴单于庭，收回汉朝发的印玺，更授新朝的印章。囊知牙斯单于看了很不满意——"玺"为帝王所用，而"章"乃臣子之物，索要旧的印玺。五威将陈饶当场将旧玺锤碎。单于大怒，挥骑南下攻掠。周边其他各族，也相继举兵。边陲烽烟四起，鼓角齐鸣。

"汉匈奴归义亲汉长"铜印(1979 年青海大通上孙家寨出土)

那位挑起边畔的陈饶回到长安后，王莽大加褒奖，封他为"威德子"。听说匈奴单于囊知牙斯不愿接受他颁发的印章，留恋那枚汉朝颁发的旧玺，大为愤慨，他决定再给匈奴单于一点儿厉害瞧瞧。始建国二年(10)，王莽连下三道诏令：

(1)更名匈奴单于为"降服单于"；

(2)分匈奴为十五部，立呼韩邪单于的子孙为十五单于；

(3)征发各郡国士兵，分六路进军匈奴。

六路大军并出，战线东西绵延三千多里。为了进行这场不义之战，共募天下的囚徒、丁男、甲卒三十万人。从江淮到北部国防线上，出征的将士，运饷的役夫，络绎不绝。三十万大军无法同时集结，先期到达的便屯留边境，等待后续部队到来。这些屯居边境的将士，大肆骚扰当地百姓，抢劫财物，勒索钱粮。内地各郡催征军饷，搜尽锱铢，民不聊生。

这样，对匈奴的战争还未开战，边境和内地就先乱了起来。为了对付混乱局面，王莽给他的大臣加授将军称号，遣著武将军逯并等镇抚要害城镇，派中郎将、绣衣执法各五十五人到达边陲做监军使者，整饬军纪。谁知这些官员到达边境后，与那些带兵的将领串通一气，索取贿赂，劫掠百姓。一群饿虎又加上一帮饿狼，边陲鸡犬不宁。

一些有识之士看出此战宜停不宜开，上书王莽，请求罢兵。但王莽一意孤行，对匈奴的战争旷日持久；对周边其他民族，王莽又寻衅挑起事端，妄动干戈。

让王莽更加心惊胆战的，是萧墙之祸。

王莽的帝位是夺人家的，因此十分担心别人再从他手中把帝位抢去。王莽手下有三个得力干将：王舜、甄丰和刘歆，他们原是汉朝的大臣，王莽出任大司马后，引为心腹。王莽步步高升，获得"安汉公"、"宰衡"的称号，都是他们参与策划和导演的，他们也从中得到极大好处，加官晋爵。但是，在王莽想做"摄皇帝"之时，他们持观望态度。后来，下面的一些小爪牙鼓噪着要王莽摄行皇帝事，王莽决心做"摄皇帝"时，他们才秉承其意，跟着呐喊几声。王莽代汉自立后，王舜、甄丰、刘歆虽都成了开国元勋，但内心却十分恐惧：他们毕竟是在帮助篡逆的乱臣贼子呀！特别是甄丰，此人性格刚强，桀骜不驯。王莽首先觉察出甄丰对他代汉而立不满，决定拿这个大爪牙开刀。于是，甄丰从大阿、右拂、大司空降为更始将军，与卖饼儿王盛同列。甄丰父子对此极为愤慨，甄丰的儿子甄寻当时是侍中、京兆大尹，他想给老子报一箭之仇，就伪造了一个符命，说新朝应分陕地为两部，立两伯治理，以甄丰为右伯，太傅平晏为左伯，如周召故事。王莽气得发昏，但权衡一下，决定暂时隐忍不发，宣布照符命行事。谁知，当甄丰准备动身赴任时，甄寻异想天开地又上了一道符命，说什么王莽的女儿、故汉平帝皇后当做他的妻子。王莽忍无可忍了，勃然大怒，下令逮捕甄寻。甄寻逃跑，甄丰自杀。一年之后，甄寻在华山被捕。王莽的爪牙发现，甄寻的手上刺着"天子"两字。王莽叫人把刺字的那条胳膊截下来，送给他验看。王莽看后说：这哪里是什么"天子"？乃是"一大子"或"一六子"，六者，戮也，表明甄寻父子应当斩首！随即下令将甄寻杀掉。此案还涉及国师刘歆的儿子刘棻、刘泳，大司空王邑的弟弟王奇等数百人，王莽一一把他们都送上了断头台。

这次事变，对王莽震动很大，他感到手下的爪牙不可靠，于是疑神疑鬼，慎加防备。每次外出，都要先派卫士在京师反复搜索，名曰"横搜"。始建国四年，为了一次外出，竟在京师大搜五天！为防备大臣谋反，王莽限定大臣入宫随从吏员的数目。一次，太傅平晏入宫,随从人员超过了规定人数,被把守宫门的仆射严加斥责,出言不逊。平晏的卫士一气之下,把仆射绑了起来。王莽闻知此事后,气得火冒三丈,立即命令执法发骑数百,把太傅府团团围住,勒令交出卫士,当即将他处死,这才罢休。

但是,这非但没有稳固王莽的龙位,反而加大了主子与臣子之间的隔阂。主子猜忌臣子想篡弑,臣子怀疑主子要拿他开刀,新朝统治阶层开始分崩离析。

满腹狐疑的王莽两眼紧紧盯着臣子的一举一动,却未曾料到他的孙子王宗正觊觎祖父那把龙座,欲取而代之。事泄,王莽大怒,派有司按验,王宗自杀。从此,王莽对儿孙们也不放心了,要把他们从身边赶开。但这总得有个说辞,王莽在寻找时机。

地皇元年(20),一场飓风把王莽视为神圣的王路堂毁掉了。王莽借题发挥,废掉了皇太子王临,把他贬为统义阳王,赶出京师;贬"新嘉辟"王安为新迁王,也驱出京师。

王临确有篡弑之心。

王莽连杀王宇和王获,王莽之妻悲痛难已,哭瞎了眼睛,王莽便叫太子王临居宫养侍。王莽之妻有一个侍婢,叫原碧,王莽与之私通。王临养侍其母时,也与原碧私通。他担心事泄被诛,就与妻子、刘歆的女儿刘愔策划杀死王莽,承袭帝位。刘愔会星占,说王临宫中不久将有"白衣会"。王临很高兴,自以为所谋之事能够成功。谁知,王临还未下手,王莽先动手了,借大风吹垮王路堂一事,把他撵出京师,皇太子的位子也失掉了。

地皇二年,王莽那位瞎眼皇后病危。王临给母亲写了一封信,说皇上对子孙过于严酷,前些年大哥、二哥都是三十岁那年被迫自杀身亡的。今年,儿臣也三十岁了,欲自我保全而不可得,不知命丧何处!王莽探视病中的妻子,发现了这封信,更疑心王临有不轨行为了。不久,王莽之妻病亡,王莽安葬妻子之后,便找王临算账。他下令逮捕原碧严加拷问,原碧一一招供。惊悸之余,王莽也觉得自家的丑事实在太多了,张扬出去,实在不光彩。他把参与拷审原碧的官员全部秘密处决,尸体掩埋狱中。他给王临送去了毒药,勒令自杀。王临不肯喝,拔剑自刎,刘愔也被迫自杀。

与此同时,农民起义的烈火已燃遍大江南北。

渐台：王莽的末日

就在王莽坐天下的第二年，屯集在边陲、准备出击匈奴的将士劫掠百姓，边地黎民被迫聚众反抗，拉开了农民起义的序幕，敲响了新朝覆灭的丧钟。

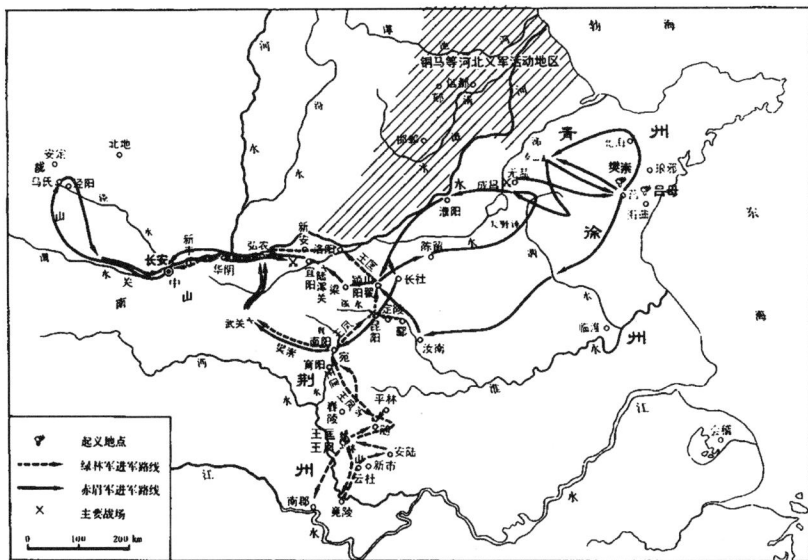

新莽末年农民起义形势图

四年后，即天凤二年(15)，五原(郡治九原，今内蒙古包头西北)、代郡(郡治代县，今河北蔚县东北)的边民又举义旗，他们数千成群，攻城略地，活跃在北郡边陲。

天凤四年，琅邪海曲(今山东日照市东港区西)妇女吕母起义。吕母原很富有，资产数百万。她的儿子在县中做胥吏，犯了一点儿过错，县宰竟把他判成死罪弃市。吕母决心替儿子报仇。她开了一个小酒店，酿酒沽卖。年轻人来买酒，都赊给他们；那些贫穷的，还借给他们衣裳，不问多少。几年后，家资耗尽，蒙受她恩惠的少年想集资还她。吕母哭着说：我之所以厚待诸君，不是想从中渔利，是因为县宰不道，枉杀吾子，老妇欲为子报仇，君等肯助一臂之力吗？诸少年叹服吕母的壮志，愿共举义旗，于是，他们聚集了百余人，渡海进驻一个海岛，秣马厉兵，众至数千。吕母自称将军，挥兵攻破海曲城，捉住了县宰，吕母下令割下县宰的头颅，祭祀亡子。然后，率军退入海岛中。在吕母起义的那年，临淮(郡治徐县，今江苏泗洪东南)人瓜田仪等揭竿而起。

吕母起义那年，还发生了决定王莽新朝命运的两处大起义：

新市(今湖北京山)人王匡、王凤兄弟率湖北一带的饥民举义，他们以绿林山(今湖北大洪山)为根据地,号称"绿林军"。

琅邪(郡治东武,今山东诸城)人樊崇聚集百余人,在莒县(今属山东)举起义旗,他们把眉毛涂成红色,号为"赤眉军"。

对这些起义者,王莽试图用招安的方式,兵不血刃地平息。他派使者去招抚吕母,宣布赦免他们的叛乱之罪,让他们放下武器,归家安业,遭到起义者们义正辞严地拒绝。

招抚失灵,焦头烂额的王莽便寄希望于天命迷信。天凤四年(17)八月,他下令铸造威斗,并且亲临长安南郊,主持了盛大的铸斗典礼。工匠们根据王莽的设计,用铜铸造了一个长二尺五寸,状如北斗一样的威斗。王莽把这个东西吹嘘为可以厌胜反叛者的神物,每当他外出,司命负着威斗在前。在宫中,则由一个司命秉威斗侍立一旁。威斗随时辰的推移而转动,王莽的座位也随之转动,始终处于斗柄之上。但起义的烈火非但没有平息之势,且越烧越旺。他又让太史令推算三千六百年的历纪,每六年改元一次。他大吹大擂说,更定历法便可使群盗消失。但改历法也没能扼杀农民起义,山东、河北、江汉地区的农民起义更加风起云涌,激扬澎湃。他们攻府廨,诛贪官,劫府库,济贫民,势如破竹,所向披靡。

王莽见厌胜术不灵,便加紧使用武装镇压。他在全国推行军事一体化,设置前、后、左、右、中五大司马,州牧赐号大将军,郡卒正、连率、大尹为偏将军,县宰为校尉。

这时,一个自言会望气的骗子告诉王莽,说京师有"土功"像,需要大兴土木。王莽信以为真,下诏修建宗庙,供奉祖先神灵。九月,他亲临城南奠基,破土动工。命令大司空王邑、大司徒王寻持节,侍中执法杜林等数十名官员监领十余万工匠,在百顷土地上修建宏伟华丽的宗庙。从他杜撰出来的始祖黄帝,到他父亲王曼,一共立了九座庙。为了筹措建筑费用,王莽悬出卖官鬻爵的价格:入米六百斛者为郎,郎官再加官就赐爵至附城。庞大的九庙工程,耗资数百亿,工匠、卒徒死者以万数。王莽大修宗庙,目的是乞求祖先在天之灵的庇护,助他一臂之力,扑灭农民起义的熊熊烈火。然而,他的列祖列宗却无动于衷,那九座耸立在百姓尸骨之上的土木建筑,却进一步激发了黎民百姓的怒火,就连京师长安附近,也出现了数百成群的"盗贼"。

在四面楚歌的凄凉局面下,王莽垂死挣扎着。他一方面督责臣子们加紧围剿起义农民,派太师景尚、更始将军护军王党督师镇压东方各支起义军;设置捕盗都尉,追击长安附近的各路"盗贼"。另一方面,继续编造天命迷信,自欺欺人,打发他剩下不多的日子。

一个在王莽左右侍候的郎官上疏,说要天下太平,须继立"民母"。他还振振有辞地说,黄帝就是因为娶了一百二十个妃子而成了神仙。王莽御阅后,马上派遣中散大夫、谒者各四十五人分行天下,采择民间淑女。

一天夜里,王莽梦见长乐宫中的铜人有五尊起立复活,惊醒之后,王莽思忖:这些铜人是前代遗物,身上铸着"皇帝初兼天下"的铭文,难道是些不祥之物吗?于是命令工匠把铭文全部刮掉。又一天夜里，王莽梦见汉高祖谴责他篡汉自立，王莽大惊失色，命令虎贲武士冲进高祖庙中，挥剑四面击杀，连窗户也要砍上几剑。他想起了桃木和红色可以辟邪，就派人用桃汤酒浇高庙四壁，以赤色的鞭子再鞭挞上一通，最后还派轻车校尉进驻高庙，派军队进驻高祖陵园。

一个爪牙见主子如此惊悸，献计说：当年黄帝曾建华盖而成仙。王莽听后，立即命令工匠造了一个九重的华盖，高八点一丈，装上四个看不见的轮子，用六匹高头大马拉着，三百个穿黄衣戴黄帽的力士挽着。王莽每逢外出，就让这辆登仙车在前面开道，挽车的三百力士齐声呐喊："登仙！登仙！"站在车上的几个力士奋力击鼓，煞是热闹。那些看惯了王莽种种可笑把戏的臣僚们交头接耳，窃窃私语：这哪里是什么仙物，简直就是辆丧车！

地皇三年（22），以绿林、赤眉为主体的各路农民起义军，铺天盖地向王莽统治的腹心地带——洛阳、长安杀奔而来。是年二月，王莽派到东方前线的军事统帅景尚，做了义军的刀下鬼。王莽再派太师王匡、更始将军廉丹，到东方督军围剿起义军。官军烧杀抢掠，无恶不作。一首民谣说："宁逢赤眉，勿逢太师；太师尚可，更始杀我。"[①]于是，那些尚未起义的农民，也纷纷举起了义旗。

连年的兵燹，如狼似虎的官吏的敲诈勒索，官兵的抢掠，造成空前的全国饥荒，饿殍遍地，尸骨狼藉。王莽派出很多大夫、谒者教黎民煮草木为酪，煮出的酪又不能吃。王莽又叫人建了一个大谷仓，置卫士荷戟守卫，美其名曰"政始掖门"。王莽说，这样，暴涨的谷价就可以跌下来。无情的事实戳穿了王莽的谎言，饥民从四面八方拥入京师长安。王莽煞有介事地设"养赡官"救济饥民。这些"养赡官"都是吸吮民脂民膏的好手，他们把象征性的一点点儿所谓赈济粮米也都中饱私囊，饥民饿死者十有七八。王莽任命的管理长安市场交易的中黄门王业，乘机勾结富商大贾，贱买贵卖，大发横财。一天，王莽听说长安城中饿殍满地，就问王业这是怎么回事。王业说：那只是一些流民。他拿来一个肉饼给王莽看，说城中居民都吃这个。王莽信以为真。

眼见军事上连吃败仗，王莽玩了一个新花招：遣风俗大夫司国宪等分行天下，宣布废除"王田令"、"私属令"、"五均"、"赊贷"和"六筦"。王莽本人也搞不清哪些该废除，干脆下诏：自即位以来，凡是不利于民的政令，全部收回。

地皇四年，绿林军拥立刘玄为皇帝，年号"更始"。王莽听说，如五雷轰顶。为了掩饰内心的惊恐不安，他在四面楚歌声中举行了盛大的婚礼。他把胡须染成黑色，以示自己富于春秋。用三万斤黄金聘娶杜陵史家的女儿为皇后，王莽亲自到未央宫前殿迎接皇后，成同牢之礼于西堂。同时，册立了和嫔、美御、和人，位视三公；嫔人九名，位视九卿；美人二十七名，位视大夫；御人八十一人，位视元士。就在大婚之日，狂风夹着暴雨，骤袭而来，屋

---

① 《汉书·王莽传下》。

塌树倒,搞得新郎官胆战心惊,思绪沉沉。爪牙们见状,立刻杜撰出一套谎言,说这是祥瑞,兆示新皇后温和、慈惠,反叛者的殄灭无余和五谷丰登,新郎官这才转忧为喜。

皇宫内喜气盈盈,而长安城外杀声阵阵,农民起义军的攻势更加猛烈了。身着礼服的王莽慌忙遣大司空王邑驰往东方前线,与司徒王寻合力围剿。王莽孤注一掷,发郡兵一百万人,号称"虎牙五威兵"。给王邑以专封赏的特权;倾府库钱财以授王邑,让他带着若干珍宝,以示新莽帝国的富饶;又搞了很多猛兽让王邑带去,用来恐吓起义军;还征集了六十三家懂兵法的学者,各带图书,随军前往。王邑到洛阳后,州郡各选精兵,牧守自将,集结军队四十二万,奔波于路的人马络绎不绝。

昆阳之战形势图

是年六月,王邑、王寻统率的莽军主力在昆阳(今河南叶县)与绿林军展开决战,官军大败,王寻被杀。王邑带着数千残兵败将,惶惶如丧家之犬,失魂落魄地逃回了洛阳。昆阳一战,莽军主力丧失殆尽。义军乘胜进击,直逼长安,王莽君臣惊慌失措,举朝震恐。

眼见大势已去，厄运降临，臣子们各找出路。

一场新的宫廷政变在酝酿中。

卫将军王涉豢养了一个叫西门惠君的道士。此老道好天文谶记，他对王涉说："星孛扫宫室，刘氏当复兴，国师公姓名是也。"①国师公者，刘歆也。王涉立即找大司马董忠密谋，两人一拍即合。之后，他们两人多次到国师府动员刘歆反叛。刘歆一则对王莽杀害他的三个儿子心怀怨恨，一则更慑于义军的声威，认为也只有这条路可走了，于是，刘歆、董忠、王涉密谋劫持王莽投降更始皇帝。刘歆是个文人，办事斯文，非常讲究阴阳变异，说要等到太白星出来，才可发难，事情就这样拖了下来。这期间，董忠看到司中大赘孙伋也是主管军队的将领之一，就拉他入伙。孙伋胆小怕事，从董忠那里回府后，神色慌张，饭也吃不下去。他的妻子很奇怪，问他为什么，孙伋说出了密谋的全部计划。他妻子感到事关身家性命，便找他的弟弟陈邯商量该怎么办。这个陈邯是王莽死心塌地的一条走狗，他说服了孙伋，两人一同向王莽告发。惊恐之余，王莽立即部署了对策。他不动声色地以各种名目分别召见董忠等进宫议事。当时，董忠正在操练军队，使者突然来召。他手下的护军王咸感到蹊跷，推测是走漏风声，就劝董忠杀掉使者，发兵冲入宫中，劫持王莽。董忠麻痹大意，以为不会出什么问题，拒绝了王咸的建议，随使者入宫。董忠、刘歆、王涉一一被捉，董忠被杀，刘歆、王涉被迫自杀。

王莽虽然诛杀了两三个"乱臣贼子"，却无力阻挡义军的攻势。

地皇四年秋，王莽的七公干士隗嚣，攻杀雍州牧陈庆，发布檄文，痛斥王莽倒行逆施，比之历史上的著名暴君夏桀和殷纣，有过之而无不及。南阳（今河南南阳）人邓晔、于匡率领的一支起义军渡丹水西进，进攻武关，武关都尉朱萌投降。战火已烧到长安附近。

王莽的大爪牙崔发献上一计：据《周礼》和《左传》，国有大灾，则哭以厌之；《周易》也说："先号啕而后笑。"应哭天以求救。黔驴技穷的王莽率领群臣来到长安南郊，王莽仰天号啕大哭，以至昏了过去。醒来后，又伏地叩头不已。为了壮大哭天的声势，王莽命令太学生和黎民百姓每天早晚两次到南郊哭天，派人做粥招待哭天的学生和百姓。凡是哭得悲伤，并能诵读王莽告天策文者，均授予郎官的职位。几天之内，就有五千多人得到这个官职。

但哭声没有感动苍天。王莽一面下令继续大哭，一面又任命了九个将军，都以"虎"为号，号曰"九虎"，统率精兵数万人在长安城东设防。为防止这些将领和士兵叛逃，王莽把他们的妻子儿女全都扣做人质。重赏之下，必有勇夫，王莽决定拿出点钱来赏赐将士，他的府库里金银财宝堆积如山，光黄澄澄的金子就有六十多万斤。但王莽只赏给出征临敌的将士每人四千文钱。众人愤慨，毫无斗志，同邓晔、于匡部刚交锋，便溃不成军。"九虎"之中，"两虎"自杀，"四虎"逃亡，剩下"三虎"领着残兵败将狼狈逃窜。

---

① 《汉书·王莽传下》。

绿林军逼近武关，邓晔、于匡开关迎入，起义军将长安孤城团团围住。

困在城中的王莽负隅顽抗，他分遣使者打开狱门，宣布赦免所有的刑徒，把他们武装起来，杀猪歃血，要他们宣誓效忠。这些被王莽拘禁凌辱的囚徒们，自然不会替王莽卖命，所以，当更始将军史湛带领他们渡过渭水桥与农民起义军交战时，便一哄而散，只剩下史湛一个光杆司令狼狈不堪地逃回城中。愤怒的农民起义军掘了王莽父亲和妻子的坟墓，烧棺焚尸。王莽劳民伤财修建起来的九庙、明堂等，也被义军一把火烧掉。

地皇四年十月一日，起义军攻破长安城的宣平门，拥入城中。日薄西山，官邸府第大都落入义军之手，只有皇宫尚未攻下。次日，长安城中的两位少年朱弟和张鱼，率领一些人火烧宫门，用斧头劈开敬法殿的小门，冲入皇宫。这时的王莽逃到宣室前殿，熊熊大火燃及宣室，王莽身穿深青透赤的衣服，佩戴着玺韨，手里握着虞帝匕首，犹如一只发疯的野兽。天文郎"桉栻于前"，不断报告时刻的进度。威斗随时刻转动，王莽随斗柄而坐，嚎叫着："天生德于予，汉兵其如予何！"[1]

三日凌晨，群臣拥簇着王莽出了西白虎门，逃入渐台，欲凭借周围的池水进行最后的挣扎。王莽抱着符命、威斗，随从的公卿大臣有千余人。

义军攻进皇宫，不见王莽，便大呼：反虏王莽安在？有一个美人从房间出来说在渐台。义军追至渐台，围了数百重，与据台顽抗的王莽党徒激战，强弩对射，矢下如雨。王莽党徒们的箭射尽了，义军渡水冲上渐台，双方展开肉搏战，王莽躲进一个小房间。黄昏，长安商人杜吴冲进王莽藏身的房内，一刀结果了这个独夫民贼的性命，摘去了王莽的绶带。有个校尉叫公宾就，学过《礼经》，见杜吴拿着一副绶带，认出是皇绶，就问王莽何在。杜吴告诉了他，公宾就跑进那个房间，割下王莽的头，又拿上遗留在王莽身旁的"传国玺"。义军争先恐后地跑上前去，斫王莽的尸身几刀，以至斫成肉酱。

公宾就把王莽的人头、"传国玺"献给上司王宪，王宪自称"大将军"，舍东宫，妻王莽后妃，乘王莽车辇，招摇过市。绿林军的丞相李松斩王宪，将王莽的人头和"传国玺"送到更始皇帝刘玄驻跸的宛市（今河南南阳）。刘玄下令把王莽的人头悬挂在城门上。黎民百姓把王莽的人头，掷来掷去，还有人把王莽的舌头切下来吃了——王莽说了很多谎话，害苦了他们[2]。

王莽头骨也成了一件宝物，世代相传，直到晋惠帝元康五年（295）冬十月，武库失火，头骨才被焚毁。

---

① 《汉书·王莽传下》。

② 关于王莽及其新朝的历史，参见孟祥才《王莽传》，天津人民出版社1982年版；《细说王莽》，中华书局2006年版。

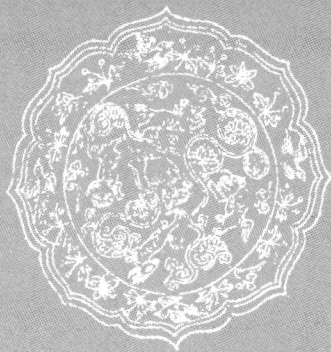

九　刘秀:东汉皇朝的缔造者

　　新朝末年,黄河上下、大江南北,又上演了秦末那一幕:群雄蜂起,中原逐鹿。刘邦的九世孙刘秀,成为最后的胜利者。

　　刘秀重建汉家制度。当时,儒学独尊已久,知识分子群体尽是儒生。刘秀退功臣,进文吏,建立了一个"儒生政府"。

　　刘秀简朴、勤政,重感情,更重国事。

儒生、商人、武将与皇帝：刘秀的四个角色

刘秀，南阳郡蔡阳县（今湖北枣阳）人。今枣阳吴店镇东五里的皇村（又名白水村），就是刘秀故里。刘秀生于汉哀帝建平元年（前5）十二月初六，为汉高祖刘邦九世孙，长沙王刘发之后。刘发的生母唐姬本是景帝程姬的一名侍婢，一天夜里，景帝召程姬侍寝，因程姬有月事，遂把唐姬打扮了一番，让她前去顶替。景帝吃醉了酒，朦胧之中，不知已换了人。事后，才发觉原来是唐姬。不料唐姬孕而生子，景帝遂名之曰"发"——事后才发觉也。刘发出身微贱而无宠，被封在卑湿贫穷的长沙，地盘也小。后来，景帝后元二年（前142），诸王入京朝贺，景帝命他们歌舞为乐，刘发仅抬抬手脚，众人讥笑他笨拙，景帝也好生奇怪，问他是怎么回事，他说："臣国小地狭，不足回旋。"①借以发泄心中的不满。刘发有个儿子刘买，被封为舂陵侯，封地初在零陵郡泠道县舂陵乡（今湖南宁远），到他的孙子刘仁，封邑迁至南阳郡蔡阳县。

刘秀的父亲刘钦，官位只做到县令一级。但他毕竟是汉家皇族，血统高贵，南阳郡湖阳县（今河南唐河县湖阳镇）著名的大地主樊重把爱女樊娴都许配给了他。樊娴都为刘钦生了刘縯、刘仲、刘秀三个儿子，还有刘黄、刘元、刘伯姬三个女儿。刘秀九岁那年，刘钦病逝在南顿（今河南项城西）县令任上。刘秀的叔父刘良，时为萧县（今安徽萧县西北）县令，把他们孤儿寡母接到萧县生活。待兄弟姐妹长大成人，樊娴都带着他们又回到了蔡阳老家。

刘秀长得一表人才，《后汉书·光武帝纪》记他的相貌说："身长七尺三寸，美须眉，大口，隆准，日角。"也就是说，高大的身材，漂亮的须眉，大大的嘴巴，挺直的鼻梁，饱满的天庭。家道中衰，刘秀只是一介布衣，勤于稼穑，大哥刘縯常拿种田之事取笑他，将他比之汉高祖刘邦的二哥刘仲。实际上，刘秀并非一个安于稼穑的田舍郎。王莽天凤（14—19）中，刘秀赴京师长安，入太学，习《尚书》，略通大义。在长安期间，他结交广泛，认识了同在长安求学的南阳新野（今河南新野）邓禹、宛县朱晖等人。刘秀还兼营商贸，往宛县贩卖粮食。在宛县，他结识了擅长图谶的南阳穰人蔡少公，以及宛县豪强李通、李轶等人。

汉平帝初始元年（8）十一月，王莽废平帝自立。汉家皇室起兵反抗者甚众，刘秀的大哥刘縯就是其中之一。刘縯性刚毅，不惜倾家破产，结交天下英雄豪杰。王莽地皇三年（22）十月，刘縯纠合七八千人，在家乡起兵；刘秀与李轶等人，起兵于宛县。鉴于在宛县人单势薄，刘秀、李轶率部撤出宛城，前往舂陵，与刘縯合兵一处。

---

① 《汉书·景十三王传》应劭注。

汉光武帝刘秀画像(唐阎立本绘,现藏美国波士顿博物馆)

当时群雄蜂起,称帝称王者所在多有。刘縯、刘秀兄弟这一支人马号称"舂陵兵",加盟到绿林军旗帜下。在绿林军中,"舂陵兵"是最有战斗力的一支。但是,由于他们加入绿林军较晚,处处遭受排挤。为了协调各路人马的行动,绿林军准备推举一个皇帝。以功劳、能力和家世而言,刘縯是最佳人选,但是,除了"舂陵兵"以外,其他人都坚决反对立刘縯为帝,他们最终选择了懦弱无能的刘玄为帝。刘玄登基称帝,建元"更始",国号仍称"汉",任命族父刘良为国三老、王匡为定国上公、王凤为成国上公、朱鲔为大司马、刘縯为大司徒、陈牧为大司空,其余皆任命为九卿将军,其中刘秀被任命为太常、偏将军。

更始政权建立后,挥师北上,向王莽统治的腹地进兵。王莽派遣他最得力的爪牙大司空王邑与司徒王寻一起去洛阳,纠集郡兵四十二万,号"虎牙五威兵",扑向更始军队,妄图在河南地区一举消灭他们。这时候,王凤、刘秀等率领的一支义军,由南阳北上,连破昆阳(今河南叶县)、定陵(今河南叶县东)和郾县(今河南郾城)。王邑、王寻督兵从颖川出发,兵锋直指义军据守的昆阳。新朝官兵来势汹汹,人数且十倍于义军,有些义军将领缺乏战胜敌人的信心,要求分散弃城南逃。只有刘秀沉着冷静,说服了义军将领,坚定了据守昆阳的决心。然后,他安排王凤、王常率九千人坚守昆阳,自己则和五威将军李轶率十三勇士,趁夜色策马冲出南门,到南方去搬援兵。王邑、王寻等指挥十万大军进围昆阳,王凤、王常率部抵御。六月,刘秀率援军驰赴昆阳,他一马当先,率千余骑为先锋,呼叫着冲进敌阵。在刘秀勇敢精神感召下,将士们无不以一当百。刘秀与敢死之士三千人,在城西越水猛冲敌人防守最严的地段,打得官军连连败退。刘秀追击,杀死王寻。这时,城中义军亦鼓噪而出,内外夹击,呼声震天动地。王邑等人乘轻骑踏着死尸渡过溃水，逃往洛阳。

昆阳之战，消灭了王莽主力，成为新朝末年农民战争的转折点。从此之后，官兵丧失了战场上的主动权，农民军所向披靡。

昆阳一战，刘縯、刘秀兄弟威名大震。刘玄君臣感到：刘縯兄弟是榻旁之虎，需尽快除掉。于是，刘玄在宛城大会诸将，欲借机杀掉刘縯。会上，刘玄赞叹刘縯的宝剑，叫刘縯解下来呈给他看看。刘縯把剑呈上，但懦弱的刘玄胆怯了，不敢对刘縯下手。他手下一个管司法的官吏——绣衣御史申屠建呈上一块玉玦，示意他尽快决断，然刘玄最终没敢下手。

会散了，刘縯的舅舅樊宏对他说：当初，鸿门宴上，范增举玦以示项羽，要他下决心杀高祖。今天，申屠建献玉玦，用心不良吧？刘縯一笑置之。

刘縯手下大将刘稷，勇冠三军。他将兵在外，听说刘玄想谋杀刘縯，破口大骂：起兵图谋大事的，是伯升兄弟。刘玄想干什么？他的话很快传到刘玄君臣的耳朵里。为了安抚刘稷，刘玄拜他为抗威将军，刘稷不肯受。

刘玄便和诸将陈兵数千人，逮捕刘稷，要杀掉他。刘縯为他说情，在朱鲔等人的一再劝说下，刘玄把刘縯也抓了起来，与刘稷一同杀了。

当时，刘秀领兵在外作战，听说兄长被杀，满怀悲痛，却装作罪犯一样驰赴宛城谢罪。刘縯的官属来迎接刘秀，刘秀不说别的，只引咎责己，他不敢为兄长发丧，还装出一副笑容自若的样子。刘玄见此情景很惭愧，便拜刘秀为破虏大将军，封武信侯。

刘玄剪除心腹之患后，便下令兵分两路：定国上公王匡将兵北上，进攻洛阳；西屏大将军申屠建率兵西进，直叩武关。西路军进展神速，势如破竹，从宣平门攻入长安，王莽被杀。刘玄移驾洛阳，论功行赏，拜李通为大将军，封平西王。封李轶为舞阴王。李通的另一个堂弟李松，官拜丞相。

然而，刘秀这时仍是个武信侯，爵位远不如李通、李轶兄弟。这是刘玄分化、削弱春陵旧部的一步棋，他想拉拢李通兄弟，才给他们高官厚爵；刘秀功劳大，爵封反不及李通兄弟，很可能就妒忌他们。如此这般，春陵旧部就分化了。果然，李轶、李松二人对刘玄感恩戴德，成了刘玄的亲信，唯李通始终对刘秀忠心耿耿。

刘玄决定派一员大将去河北代表他镇慰州郡，这份差事交给了刘秀。这次，刘玄失策了：放出刘秀，等于放虎归山，就再难以驾驭了。刘秀以破虏将军行大司马事的身份，持节渡河北上，一路上考察官吏，按他们的才能升降；平反冤狱，释放在押的无辜囚徒；废除王莽苛政，恢复汉朝的典章制度。

刘秀乃儒生本色，他手下的谋士武将也颇多儒生。其中战功最显赫的二十八将，汉明帝朝绘其像于南宫云台，号曰"云台二十八将"；再加上王常、李通、窦融、卓茂四人，是东汉最重要的开国功臣。这三十二人中，儒生就有十一人。故而刘秀及其将士，能够以仁义取信于民。

河北官民热烈欢迎刘秀大军，纷纷拿出酒肉慰劳，刘秀一律谢绝，更赢得了民心。

已进住长安的刘玄，此时也醒悟，不该放了刘秀，遂派人去封刘秀为萧王，要他停止在河北的一切军事活动，与手下人马西去长安，加强长安防务。刘秀岂肯自投罗网？就以河北还没平定为由，拒绝了刘玄的命令。

这时，与刘玄闹翻了的樊崇，指挥三十万人马向长安推进。两支大军已是势不两立，火并在即。

更始帝刘玄画像

刘秀乘机加紧经营河北，派心腹将领寇恂进军河南。河内与河南仅隔一条黄河，河南郡的首府就在洛阳，西面就是进出关中的门户函谷关，一旦占领了河南，就关上了关中的东大门，把刘玄、樊崇统统挡在关中。此外，刘秀又派邓禹进军河东（郡治安邑，今山西夏县）。河东与关中地区也仅隔一条黄河，占领了河东，就与河南形成对关中的钳形防线。

刘玄忙于防御赤眉军，樊崇更不知螳螂捕蝉，黄雀在后。

鉴于刘玄以皇帝之名号令天下，刘秀的将领也鼓动刘秀称帝。刘秀早就有此念，但他要试探将领们的心意，一再拒绝，有时还故作惊讶地说：你们怎么讲这种话，该杀头了！弄得将领们很扫兴。大将耿纯见状，去见刘秀，说大家抛开亲人，背井离乡，跟从您出生入死，本来就是想攀龙附凤，博得功名富贵。您一再推辞，怕要伤了大家的心。我担心他们失望，另寻靠山。刘秀这才答应考虑一下。不久，刘秀就在鄗（今河北柏乡北）南千秋亭五成陌一个人工堆筑的高台上，登基称帝，改元"建武"。

从起兵到称帝，刘秀仅用了两年零八个月的时间。

范晔在《后汉书·光武帝纪下》中，列举了刘秀的很多祥瑞，以证明刘秀成就帝业完全是天意。如说刘秀出生之时，有赤光照室中。父刘钦诧异，让卜者王长占之。王长占卜后曰："此兆吉不可言。"又说这年县界生嘉禾，一茎九穗，遂取名曰"秀"。王莽篡位，另铸"货泉"，字文实为"白水真人"，云云。这些解释，牵强附会，乃无稽之谈。

　　刘秀能够登上帝位，"人心思汉"是一个重要原因。王莽新政，倒行逆施，天下怨愤。在汉朝与新朝之间，士庶普遍认为汉朝好于新朝，于是，在新朝末年，出现了"人心思汉"的局面。因此，新朝末年各地起兵反新势力，大都拥立汉家皇族为首领，以复兴汉室相号召。复兴汉室是新朝末年普遍存在的一种社会心态，能否利用这种社会心态，是各地起兵反新势力能否成功的关键之一。刘秀不仅有汉家宗室这一金字招牌，而且对"人心思汉"这种社会心态因势利导地加以利用，也做得最好。例如他麾下将士的军服、文官的服饰，都用西汉的旧制。有个曾在西汉皇朝任职的老吏激动得泣不成声地说："不图今日复见汉官威仪！"[①]他攻略、经营河北地区，所到之处，除王莽苛政，复汉官名，吏民争持牛酒劳军。他的所作所为，使民众逐渐认可他是汉家皇朝惟一的继承人。

　　起兵的汉家宗室或打着汉家宗室招牌者，所在多有，但新朝末年农民起义的胜利果实最终落于刘秀之手，则在刘秀本人的才干。他崇尚儒学，以德化民；待人谦和，虚己纳谏；遇事沉稳，深藏不露；雄才大略，文武兼备[②]。

　　建武元年(25)十月，刘秀颁诏，定都洛阳。两个月后，赤眉军杀更始皇帝刘玄，"传国玺"、"斩蛇剑"落入刘盆子之手。

　　建武三年二月，刘秀的汉军大败赤眉军，刘盆子、樊崇等投降，刘盆子将"传国玺"、"斩蛇剑"献给刘秀。

　　到建武十二年，刘秀平定各地割据势力，统一天下。

---

①　《后汉书·光武帝纪上》。
②　参见安作璋、孟祥才《汉光武帝大传》，河南人民出版社 1999 年版，第 413—447 页。

复西京旧制：汉家制度的修订

刘秀重建汉家皇朝，举凡政治、经济、军事、法律、教育等制度，大多祖承西汉，仅根据实际情况，略有损益。

在中央，仍设三公九卿，但权力中心转移到尚书台。

自汉武帝以来，强化君主专制的措施，就是削弱以丞相为首的三公九卿的权力，组建以中大夫、加侍中或给事中衔的官员、中尚书令等为主的"内朝"，作为决策机构，以丞相为首的三公九卿沦为"外朝"，成为执行机构。

从汉昭帝开始，尚书的职权进一步强化，霍光以大司马大将军领尚书事，总理朝政。此后，不论何职，只要"领尚书事"，即为一人之下、万人之上的真丞相。反之，不"领尚书事"，不论何职，皆非权力中枢。汉成帝时置尚书五人，一人为仆射，四人分曹办事，正式成为宫廷内的办事机构。

刘秀进一步扩大尚书机构的组成人员，设置尚书台。翦伯赞先生说，尚书台就是皇帝的"办公厅"[①]。尚书台的长官为尚书令，副职为尚书仆射，其下有左、右丞各一人。尚书台分六曹：三公曹，掌考评州郡政绩；吏曹，掌选举、祭祀；二千石曹，掌盗贼、辞讼、刑狱；民曹，掌缮治功作、监池苑囿；南主客曹、北主客曹，掌少数民族朝贺，皇帝出行，则为护驾。每曹各置尚书一人。尚书台成为凌驾于三公九卿之上的最高权力机构，他们总典纲纪，裁决奏章，出纳皇命，无所不统。

满朝文武，尚书台的官员地位最为显赫。三公九卿在路遇尚书令、仆射时，需回车避让。群臣上朝，尚书令与御史中丞、司隶校尉专席而坐，号为"三独坐"。

与尚书令并为"三独坐"的御史中丞、司隶校尉，皆为监察官。

御史中丞为中央最高监察官，内领侍御史，监察中央各级官员；外督十三部州刺史，监察地方郡国。

地方监察体制，沿用西汉之制，分全国为十三州部，都城地区属司隶校尉部。都城及周边地区，达官贵人云集，为有效监控这一地区，刘秀沿用西汉之制，设置司隶校尉，监察都城及周围七郡，纠劾不法。其他地区分为十二州：豫州、冀州、兖州、徐州、青州、荆州、扬州、益州、凉州、并州、幽州、交州。

在地方行政体制上，也沿用西汉旧制，分天下为一百零五郡国，比西汉末年一百零三个郡国多出两个。刘秀最大的改革，是裁并县级行政机构。西汉的县级行政机构不断增

---

① 翦伯赞《秦汉史》，北京大学出版社 1983 年版，第 428 页。

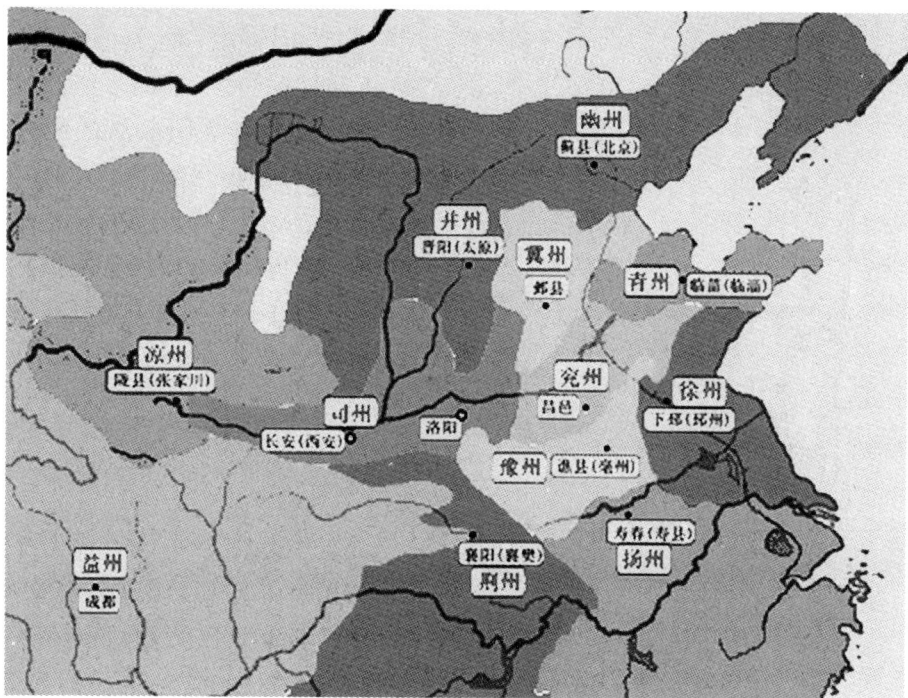

东汉十三州示意图

加,到西汉末年达到一千五百八十七个。刘秀诏令精简,并省四百余。增加机构,官位增多,易行;裁撤机构,官位减少,难为。刘秀裁省如此之多的县级行政机构,难能可贵。

县之下,仍为乡、亭、里。

各级机构的官员,以儒生为主。

且如三公,建武元年(25),以前将军邓禹为大司徒。邓禹,南阳新野(今属河南)人,乃刘秀之"萧何",汉明帝称他为"元功之首"①。同年,以野王令王梁为大司空,大将军吴汉为大司马,王、吴两人为纠纠武将。第二年,大司空王梁免,以太中大夫宋弘为大司空,宋弘乃儒士。此后,除了典武备的大司马一职常以武将为之外,大司徒、大司空改由儒生担任。九卿及郡县地方官员,也发生了"退功臣而进文吏"②的转变。

刘秀组建的是一个"儒生政府",这样的政府产生的后果是:官员重气节,缺权变。和帝以后,国家权力落入外戚、宦官之手,儒生们除了标榜清高、保持气节外,再也难有作为。

---

① 《北堂书钞》卷52引《汉官仪》。
② 《后汉书·光武帝纪上》。

强项令的故事:家事与国事

严子陵

雲山蒼蒼江水泱泱先生之風山高水長

庄光画像(选自清上官周《晚笑堂画传》)

与汉高祖刘邦不同,刘秀不好酒、不好色,也不好乐舞,主要精力和时间都用在了处理朝政上。《后汉书·光武帝纪下》曰:"每旦视朝,日仄乃罢。"清晨上朝,太阳偏西才下朝。通常下朝以后就属于皇帝的休闲时间,刘秀却常常利用这段时光与公卿大臣讨论儒学问题,夜半方寐。皇太子刘庄劝他休养龙体,他说:"我自乐此,不为疲也。"

在工作态度方面,刘秀颇类秦始皇帝。秦始皇帝每天要看一石奏章,不到"工作量"不休息,传世文献没有留下秦始皇帝如何休闲之记载。

秦始皇帝有点"工作狂"的迹象,刘秀不至于此,他既重工作,也重感情。

余姚(今属浙江)人庄光(为避汉明帝刘庄讳,史称"严光"),字子陵,刘秀同窗。刘秀登基,庄光隐姓埋名,藏身乡野。刘秀让人张贴庄光画像,四处寻找,齐地有人报告:有一男子,披羊裘钓于泽中。刘秀疑是庄光,派人备车三请,庄光方至。刘秀亲自到他下榻的馆舍看望,庄光闭目卧榻,刘秀拍着他的肚皮说:哎,哎,子陵!难道就不能助朕一臂之力吗?良久,庄光才睁眼看着刘秀道:人各有志,何必勉强?刘秀说:子陵,我真拿你没办法!叹息而去。过了几天,刘秀请庄光入宫,把盏叙旧数日,只字不提出山之事。刘秀问:我与昔日相比,有变化吗?庄光道:略有长进。刘秀与庄光同榻而眠,庄光故意把脚放在刘秀的肚子上。

庄光最终未应刘秀的恩请,隐居富春山(今浙江桐庐),八十岁寿终正寝,刘秀诏赐钱百万、谷千斛。后世称富春山为"严陵山",又称其在富春江垂钓处为"严陵濑",其垂钓蹲坐之石为"严子陵钓台"。

对庄光,刘秀尊重了他的意愿,没有以国事为重之类要挟。对董宣与湖阳公主的官司,他就不讲感情了。

董宣,陈留圉县(今河南杞县南)人,曾做过北海国(今山东寿光)国相,敢于打击豪强大族。东汉建立后,国都洛阳是皇亲国戚、达官贵人云集的地方,很难治理,光武帝刘秀下令调董宣为洛阳县令。

董宣刚上任,就发生了湖阳长公主的家奴杀人之事。

湖阳长公主是刘秀的大姐,叫刘黄,她特别疼爱小弟刘秀。刘秀当了皇帝,封大姐为湖阳长公主。长公主的地位与诸侯王相同,这时刘黄的丈夫已经去世,刘黄成了寡妇,刘秀格外关心大姐。刘黄专横跋扈,她的家奴也为非作歹,一个家奴在光天化日之下杀人,竟扬长而去。

董宣下令捉拿湖阳长公主的家奴,那个家奴躲藏在公主府里不敢出门,董宣派人包围湖阳长公主府,但他不能进府拿人,就一直在外面守着。一天,湖阳长公主出游,并派那杀人凶手驾车。董宣带人等候在湖阳长公主必经之路的夏门亭。

湖阳长公主的车驾过来了,董宣上前拦住车子,以刀划地,宣布胆敢越线者,格杀勿论。然后,董宣大声数落湖阳长公主庇护其家奴的过失,喝令手下将杀人凶手拉下车,立即处死。

"强项令"董宣画像

湖阳长公主眼见自己的亲信家奴被一个小小县令当着自己的面给处死了,她哪里受过如此的窝囊气?气得浑身发抖,令手下驾车进宫,去向刘秀告状,添油加醋地说董宣如何当着众人的面侮辱了自己。刘秀大怒,马上命人去召董宣进宫。董宣被带到刘秀面前,刘秀盛怒之下,下令用大棒把董宣活活打死。董宣对刘秀说:陛下圣德中兴,而纵奴杀良人,将何以理天下?说完,用头猛撞殿门的石楹,顿时血流满面。刘秀醒悟,赶忙命令宦官抱住董宣,准备赦免他。湖阳长公主一见这局面,马上又哭闹起来。刘秀看大姐不会就此罢休,也感到为难,就要董宣给湖阳长公主磕头赔礼道歉。但董宣认为自己无罪,坚决不给湖阳长公主叩头。刘秀命令宦官使劲摁董宣的脖子,董宣就用手撑在地上,使尽全身力气昂着头。刘秀见他如此倔强,也无可奈何了。

　　湖阳长公主见刘秀对董宣已无计可施,觉得自己很失脸面,咽不下这口气,就在一旁冷嘲热讽地说:陛下当年在南阳当老百姓的时候,家里窝藏死囚,官府知道了也不敢过问。想不到今天贵为天子,威令却不能使一个小小县令慑服。

　　刘秀笑着说:治理天下的皇帝就是和一般百姓不一样啊!

　　董宣由此获得了"强项令"的美誉。

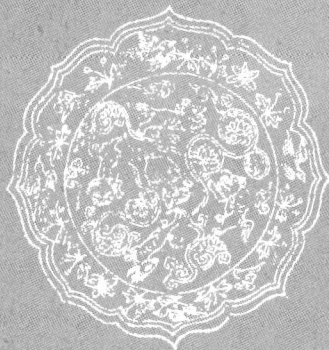

十　明章之治：治黄、经营西域与文化建设

中元二年(57)二月初五,刘秀病逝于洛阳南宫前殿。当天,皇太子刘庄即位,是为汉明帝。《后汉书·明帝纪》记录明帝即位后的第一道诏令云:"予末小子,奉承圣业,夙夜震畏,不敢荒宁。"明帝始终恪守这种心态,励精图治,在位十九年,于永平十八年(75)病逝于洛阳东宫前殿。皇太子刘炟即位,是为汉章帝。章帝为政,亦如乃父一样。明帝、章帝在位期间,经济、文化恢复发展,史称"明章之治"。

治理黄河、经营西域与发展文化,是"明章之治"的重要表现。

王景治河：黄河八百年安流

黄河古名"河水"，至迟到西汉初年，就有"黄河"之称。发源于青藏高原巴颜喀拉山的黄河，易溢、易决、易徙，水灾频繁。

黄河溢、决、徙统计表

时　　　代	溢	决	徙
夏（约前 21 世纪至前 16 世纪）	1		
商（约前 16 世纪至前 11 世纪）	5		
周（约前 11 世纪至前 221 年）	1		1
秦（前 221 至前 206 年）	1		
西汉（前 206 至 8 年）	3	7	2
新（9 至 24 年）			1
东汉（25 至 220 年）	2		
三国（220 至 265 年）	1		
西晋（265 至 316 年）	1		
东晋十六国南北朝（317 至 589 年）	3		
隋（581 至 618 年）			
唐（618 至 907 年）	23	7	1
五代十国（907 至 960 年）	6	28	1
宋、辽、金（960 至 1279 年）	68	111	6
元（1271 至 1368 年）	77	180	1
明（1368 至 1644 年）	138	301	15
清（1644 至 1911 年）	83	383	14

从表中可以得出这样几点认识：

第一，西汉以前，黄河水灾不多。西汉时突然增加；

第二，从王莽新朝到隋代，黄河又出现了一个较长时期的"安流"局面；

第三，自唐代起，黄河水灾又大量增加，而且一直居高不下。

西汉时黄河水灾突然增加,是西汉在西北地区大规模屯田造成的。为了北伐匈奴,从汉武帝起在西北地区大规模屯田,从今甘肃一直延续到今新疆轮台。黄河上游植被破坏,水土流失严重,河水含沙量急剧增加。到汉哀帝时,自今河南浚县以下,已成地上悬河。《汉书·沟洫志》记载,当时河水高出地面五尺。汉制一尺合今23.1厘米,五尺合今115.5厘米。到王莽新朝时,黄河河水已浑浊不堪,号为"一石水而六斗泥"①。

新朝始建国三年(11),黄河在魏郡(郡治邺县,今河北临漳西南)决口,河道南移,自濮阳向东北流,在千乘郡(郡治千乘,今山东高青东北)入海,淹没清河以东数郡。王莽的家族自曾祖王贺起徙居魏郡元城(今河北大名东),王莽父祖的坟墓都在元城。元城毗邻黄河,王莽担心黄河决口危及元城,淹没他先祖的坟墓,一时很是恐慌。及至听说这次决口使黄河河道南徙,元城无水患,遂置之不问。刘秀逐灭群雄,统一天下后,经济残破,一时也无力整修黄河。

到汉明帝即位时,黄河溃决已经四五十年,连年大雨,汴渠东侵,河水、汴水壅积一片,浩瀚无垠,民怨沸腾。到永平十二年(69),社会经济经过恢复发展已趋繁荣,治理黄河决口的物质条件具备了。就在这年夏天,汉明帝诏令整治黄河,命王景、王吴主持其事。

汉明帝刘庄画像(选自明王圻、王思义辑《三才图会》)

王景,字仲通,琅邪郡不其县(今山东即墨西南)人。他少学《易经》,长大后涉猎群书,尤好天文、算术。大司空伏恭辟他为属吏。汉明帝派他与将作谒者王吴一起修作仪渠,王景采用了"墕流法",获得成功。永平十二年,明帝决定整治黄河,召见王景,问他治河方略。王景陈述了自己的观点,明帝听了很高兴,赐他《山海经》、《史记·河渠书》和《禹贡图》,命他与王吴率领数十万士卒,治理黄河。王景修整引黄入泗的汴渠,使之成为黄河下游的分洪道;在汴渠与黄河分流的上下两个汴口设立两个

_____

① 《汉书·沟洫志》。

水门，交互使用，控制分流的水量。另一方面，治理黄河河道，疏浚壅塞，截弯取直；修筑加固黄河大堤，约束河水；十里立一水门，令更相洄注，增加河水冲刷泥沙的能力。这项工程极为浩大，耗资以百亿计，历时一年竣工。

自这次治河以后，黄河出现了一个长期安流的局面，保持了大约八百年之久没有发生大的水患。

但是，若把永平十三年以后黄河的长期安流完全归功于王景治河，亦不尽然。这段时期，黄河安流还有一个更为重要的原因：黄河中游地区和河套地区的变农为牧。

自王莽新朝以后，大漠游牧民族以各种方式进入西北边郡，那里的农耕地大部分被变为了牧场。这一变化给黄河以巨大影响，谭其骧先生指出："黄河中游土地利用情况的这一改变，结果就使下游的洪水量和泥沙量也相应地大为减少，我认为这就是东汉一代黄河之所以能够安流无事的真正原因所在。"①

---

① 谭其骧《何以黄河在东汉以后会出现一个长期安流的局面》，《学术月刊》1962 年第 2 期。

班超：不入虎穴，焉得虎子

建武二十二年(46)，匈奴内讧，奚鞬日逐王比率四五万人降汉，被安置于北部边塞一带，是为"南匈奴"；居住在匈奴故地的被称为"北匈奴"。北匈奴不时南下，焚城邑，掠财物，抢人口；他们还控制、奴役西域各国，隔断汉与西域交通。但东汉初建，百废待兴，无力应对北匈奴的南下与西进。

明帝朝，经济发展，社会稳定，解决北匈奴问题的条件已成熟，乃于永平十六年(73)派四路大军北伐：

班超画像(现藏台北故宫博物院)

奉车都尉窦固、骑都尉耿忠率一万二千骑出酒泉(郡治禄福，今甘肃酒泉)；

驸马都尉耿秉、秦彭率万骑出居延(今内蒙古额济纳旗东南)；

太仆祭肜、度辽将军吴棠将一万一千骑出高阙(位于今内蒙古杭锦后旗北)；

骑都尉来苗、护乌桓校尉文穆将一万一千骑出平城(今山西大同东北)。

四路大军唯窦固一支建功，他们出酒泉塞至天山(今新疆天山)，击败北匈奴呼衍王，斩首千余级，追至蒲类海(今新疆巴里坤湖)。窦固，字孟孙，扶风平陵(今陕西咸阳市秦都区平陵乡)人，东汉开国功臣窦融之侄，刘秀的驸马，好读书，喜兵法。此次北伐，他还有一个重要举措：派假(代理)司马班超出使西域。

班超字仲升，扶风安陵(今陕西咸阳市东)人。父班彪、兄班固、妹班昭皆文才出众。班超志向高远，不拘小节，吃苦耐劳，博学多才。班固被任命为校书郎，母亲带着班超随班固来到京城洛阳。班固俸禄低微，不足养家糊口，班超就替人抄书挣点小钱，补贴家用。他不甘心以此为生，一天，掷笔于地,叹曰:身为大丈夫,没有其他志向才略,就应当效法傅介子、张骞,立功异域,以封侯晋爵,怎能在笔砚间消磨时日? 同事取笑他,他说:竖子安知壮士之志哉!

明帝听说班固有个志大才高的弟弟,问班固:卿弟安在? 班固说还在替官府抄书,明帝诏以为兰台令史。不久,班超因犯了一个过错,被免职。窦固北伐,明帝起用班超,行假司马之职,随军出征。班超智勇双全,深受窦固器重,派他带领从事郭恂等三十六人出使西域。

班超到了鄯善国(都扜泥城,今新疆若羌附近),鄯善王广起初对班超一行热情有加,几天后突然变得冷淡,班超意识到定是匈奴使节到了,他唤来驿馆侍者,拔剑怒喝:匈奴使团来了几日? 侍者大惊失色,以为班超知道了内幕,遂如实相告。班超召集部下饮酒,酒酣,班超道:诸位与我身处边地异域,欲立功以求富贵。现在匈奴使者来了,鄯善王慢待我们,如果他把我们缚送匈奴,我们岂不成了豺狼口中之物了? 诸位勇士,我们该怎么办? 众人都说:愿听司马吩咐! 班超说:不入虎穴,焉得虎子。现在唯有乘夜火攻匈奴使者,他们不知虚实,定会胆怯,我等趁机消灭他们。只要消灭了他们,鄯善王就会被吓破胆,我们便大功告成。众人提议与郭从事商量一下,班超说:是凶是吉,在于今日一举。郭从事是个胆小的文官,他听到此事定会因害怕而暴露我们的行动计划,我们不仅白白送死,还会落下千古骂名。众人以为是。

月黑风高,班超一行悄悄接近匈奴使团驻地,班超命十人拿军鼓,隐藏在屋后,嘱咐他们:一见火起,就擂鼓呐喊。其余人持剑挟箭,埋伏屋门两旁。班超顺风点火,战鼓齐鸣,匈奴使团一片惊慌。班超手刃三人,部下亦斩杀三十多人,另外一百多人被烧死在屋里。第二天,班超请鄯善王广来看匈奴使者的头颅,被吓得魂不附体。班超晓之以理,又安抚宽慰了他一番,最终鄯善王把儿子送到洛阳作为人质,以示死心塌地归附汉朝。

班超将此事向窦固汇报,窦固十分高兴,上书朝廷,并请求再选派使者出使西域。明帝很赞赏班超的胆识,诏曰:有班超般得力的使臣,为何还要再选别人呢? 遂以班超为军司马,让他继续完成出使的任务。班超再次接受使命,窦固让他多带些人马,他说只带原来的三十六人就足够了。

当时,于阗王(都于阗,今新疆和田西)广德刚刚打败了莎车(今属新疆),声威大振,雄霸天山南道,而北匈奴又派了使者来监护他。班超到达于阗国,广德态度十分冷淡。于阗人迷信神巫,神巫谎称:听说你们想归顺汉朝,天神发怒了。汉使有一匹黄黑杂色马,你们赶快把它弄来祭祀天神! 广德差人向班超索取那匹黄黑杂色马,班超已得知神巫的谎言,答应献出此马,但要让神巫亲自来取才行。不一会,神巫来到,班超立即砍下他的脑袋,送给广德。广德早就听说班超在鄯善国攻杀匈奴使者之事,惶恐不安,下令尽杀北匈奴使者,归顺汉廷。

其时,龟兹国(都延城,今新疆库车东)王建为北匈奴所立,依恃北匈奴势力,占据西域北道,攻破疏勒,杀死国王,另立龟兹人兜题为疏勒王。翌年春,班超带领部下取小路,来到疏勒国,离兜题所居住的槃橐城(位于今新疆喀什东南,吐曼河岸边)只有九十里,派部下田虑去劝告兜题降汉。班超告诫田虑说:兜题本非疏勒人,疏勒国民不会为他尽忠效命,若不肯降,就将他扣押。田虑到达槃橐城,兜题看他势单力薄,毫无归降之意。田虑乘他不备,将其擒获。兜题部下大出意外,作鸟兽散。田虑派人飞马驰报班超,班超开赴城中,召集疏勒文官武将,历数兜题罪状,另立原国王之侄忠做疏勒国王。忠和其他大臣请求杀掉兜题,班超不同意,将其释放。

永平十七年(74)十一月,窦固与驸马都尉耿秉、骑都尉刘张率一万四千骑再出玉门关,进军西域,在蒲类海击败白山部后,转军进击依附北匈奴之车师。车师王降,汉置西域都护及戊己校尉、宜禾都尉屯田。

第二年,汉明帝去世。焉耆国借汉国丧之机,攻陷西域都护陈睦驻地。班超孤立无援,龟兹、姑墨(今新疆阿克苏)两国又屡屡发兵攻打疏勒国。班超与忠固守槃橐城,坚守了一年多。章帝考虑到陈睦全军覆没,班超势孤力单,难以立足,下诏召回班超。疏勒全国上下惶恐不安,一个名叫黎弇的都尉说:汉使若离开我们,我们必将再次被龟兹灭亡。说罢,拔刀自刎。班超回国途中来到于阗国,国王及其大臣边悲哭边说:我们依靠汉使,就好比孩童依赖父母,您千万不能回去。说完,他们紧紧抱住班超坐骑的马腿不放。班超见状,决定抗旨留在西域。他率部返回疏勒,疏勒已有两座城池重新投降了龟兹国,与尉头国联兵抗汉。班超捕杀叛降者,又击破尉头国,攻杀六百余人,疏勒国重新安定下来。

建初三年(78),班超率领疏勒、康居(都卑阗城,约当今塔什干或奇姆肯特等地)、于阗和拘弥(今新疆于田县克里雅河东)四国军队一万余人,攻占了姑墨的石城。班超想就此平定西域诸国,于是上奏朝廷,请求增兵。章帝诏准,平陵人徐干一向与班超志同道合,上书章帝,自告奋勇前去。建初五年,章帝以徐干为假司马,让他率领减刑的罪犯和自愿出塞的士兵一千人增援班超。

莎车国投靠龟兹,疏勒国的都尉番辰亦反。徐干率军赶到,班超与其合兵一处进攻番辰,大获全胜。班超欲乘胜进攻龟兹,考虑到乌孙兵力强大,应借助他们的力量,乃上书朝廷,建议派使联络乌孙,章帝采纳。

建初八年,章帝晋升班超为将兵长使,并破格赐给鼓吹幢麾;晋升徐干为军司马。

章帝派卫侯李邑护送乌孙使者回国,李邑行至于阗,碰上龟兹攻打疏勒,吓得不敢继续前进,就上书章帝,说开通西域的事业难以成功,又诽谤班超,说他拥爱妻、抱爱子,在西域享乐,无意为国效忠。班超闻知,叹曰:吾非曾参,谗言三至,难免被朝廷怀疑了。于是,便舍弃了爱妻。章帝知道班超一向忠诚，严斥李邑道：即使班超拥妻、抱子，但一千多思乡念土的部下，为何都能与他同心同德呢？命令李邑受班超指挥，另有文书通知班超：若需要李邑，便留他在西域。班超派李邑带领乌孙国的侍子回洛阳，徐干道：李邑在于阗时说您的坏话，败坏沟通西域的大业。如今何不乘机把他留在这里，另派人护送乌孙国侍子回京？班超道：你怎能讲这般浅陋之言？正因为李邑毁谤过我，所以才让他回去。只要我问心无愧，何惧之有？若为了泄愤而留他，就不忠不仁了。

　　第二年，章帝又派遣假司马和恭率领八百将士支援班超。班超发疏勒、于阗兵攻打莎车，莎车王派人以重利诱引疏勒王忠，疏勒王忠遂叛。班超另立疏勒府丞成大为疏勒王，将不愿谋反的人集中起来攻打叛王忠，双方相持半年。康居王派精兵支援忠，班超派人赠送很多金银锦帛给月氏王，让他劝康居王撤兵。月氏王与康居王联姻不久，关系亲密，在月氏王的劝说下，康居王退兵。班超生俘了叛王忠，把他押回疏勒国。过了三年，忠游说康居王，向他借兵；又与龟兹勾结，派人向班超诈降，准备里应外合，进攻班超。班超察知他们的阴谋，假装答应接受忠的投降。忠一听大喜，带领轻骑前来，班超设宴款待，酒过一巡，厉声喝令部下将忠捆起来斩首。

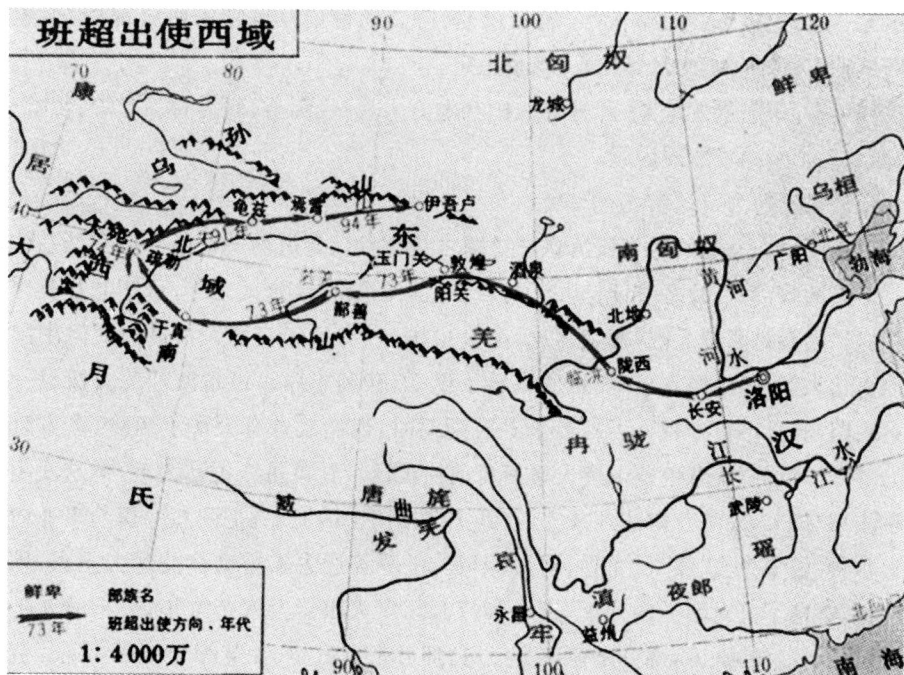

班超出使西域图

西域南道就此畅通无阻。

又过了一年,班超征发于阗等国的军队二万五千人,再次攻打莎车。龟兹王纠合了温宿、姑墨、尉头等国五万军队支援莎车。在班超的部署下,深夜,于阗兵东撤,汉军西退。班超又吩咐放松对俘虏的看管。龟兹王从逃回的士兵那里得知汉军动向,遂亲率一万骑兵拦击班超,又命温宿王带领八千骑兵狙击于阗军。班超侦知敌军已分兵而出,立即命令各部汇合,奔袭莎车军营,莎车大败而降。龟兹等国见状,也各自撤兵。

班超从此威震西域。

章和二年(88),章帝以窦宪为车骑将军,以执金吾耿秉为副,再次北伐匈奴。不久,章帝死,和帝即位。永元元年(89),和帝又派三路大军北伐,北匈奴兵败溃散,八十一部二十余万人降汉,其余西逃。窦宪、耿秉登燕然山,令班固作铭,刻石颂功,记汉威德。

第二年,月氏遣副王谢统兵七万进攻班超。月氏曾助汉击车师,岁贡珍宝,请求尚汉公主。班超拒绝,由是怨恨。班超坚壁清野,谢强攻不下,又抢掠不到粮草。班超料定他必向龟兹求救,遂遣兵数百于东界埋伏。谢果遣骑赍金银珠玉以赂龟兹。班超伏兵遮击,将其使者人头送给谢。谢大惊,遣使请罪,愿得生归,班超允准。月氏从此归顺,遣使奉贡。

永元三年,龟兹、姑墨、温宿(今属新疆)皆降。和帝诏拜班超为西域都护,徐干为长史。西域唯焉耆、危须、尉犁怀二心,其余悉定。

第四年秋,班超遂发龟兹、鄯善等八国兵七万人,讨伐焉耆,斩焉耆王广等,传首京师。于是,西域五十余国皆遣质内属。

和帝诏封班超为定远侯,邑千户。

匈奴在塔里木盆地的势力被清除,“丝绸之路”南道、北道均又畅通。班超是一位极具远见与抱负的政治家,决心继续扩大汉与西方世界的交往。永元九年,班超派甘英出使大秦(罗马)。大秦是西方大国,繁荣富庶,酷爱中国丝绸,每年都要大量进口。但中国丝绸并不能直达大秦,需中经安息,安息商人转手倒卖,获利丰厚。班超派甘英去探寻一条直达大秦之路,安息不肯坐视。当甘英来到波斯湾时,他们故意夸大海上风险,多方阻挠航行。为了同样目的,安息也曾阻挠大秦使者前往汉廷。甘英虽未抵达大秦,但这次出使还是有重大意义的。甘英首次达到条支,看到了波斯湾上的海船,把张骞的探险事业向前推进一大步;接触了条支、蒙奇、兜勒、阿蛮、斯宾、于罗等过去未曾交往的远方国家,扩大了国际交流,丰富了汉对西方的知识,进一步打开了汉人眼界。安帝末年,班超的儿子班勇作《西域记》,其材料来源,部分是他亲身经历,部分来自班超、甘英等老一辈闻见。范晔作《后汉书·西域传》,采录班勇《西域记》,班超、甘英在异域的见闻,得以留传,其中有许多成为后世研究中亚西亚国家历史重要、甚或是唯一的文献。

班超年老,头发无黑,两手不仁,耳目不聪,扶杖乃行,思乡心切。永元十二年,上书请归,其中写道:臣不敢望到酒泉郡,但愿生入玉门关。其妹班昭亦上书为其求情,和帝深为感动,征班超还京。

永元十四年八月,班超到达洛阳,被拜为射声校尉。班超病情加重,和帝遣中黄门问候,赐医药。九月,班超病逝,享年七十一岁。

班超在西域三十一年,为加强西域各国与汉中央的关系、促进中西经济文化交流做出了巨大贡献。

文化盛事:《汉书》编写与佛教东来

《汉书》在明帝朝开始编纂。

《汉书》的作者班固,字孟坚,扶风安陵人,生于建武八年(32)。父亲班彪曾作《后传》六十五篇续补《史记》。建武三十年班彪卒官时,已编纂百余篇。永平元年(58),班固继承父业,开始编修《汉书》。《汉书》包括本纪十二篇,表八篇,志十篇,列传七十篇,共一百篇,后人分为一百三十卷。记事始于汉高帝刘邦元年(前206),终于王莽地皇四年(23)。

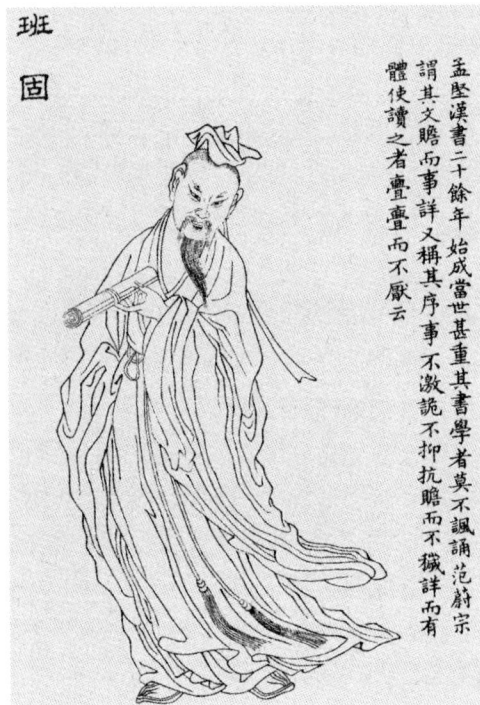

班固画像(选自清上官周《晚笑堂画传》)　　　　北宋刻本《汉书》

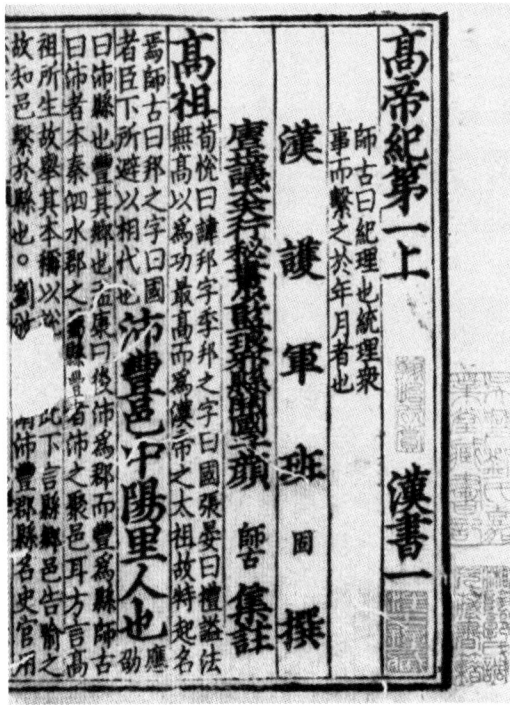

班固与窦宪既是同乡,又是世交。和帝朝,窦氏外戚专权,班固依附窦氏外戚。永元四年,宦官郑众奉诏指挥部分禁军,剪除了窦氏外戚势力。班固也被捕入狱,死在狱中。当时《汉书》还有八表和《天文志》没有写成,和帝诏令班固的妹妹班昭补作,马续协助班昭撰成了《天文志》。

《汉书》是一部断代史,与《史记》相比,体例有所变化:把《史记》的《本纪》省称《纪》,把《书》改曰《志》,取消了《世家》,汉代勋臣世家一律编入传。后世史书,多沿用《汉书》体例。

从思想内容来看，班固不及司马迁。他曾批评司马迁"是非颇谬于圣人"①，指斥司马迁不以孔子思想为判断是非的标准。《汉书》新增加了《刑法志》、《五行志》、《地理志》、《艺文志》。《刑法志》第一次系统地叙述了法律制度的沿革和一些具体的律令规定。《地理志》记录了当时的郡国行政区划、户口数字、物产、民俗。《艺文志》考证了各种学术派别的源流，记录了存世的书籍，是我国现存最早的图书目录。《食货志》有上下两篇，上篇谈"食"，即农业经济状况；下篇论"货"，即商业和货币的情况，是当时的经济专篇。《汉书》八表中有一篇《古今人表》，从太昊帝记到吴广。《百官公卿表》记述了各种官职的权限和俸禄的数量，然后用分为十四级、三十四官格的简表，记录汉代公卿大臣的升降迁免。

班昭画像（现藏中国历史博物馆）

班固《汉书》在中国历史上的影响极大。

宋朝大文学家苏舜钦，豪放不羁，好饮酒。他住在岳父杜衍家，每晚读书，定要饮酒一斗。杜衍心中纳闷，便派人暗中观察：原来苏舜钦在读《汉书》，每读到精彩之处，拍案叫绝，便饮酒一杯。杜衍感叹说：有如此下酒物，一斗也不算多！这个故事见宋人龚明之《中吴纪闻》，明人吴从先《小窗自记》、清人褚稼轩《坚瓠集》等皆提及。

明帝朝的另一件大事，是在洛阳修建白马寺。

公元前565年，现尼泊尔境内的迦毗罗卫国国王乔达摩·首图驮那喜得贵子，取名为悉达多，他便是后来的佛祖释迦牟尼。释迦是古印度种族的名称，牟尼是"圣人"之意，释迦牟尼意为"释迦族的圣人"。释迦牟尼十四岁时，后来成为中国"圣人"的孔子，诞生在今山东曲阜的一个小贵族家庭。十九岁那年上，释迦牟尼断然出家修行。三十岁那年的十二月初八日早晨，他终于悟道成佛。

大约在两汉之际，佛教通过西域传入中国内地。

---

①　《汉书·司马迁传赞》。

《三国志·魏书·东夷传》裴松之注引鱼豢《魏略·西戎传》说,汉哀帝元寿元年(前2),大月氏国使者伊存向博士弟子景卢传授《浮屠经》,这是关于佛教传入中国最早的文献记载。博士是西汉最高学官,到汉元帝时,设置了《五经》十三博士;官府从民间选择年十八岁以上、仪貌端正者作为博士之弟子,到汉成帝时,博士弟子已达三千人。至于景卢为哪一经博士,今已难以确指。对《魏略·西戎传》的这条记载,研究者尚有不同的看法。如吕澄先生就认为,这一记载值得怀疑①。但是,绝大多数人认为,这条记载是可信的。袁宏《后汉纪》记载:

> 初,明帝梦见金人长大,项有日月明,以问群臣。或曰:"西方有神,其名曰佛。陛下所梦,得无是乎?"于是遣使天竺,问其道术而图其形像焉。②

袁宏是东晋中叶史学家,著《后汉纪》三十卷。范晔《后汉书·西域传》对此事也有记载,文字略有不同:

> 世传明帝梦见金人,长大,顶有光明,以问群臣。或曰:"西方有神,名曰佛,其形长丈六尺而黄金色。"帝于是遣使天竺问佛道法,遂于中国图画形像焉。

迦叶摩腾画像(选自 1935 年《佛祖道影》)

竺法兰画像(选自 1935 年《佛祖道影》)

---

① 参见吕澄《中国佛学源流略讲》第 1 讲《佛学的初传》,中华书局 1979 年版。

② 《后汉书·光武十王传》注引袁宏《后汉纪》。

范晔所记，当本袁宏《后汉纪》。以后文献如《洛阳伽蓝记》、《魏书·释老志》等记载更为具体，说永平十年（67），天竺高僧迦叶摩腾、竺法兰以白马驮载佛经、佛像随汉使者来到洛阳，汉明帝给予极高礼遇。第二年，敕令于洛阳西雍门外修建白马寺，迦叶摩腾、竺法兰在此翻译了佛经《四十二章经》云云。

从《后汉书·西域传》"世传"两字来看，到南朝宋文帝元嘉元年（424）范晔开始编写《后汉书》时，汉明帝遣使取经之事只是一种传说。但是，汉明帝时，佛教已在中国内地传播，则是无疑的。《后汉书·楚王英传》记载，永平八年，明帝在颁示各诸侯王国的一道诏书中，说刘英："诵黄老之微言，尚浮屠之仁祠。"《后汉书·西域传》，也记载了楚王刘英信奉佛教之事。郭朋先生说，刘英是中国历史上第一个信奉佛教的贵族①。

汉章帝刘炟画像（选自明王圻、王思义辑《三才图会》）

---

① 　参见郭朋《汉魏两晋南北朝佛教》，齐鲁书社 1986 年版，第 40—43 页。

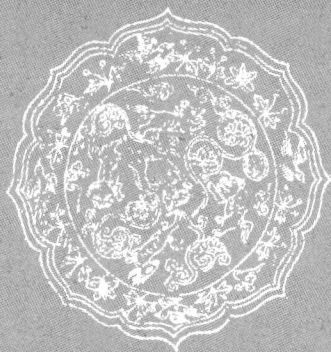

十一　光怪陆离的东汉朝野

　　自和帝之后，东汉朝野，光怪陆离：至高无上的皇帝，乳臭未干，被玩于股掌之上；外戚宦官，轮流专权；地主庄园，俨然独立王国；儒生皓首穷经，著书立说，尽是无用章句；孝子事亲，生不养，死厚葬。

从和帝到献帝:幼主治国

一个皇朝的治乱兴衰,在很大程度上取决于当朝皇帝的贤与不肖、勤政与否。如果一个明君在位,励精图治,皇朝往往兴旺发达;如果是昏君在位,就会朝政紊乱,皇朝统治陷于黑暗。

中国历史上的明君不乏其人,我们可以举出夏禹、商汤、周文王昌、周武王姬发、汉高祖刘邦、汉武帝刘彻、汉光武帝刘秀、汉昭烈帝刘备、吴大帝孙权、北魏孝文帝拓跋宏、隋文帝杨坚、唐高祖李渊、唐太宗李世民、唐玄宗李隆基、宋太祖赵匡胤、宋太宗赵光义、元太祖铁木真、元世祖忽必烈、明太祖朱元璋、明成祖朱棣、清太祖努尔哈赤、清圣祖玄烨、清世宗胤禛、清高宗弘历等一大批。分析一下这些明君,有两个特点值得我们注意:

第一,这些明君大多为开国之君或开国初期之君;

第二,这些明君大多有一个前期励精图治、后期享乐怠政的发展过程。

也就是说,这些明君的一生,如同一个皇朝,也有一个由盛而衰的发展过程。他们后期的享乐怠政,往往危及皇朝的发展。

《说文解字·日部》:"昏,日冥也。"意为黑暗不清。"昏君"不仅仅是昏聩无能,凡是不懂为君之道者,皆归其列。

在嫡长子继承制下,昏君不可避免。

《尔雅·释亲》:"长妇为嫡妇,众妇为庶妇。"在一妻多妾时代,第一个明媒正娶的夫人为嫡妻;她生的第一个儿子为嫡长子,余为嫡子;嫡长子与他的嫡妻所生的第一个儿子为嫡长孙,余为嫡孙。嫡妻之外的其他夫人为庶妇,她们所生的诸子为庶子。在继承制上,嫡出者拥有优先权。

有商一代,凡十七世三十王,其中兄终弟及者十四王,父死子继者十二王,叔侄相传者四王,商代处于从兄终弟及向父死子继过渡时期。及至西周,就形成了较为严格的嫡长子继承制,其基本原则是:

> 立嫡以长不以贤,立子以贵不以长。[①]

也就是说,选择继承人,唯一的条件是嫡长子,不问贤愚,即使他愚蠢透顶,也非他莫属;嫡长子必须是嫡妻所生之第一个儿子;庶妇所生,哪怕他是长子,也不能立为继承人。此制也表述为:"立子以嫡不以长,立嫡以长不以贤。"[②]意思是说,选择继承人,必须是嫡出,庶

---

① 《公羊传·隐公元年》。

② 《晋书·刘颂传》。

子即使为长,也不在考虑之列;嫡子之中,不问贤愚,以嫡长子为继承人。

嫡长子继承制的目的在于杜绝纷争,保持皇朝的稳定。王国维《殷周制度论》说:

> 盖天下之大利莫如定,其大害莫如争。任天者定,争乃不生。定之以天,争乃不
> 生。故天子、诸侯之传世也,继统法之立子与立嫡也,后世用人之以资格也,皆任天而
> 不参以人,所以求定而息争也。[1]

他认为嫡长子继承制乃"任天而不参以人",也就是说,是根据"天意",谁人是嫡长子,不论
贤与否,自然成为继承人。如此,就可以绝其他人之欲,防止变乱,维护皇朝的稳定。他认
为后世用人强调"资格",与此同义。众所周知,"论资排辈"可以止纷争,但必定压抑人才。
大臣汲黯曾批评汉武帝的用人政策说:"陛下用群臣如积薪耳,后来者居上!"[2]这种不问资
历、唯才是举,在中国历史上是被认为破坏"常轨"的。废嫡立庶被视为祸国之举,如果哪
个皇帝欲为之,大臣们往往群起反对,不惜以死谏。一些幼儿少年或白痴,凭借嫡长子继
承制而成为皇帝,最终造成皇朝的危机或覆亡。

东汉一朝在"明章之治"后即走向下坡路,进入外戚、宦官轮流专权时代,祸根就在于
嫡长子继承制。

章帝刘炟八个儿子刘伉、刘全、刘庆、刘肇、刘寿、刘开、刘淑、刘万岁,都是庶出。刘炟
的窦皇后没有生育,于是立宋贵人生的刘庆为皇太子。母以子贵,窦皇后担心自己的地位
不保,遂将梁贵人生的刘肇收养为子。这样,刘肇虽系章帝第四子,但在名分上就成为了
嫡长子。后在窦皇后的诋毁、诬陷下,宋贵人自杀,刘庆被废为清河王,刘肇被立为皇太
子。章和二年(88)二月,章帝病逝,刘肇嗣位,是为汉和帝,年仅十岁,窦皇后以太皇太后
的身份临朝称制,东汉皇朝从此步入外戚、宦官轮流专权时代。外戚与宦官为了专断朝
政,往往选立年幼者为皇位继承人,且看和帝以后十位皇帝登基时的年龄:

殇帝刘隆,出生百余日。

安帝刘祜,十三岁。

少帝刘懿,登基年龄失载,史称"幼年"[3]。

顺帝刘保,十一岁。

冲帝刘炳,二岁。

质帝刘缵,八岁。

桓帝刘志,十五岁。

---

① 王国维《殷周制度论》,傅杰编《王国维论学集》,中国社会科学出版社 1997 年版,第 4 页。

② 《汉书·汲黯传》。

③ 《后汉书·皇后纪》。

灵帝刘宏,十二岁。

少帝刘辩,十七岁。

献帝刘协,九岁。

于是,自和帝开始,东汉皇朝出现了幼主临朝的奇特现象。

外戚与宦官：权柄的轮转

十岁的和帝即位，尊窦皇后为皇太后，窦太后临朝，其兄窦宪以大将军身份执政，窦氏外戚出任朝廷、地方要职，窦氏的奴客甚至杀人越货。永元四年(92)，宦官郑众奉诏指挥其控制的一部分禁军，剪除了窦氏外戚势力。郑众因功封侯，参与朝政。

元兴元年(105)，和帝去世。皇后邓绥册立出生仅百余日的刘隆为帝，临朝称制，其兄邓骘以大将军身份执政。不久刘隆夭折，邓绥、邓骘兄妹又拥立年仅十三岁的刘祜为帝，是为安帝。邓绥太后虽然委政邓家兄弟子侄，但对他们约束较严，她还起用名士杨震等，以求取得士大夫的支持。永宁二年(121)，邓绥太后去世，汉安帝与宦官李闰、江京等合谋，铲除了邓氏势力；安帝皇后阎氏的兄弟阎显等人也身居要职，出现了宦官集团和阎氏外戚共掌朝政的局面。

延光四年(125)，安帝病逝，阎皇后与阎显拥立少帝刘懿，阎氏外戚势力膨胀。不久，刘懿病死，宦官孙程等十九人发动宫廷政变，杀掉阎显，拥立十一岁的济阴王刘保为帝，是为顺帝。孙程等十九人皆得封侯，时称"十九侯"，他们不但出任朝廷要职，还可以养子袭爵。后来顺帝逐渐疏远宦官，起用皇后梁妠的父亲梁商为大将军，总理朝政。梁商为人谦恭，虚己进贤，每当发生饥荒，他便令家吏用车拉着粮食去赈济贫民，朝野上下对他颇多称誉，顺帝也更加倚重。

但是，皇后的兄长梁冀却不断背着父亲和妹妹胡作非为。梁冀的脾性不像父亲那般柔和，也不似妹妹那样谨重。他长得横眉竖眼，口吃，张口结舌，但工于心计。他游手好闲，嗜酒能饮，踢球下棋，斗鸡走狗，无所不好。更令人望而生畏的，是他心狠手辣，忤犯他的人，必置之死地而后快。但他是皇后的兄长，大将军的长公子，所以仍旧官运亨通。永和元年(136)，这位纨绔子弟荣升河南(治洛阳，今属河南)尹。他恶习不改，恣肆暴戾。洛阳令吕放，是梁商的亲信，见梁冀胡作非为，恐危及故主梁商和梁皇后，便到梁商府上告了梁冀一状。梁大将军听完大怒，把梁冀叫来训斥了一通。后来，梁冀听说是吕放告的状，便派人刺杀了吕放。然后，他把这事推到吕放的一个仇人身上，请准以吕放之弟吕禹为洛阳令，指使吕禹把那个仇人及其亲族、宾客全部逮捕处死。

永和六年秋，梁商病故。梁商的棺椁还未入土，顺帝就发出一道诏令：任命梁冀为大将军，继父辅政；任命梁冀之弟不疑为河南尹。他把朝政大权，再一次交给了梁氏外戚。

建康元年(144)八月，年方三十的顺帝崩于玉堂前殿。

梁妠侍奉顺帝十六年，无子。和她同年入宫的虞美人生有一子，叫刘炳，继位为帝，是为冲帝，年两岁。梁妠成了皇太后，临朝听政。

这位年仅二十九岁的太后发出的第一道诏令,是以赵峻为太傅、李固为太尉,与兄梁冀大将军共理朝政。赵峻,蜀郡成都(今属四川)人,博学多才。此人为官严明,不畏权贵。李固,南郑(今属陕西)人,也是当时鼎鼎有名的大臣,为官刚直不阿,多有建树。在东汉皇朝日趋衰颓之世,像他们这样的大臣风毛麟角。太后此举,可谓颇得人心。

九月,安葬了顺帝,梁妠太后发出第二道诏令,诏公卿百官推举贤良方正之士,策问治国安民之道。安定朝那(今宁夏固原东南)人皇甫规对曰:皇上好比是舟,百姓是水,群臣是乘舟者,梁冀大将军是操楫之人,实应克己修行,省去游娱不急之务,损减府第无益之饰,尽心于国,尽力于民。梁冀听后大为忿恨,在他的干预下,皇甫规被评了个下等,只授给他一个小官——郎中,于是皇甫规便托病归家。

梁妠太后有志于国,意欲重振朝政,扭转颓势。无奈其兄梁冀专权跋扈,恣肆妄为,她不忍心除去兄长的权势,越来越顺从、倚重他。

永熹元年(145)正月,小皇帝刘炳重病垂危。梁大将军见状,赶忙寻求帝位继承人。他看中了勃海王刘鸿的儿子刘缵。刘缵之所以为这位权臣所青睐,是因为他年仅八岁。把这样一个乳臭未干的孩子推上帝位,朝政大权还是他梁冀的。

李固画像

于是,他派人把刘缵偷偷地接到洛阳都亭,准备冲帝一死,便抢先拥立刘缵为帝。

这事不仅瞒着百官,也瞒着太后。

冲帝驾崩的消息一公布,在朝野上下引起震动的,不是举国悲哀,而是新皇帝的人选。李固等人认为,清河王刘蒜年长有德,能亲自处理朝政,力主立刘蒜为帝。这正是梁冀所忌讳的。他驰入皇宫,向妹妹述说了立刘缵为帝的想法。在这关键时刻,家族的利益压倒国家利益而占了上风,梁妠太后同意了兄长的意见,立刘缵为帝,是为质帝。

质帝虽幼,却极聪慧,小皇帝逐渐明白自己不过是梁氏兄妹手中的一个傀儡而已,他对此处境很不满意。第二年(146)六月的一天,质帝朝见群臣,看见梁冀那副嚣张的样子,便冲他说道:"此跋扈将军也!"[①]梁大将军没想到自己亲手扶上帝位的质帝竟如此忌恨自

————————

① 《后汉书·梁统传列》。

己,担心小皇帝长大掌权后找他算账,遂把毒药搀进御膳里。质帝食后,中毒而死。

朝野上下皆知质帝的死因。但梁太后临朝听政,梁冀以大将军身份总理国政,朝政大权操持在他们兄妹手中,梁冀连皇上都敢鸩杀,谁敢奈何他? 故尽管李固推举侍医,追查质帝死因,但最后也不了了之。

皇帝虽是傀儡,但国不可一日无主。梁妠太后与梁冀密谋立蠡吾侯刘志为帝。这刘志乃章帝曾孙,蠡吾侯刘翼之子,父死袭爵。这个皇室远支之所以得到梁太后和梁大将军的青睐,是因为他已与他们的妹妹梁女莹订婚。梁氏兄妹意欲把妹夫扶上帝位,以稳固梁氏的权益。当群臣聚议新君时,梁冀便提议立刘志为帝。太尉李固、司徒胡广、司空赵戒等一班大臣却力主立德行昭著的清河王刘蒜为帝。双方争执不下,只得休会。梁冀气冲冲地打道回府。

晚上,曹腾来大将军府拜谒梁冀。曹腾是个宦官,官居中常侍,他便是曹操的祖父。曹腾曾谒刘蒜,刘蒜很看不起宦官,对曹腾轻蔑无礼。宦官集团由此而忌恨刘蒜,他们派曹腾去见梁冀,劝梁冀下决心立刘志为帝。宦官们的支持,坚定了梁冀的决心。

第二天,梁冀重会公卿大臣,他气势汹汹,言辞激切,非刘志不立。胡广、赵戒等人屈服了,惟有李固执意立刘蒜,不肯屈从。梁冀恨得咬牙切齿,驰入皇宫,去见妹妹梁妠太后,下诏罢免李固。

刘志即位,是为桓帝。梁太后仍旧临朝听政,梁冀不仅仍做他的大将军,且入朝不趋,剑履上殿。朝廷重要决策,由他最后决断。宫中近卫侍从,皆系梁冀亲自指派,桓帝一举一动,都在梁冀视野之内。百官升迁,都到梁冀门下谢恩,然后再到尚书台报到。他贪赃枉法,带着钱财到大将军府请求求官者,相望于路。各地进贡的物品,上等的送到大将军府,剩下的才送进皇宫给皇上。梁冀及其夫人孙寿又大兴土木,修建府第,穷极奢靡。他又圈了大片的土地以为菟苑,捕猎虎、豺放养其中,猎杀者罪至死。有个西域商人不知禁律,误杀一虎,梁冀不但杀了那个商人,而且广为株连,连杀十几人。他还在洛阳城西大起第舍,藏纳亡命,强取良民为奴婢,名曰"自卖人"。梁氏一门,七人封侯,三人为皇后,六人为贵人,两人任大将军,女子食邑称君者七人,驸马三人,其余任卿、将、尹、校者五十七人。

外戚专权至此达到顶峰。

尽管梁冀贪残如此,但只因他是太后和桓帝皇后的兄长,故可逍遥法外,皇朝在这位权臣的手中一步步腐败衰颓。梁太后虽有挽救之心,但她既不忍又不能惩办兄长。

和平元年(150)春,梁妠太后重病缠身,体力不支,归政桓帝。两天后,梁妠太后一命呜呼。桓帝亲政,但忌惮梁氏外戚的权势,不敢有所表示。延熹二年(159),皇后梁女莹病死,梁冀失去了宫中的耳目,桓帝与身边的宦官单超、具瑗、唐衡、左悺、徐璜密谋除掉梁冀。经过缜密策划,桓帝御宣德前殿发布命令:令尚书令尹勤持节统领百官、禁军侍卫殿阁;令黄门令具瑗将虎贲、羽林兵千余人,会同司隶校尉张彪,包围大将军府;令光禄勋袁盱持节收梁冀大将军印绶。梁冀和他的妻子孙寿绝望自杀,其子、河南尹梁胤等梁氏外戚,以及孙寿的宗亲,皆被逮捕,无论年长年幼,一律弃市。梁冀的爪牙被逮杀者,达数百人。没收梁冀的财物达三十亿钱。

梁氏外戚的势力被彻底铲除,宦官单超、具瑗、唐衡、左悺、徐璜同日封侯,时称"五侯",朝政大权又落于宦官集团手中,他们口含天宪,为非作歹,兄弟宾客,布满朝廷、州郡。

部分正直的士大夫如太尉陈蕃、司隶校尉李膺等痛恨宦官专权,利用各种时机反抗宦官集团。当时,太学生已发展到三万多人,各郡县的儒生也很多,他们上进无门,求官无路,与士大夫结合在一起,在朝野形成一股巨大的反宦官的势力。他们抨击宦官,品评人物,议论朝政,形成一种社会舆论,叫做"清议"。延熹九年,宦官诬告司隶校尉李膺勾结太学生,共为部党,诽讪朝廷。李膺,襄城(今属河南)人,反对宦官干政,敢于纠劾奸佞,乃太学生心目中的"天下模楷"①。桓帝大怒,逮捕了李膺等二百余人,后虽赦免,却被禁锢终身。这是第一次"党锢"。

第二年,桓帝病死,皇后窦妙与其父窦武拥立十二岁的解渎亭侯刘宏为帝,是为灵帝。大将军窦武与太傅陈蕃辅政,起用李膺等"党人",共谋诛除宦官。事泄,宦官曹节发兵捕杀窦武、李膺等一百余人,凡"党人"的门生、故吏、父子、兄弟,远及五属,有官位的都免官禁锢。这是第二次"党锢"。

对士大夫集团与宦官集团的斗争,年少的灵帝有些茫然。宦官曹节等指控"党人"图谋不轨,皇上御览奏章,竟不知道何为"不轨"。后来,他年龄渐大,知道帝国的权柄把持在身边的宦官手里,他不过是个傀儡,但他对此处之泰然。他常常对人说:"张常侍是我公,赵常侍是我母。"②张常侍者,

李膺画像(选自明王圻、王思义辑《三才图会》)

---

① 《后汉书·党锢列传》。
② 《后汉书·宦者列传》。

宦官张让也;赵常侍者,宦官赵忠也。宦官竟成了皇帝老子的衣食父母!他对权柄不感兴趣,心甘情愿地交给宦官把持着。

这位天下至尊喜欢什么呢?他喜欢的东西令人大为惊讶:买田宅。刘宏原是个侯爵,家境不丰。被迎立为皇帝后,富有天下,他不敢相信,觉得还是应当像做解渎亭侯时那样,置买点田地房宅。于是,他把搜刮来的钱财,拿回河间老家去买田宅,起第观。还剩下一些,就分别寄存在宦官们的家里,一家存上几千万。有个叫吕强的宦官觉得堂堂天子还置买田宅,成何体统?就上疏劝谏,灵帝御览了吕强的奏疏,扔在一边,不予理睬,依然故我。除了置买田宅外,他便想着法子玩。他用四匹白驴驾车,躬自操辔,在御苑驱驰,玩得很开心。于是达官贵人竞相仿效,一时间,驴子备受青睐,身价暴涨,一匹驴的价格等于一匹马的价格,达二百万钱。他给狗戴上文臣戴的进贤冠,佩上绶带,逗着它们玩。有一只戴冠佩绶的狗跑进大司徒府,见之者莫不惊诧。他又异想天开地在后宫中设置了一个市肆,让宫女们贩卖物品,互相盗窃争斗。他也脱去龙袍,换上商人的服装,在市肆中饮宴取乐。

府库被他挥霍尽了,便在西园悬出卖官的公开价格:二千石官,交钱二千万文;四百石官,交钱四百万文。县令、县长,当面议价。缺有好坏,价有高低,到富庶地方去的,交现款;贫穷地区,先议好价,到任以后加倍交纳。这是公开的,还有"黑市"交易:三公,一千万钱;卿,五百万钱。除了皇帝这个位子不卖外,其他官位都可以拿钱买。有个名叫崔烈的人,是冀州名士,官至九卿,他通过灵帝的傅母交上五百万钱,买得个司徒。在授他司徒那天,百官齐会。灵帝回头对他的一个幸臣小声说:这官卖亏了,当初该要他一千万!崔烈虽然得到三公之一的司徒,但声名狼藉。

灵帝在位二十二年,于中平六年(189)病死。灵帝不喜欢何皇后生的嫡长子刘辩,偏爱王美人生的皇子刘协。灵帝临终,将刘协托付给宦官蹇硕。蹇硕官居上军校尉,图谋诛杀何皇后之兄、大将军何进,拥立刘协。何进入宫,蹇硕手下有个司马,叫潘隐,是何进的老朋友,他使了个眼色给何进。何进见势不妙,转身退出宫门,骑马逃回大将军府,拥兵自卫,称疾不朝。蹇硕没有得逞,只得按惯例,让刘辩即位。他就是东汉第十二代皇帝——汉少帝,时年十七岁。

少帝君临天下,尊母为皇太后,委政何进,以袁隗为太傅,封刘协为勃海王,后改封为陈留王。何进知道天下人都疾恶宦官,又愤恨蹇硕算计他,意欲铲除他们。袁隗的侄儿袁绍,时为中军校尉,也忌恨宦官专权,致书何进,议诛宦官,两人不谋而合。

蹇硕发觉情况不妙,与宦官赵忠密谋诛杀何进。有个叫郭胜的宦官,与何进是同乡,便把蹇硕的阴谋透露给了何进,于是何进派黄门令逮杀蹇硕。

当时,灵帝的灵柩还停在德阳殿上,准备发葬。袁绍劝何进不要入宫参加灵帝的葬礼,以防不测,何进便在家装病。安葬灵帝以后,何进把诛除宦官的计划奏报何太后。何太后反对,说宦官统领禁省,乃汉家制度。何进无奈,退求其次:杀那些恶行昭著者。

袁绍不赞成何进的妥协,说此时不铲除宦官势力,后患无穷。他建议召州郡兵入京,胁迫太后,逼她答应。于是,何进召并州(治晋阳,今山西太原市晋源区)牧董卓、泰山(郡治奉高,今山东泰安东北)太守王匡、东郡(郡治濮阳,今河南濮阳西南)太守桥瑁统兵进逼京师,又派武猛都尉丁原火烧黄河渡口——孟津(在今河南孟津东北),火光冲天,直照京师。何太后害怕了,罢免了所有宦官,只留下几个与何进关系不错的宦官在宫中照应。被罢免的宦官跑到何进面前请罪,听凭处分。袁绍劝何进乘机诛灭此辈,何进犹豫未决。

宦官首恶张让的儿媳是何太后的妹妹,张让给儿媳磕头,说他犯了罪,就要被赶回老家了,恳求儿媳出面,向太后求情,再见太后一面。张让的儿媳把这番话传给何太后,何太后大受感动,便准许宦官们回宫。

何进谋诛宦官图

八月的一天,何进入宫,谋诛宦官。宦官见何大将军突然进宫,知道大事不妙。张让纠集了一帮人,拿着刀剑埋伏在尚书省。待何进从太后居住的长乐宫出来,张让把他骗进尚书省,宦官渠穆一剑刺死了何进。

何进的部下吴匡、张璋听说何进被杀,率兵入宫。宫门紧闭,吴匡和袁绍的堂弟、虎贲中郎将袁术一起斫攻宫门。日薄西山,袁术纵火焚烧南宫的九龙门和东、西宫,欲逼张让等出逃,纵兵掩杀。张让入报太后,说大将军何进造反,火烧皇宫,并胁迫太后、少帝和陈留王刘协从复道逃往北宫。袁绍闻讯,下令关闭北宫门,逮杀宦官,于是不论年龄长幼,凡是没有胡须的,一律被处斩,被杀的宦官达两千多人。

掌管"传国玺"的一名官员为了保护这件信物,悄悄将它扔进洛阳城南的一口深井中。

宦官势力被铲除,东汉一朝外戚、宦官轮流专权的局面至此结束,但东汉皇朝也走到了尽头。

豪强地主：田庄、部曲与徒附

地主土地所有制在战国时已经产生，不过，这时地主的土地主要是通过军功授田建立的，最典型的是商鞅在秦国变法推行的军功爵禄制度：杀敌一人，赐爵一级，赏田一顷、宅九亩。地主土地所有制的成熟形态，是通过土地买卖实现的。战国时期，土地买卖的记载，传世文献仅见到两条。一条见于《韩非子·外储说左上》，另一条见于《史记·廉颇蔺相如列传》。后一条最为典型，这条记载说，秦、赵对峙于长平，赵孝成王中秦反间计，任命只会纸上谈兵的赵括为将，取代廉颇，赵括的母亲上书赵孝成王，说大王赏赐的金钱，赵括都买了田宅了。此事发生在赵孝成王六年（前260）。军功授田虽然造就了一大批军功地主，但这种方式有赐有夺，是难以真正确立起地主土地所有制的。地主土地所有制的确立，必须借助广泛的土地自由买卖。

1983 年12 月，湖北江陵县（今荆州市荆州区）西南一点五公里处的江陵砖瓦场，荆州博物馆等单位发掘了一座土坑木椁汉墓，编号为"张家山二四七号汉墓"。墓主生前是一位低级官吏。墓中出土了一千二百三十六枚竹简（不含残片），分为八种①，其中之一是《二年律令》。《二年律令》写于第一枚简的背面，是二十七种律和一种令的总称。张家山二四七号汉墓竹简整理小组考证，这是吕雉二年（前186）颁布的法令。《二年律令·户律》："代户、贸卖田宅，乡部、田啬夫、吏留弗为定籍，盈一日，罚金各二两。"这是迄今所见最早关于土地买卖的立法条文。

随着土地私有制的确立，土地买卖与兼并便不可避免。董仲舒在一道奏章中说：

> （秦）用商鞅之法，改帝王之制，除井田，民得卖买。富者田连阡陌，贫者亡立锥之地。②

董氏所言"富者田连阡陌，贫者亡立锥之地"的局面，就是从汉初以后至武帝时的情况。

农民是赋税和徭役的主要承担者，大批农民失去土地，势必影响国家赋税和徭役的征发；失去土地的农民也往往铤而走险，扯旗造反。

为了抑制土地兼并，董仲舒提出了"限田"的建议，但未获实施。哀帝朝的大司马师丹又奏请"限田"，丞相孔光、大司空何武制订了一个具体方案，结果也成为一纸空文；王莽建立新朝，强力推行"王田令"，又以失败告终。

土地兼并的势头已不可扼制。

---

① 张家山二四七号汉墓竹简整理小组《张家山汉墓竹简（二四七号墓）》，文物出版社 2001 年版。

② 《汉书·食货志上》。

东汉建武十五年(39),光武帝刘秀诏令"度田",清丈核实土地。朝廷与地方官员大多都是豪强地主,他们当然不愿如实丈量土地。度田的官吏徇私舞弊,隐瞒豪强地主的土地;对农民,则连他们的住宅村落都丈量在内,引起他们的愤恨。一次,刘秀见陈留吏牍上写着"颍川、弘农可问,河南、南阳不可问",不知何意,时为东海公、十二岁的刘庄一语道破:"河南帝城,多近臣,南阳帝乡,多近亲,田宅逾制,不可为准。"①刘秀虽惩治了一批度田不实的官吏,度田却不了了之。

于是,地主的势力不可遏制地发展起来。

地主在自己的土地上建立田庄,田庄里种植着五谷、蔬菜、药材、林木、果树,饲养着各种家畜,制造农具,养蚕、缲丝、制絮、纺织、染色、制衣,还制作各种副食品,各类生产、生活资料基本上都可以自给自足。

田庄建有坞堡,四周有高墙、深壕围绕,设有警楼,"部曲"——豪强地主拥有的私人武装,为他们看家护院。

田庄里的劳动者,主要是宗族、宾客、徒附和奴婢。宗族是与豪强地主同宗的普通族人。宾客本是达官贵人、豪家大族的门客,及至东汉,他们当中的少数人仍为主人座上的清客或幕僚,多数宾客都要从事生产劳动。徒附即农奴,是田庄里的主要劳动者。田庄里还有很多奴婢。宗族、宾客的地位略高,徒附和奴婢的身份最低。他们依附于豪强地主,豪强地主通过各种关系笼络他们。每当社会动荡,豪强地主就率领他的宗族、宾客、徒附、奴婢,或深沟高垒以自卫,或率众择地以避乱,或聚众起兵争雄天下。

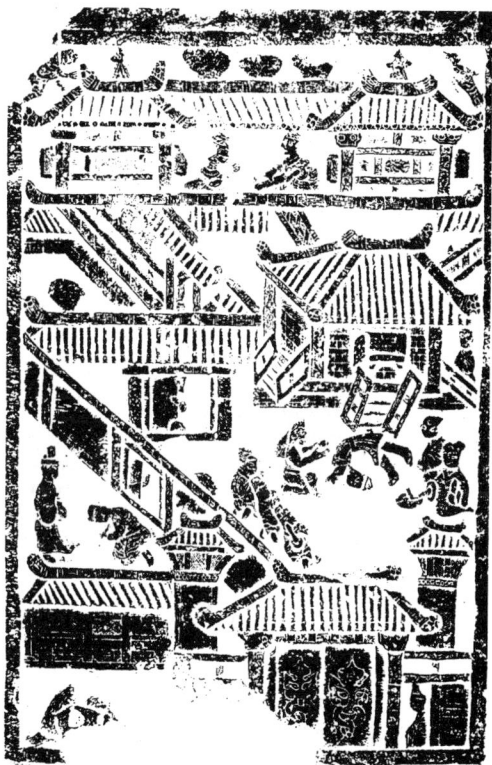

地主的深宅大院(山东曲阜汉画像墓石刻拓片)

---

① 《后汉书·刘隆传》。

孝子：生不养，死厚葬

汉代以孝治天下。自惠帝起，选举"孝悌"，当选者免除徭役，厚加赏赐，以为民之表率。元光元年（前134），汉武帝设置"孝廉"一科，每年各郡国分别举孝子一人、察廉吏一人。此后，"孝廉"成为官吏进身之正途。从元光元年到延康元年（220），两汉共察举孝廉七万四千余人①。

入东汉，孝子更受推崇。

署名"延平龙溪郭居敬撰"的《二十四孝》，辑录了"孝感动天"的二十二位孝子和两位孝女的故事。龙溪今属福建，郭居敬是元代人，他的《二十四孝》在选人上很慎重，不仅事件突出，且历史上大都有定论。《二十四孝》中，两人为东汉时人。

一是"行佣供母"的江革。

> 负母逃危难，穷途贼犯频。
>
> 哀求俱获免，佣力以供亲。

江革行佣供母图

---

① 黄留珠《秦汉仕进制度》，西北大学出版社1998年版，第106—141页。

郭居敬这几句诗,歌颂的是一个真实的历史人物——江革,《后汉书》卷三十九有他的传记。

江革字次翁,临淄人。少年丧父,与母亲相依为命。时值两汉之际,天下大乱,江革背着母亲四处逃难,采拾野菜野果供养母亲,历尽艰辛。在逃难路上,江革常被拉壮丁。每当此时,他便声泪俱下,说他走了,老母咋活?就连那些打家劫舍的强盗,也被他的真情所感动,每每放过他,甚或给他指路,如何逃避兵燹。逃到下邳(今江苏睢宁西北)以后,江革替人做佣工,奉养老母。他自己蓬头垢面,衣不遮体,但不让老母挨饿受冻。刘秀逐灭群雄,建立东汉。天下太平以后,江革和母亲返回老家。当时,朝廷每年都要核实一次户口,百姓要到指定地点去接受审核。江革担心老母受不了路途颠簸之苦,总是找一辆牛车,让老母坐好,自己驾车,徐徐慢行。江革成为远近闻名的大孝子,人称"江巨孝"。

母亲寿终正寝,江革悲痛万分,在母亲墓旁搭了个窝铺,守墓三年之后,仍不肯释服,齐国国相派手下官员劝他节哀,并请他为吏。汉明帝永平(58—75)初年,齐国推举江革孝廉,选为郎官,出为楚国太仆。月余,辞职。楚王刘英派官属驰追,终不肯还;刘英又派人赠送礼物,他也坚辞不受。

汉章帝即位,太尉牟融举江革贤良方正,迁司空长史,再迁五官中郎将。章帝对江革礼敬有加,每逢朝会,章帝都派侍卫扶侍江革;江革拜谒,章帝总是很尊敬地注视着他。江革有疾,章帝辄派侍者赐膳,恩宠异常。京师贵戚如卫尉马廖、侍中窦宪等人,皆仰慕江革为人,奉书致礼,江革不收礼物,也不回信。章帝听说后,更加尊敬江革。江革年老,上书辞职,章帝拜他为谏议大夫,准他告老还乡。

元和三年(86),章帝下诏,询问江革饮食起居,称他为"巨孝",命令齐相每年八月派人慰问江革。从此,"巨孝"之称,天下皆知。江革寿终正寝,章帝又下诏,赐谷千斛。

二是"卖身葬父"的董永。

董永,东汉千乘(今山东博兴)人。母亲早逝,董永替人种地锄草,奉养老父。他下田劳动,老父在家无人照顾,他就用车推着老父到田间地头。父亲寿终正寝,家中一贫如洗,董永便卖身为奴,换来一笔钱,安葬了老父。董永

董永孝父图(山东嘉祥武氏祠石刻)

"卖身葬父"的故事不断被加工、演义,最终演化成民间故事《天仙配》,在众多孝子贤孙中,董永终于成为最著名的孝子。

但是,东汉社会的孝,也走入歧途:生不养,死厚葬。

画像石墓就是一个典型例证。

画像石墓是石结构或砖石混合结构的墓葬,在墓门、墓壁等处雕刻各种图像。画像石墓耗资巨大,例如在山东沂南县界湖镇北寨村发现的六座东汉时期的画像石墓,其中的一号墓,坐北朝南,分前、中、后三个主室,还有东侧室三间、西侧室两间、后侧室一间,各室有门相通;三个主室由八角擎天柱、斗拱、过梁、侧板等分隔为东、西两间;后侧室中有一厕所。墓室占地面积八十八点二平方米。在门楣、四壁、立柱、斗拱、过梁、室顶等处,雕刻丰收饮宴、乐舞百戏、车马出行、祭祀仪式等画像石刻四十二块,画像七十三幅,画像总面积四十四点二二七平方米。整个建筑布局合理,结构严谨,雕刻精美,气势恢宏。

山东沂南北寨汉画像一号墓墓门

除了画像石墓外,还有其他类型的墓葬。

厚葬是东汉人展示其孝行的重要方式。

沽名钓誉的方式不限于厚葬,让财也是其中之一。

阳羡(今江苏宜兴西南)人许武,以孝著称,郡举孝廉。许武的两个弟弟许晏、许普没有功名,许武精心设计了一个"孝行方案":兄弟分家,财产一分为三,许武多占良田美宅,两个弟弟毫无怨言,邻里无不称颂,乡举里选,也获得了功名。后,许武大会宗亲,将全部

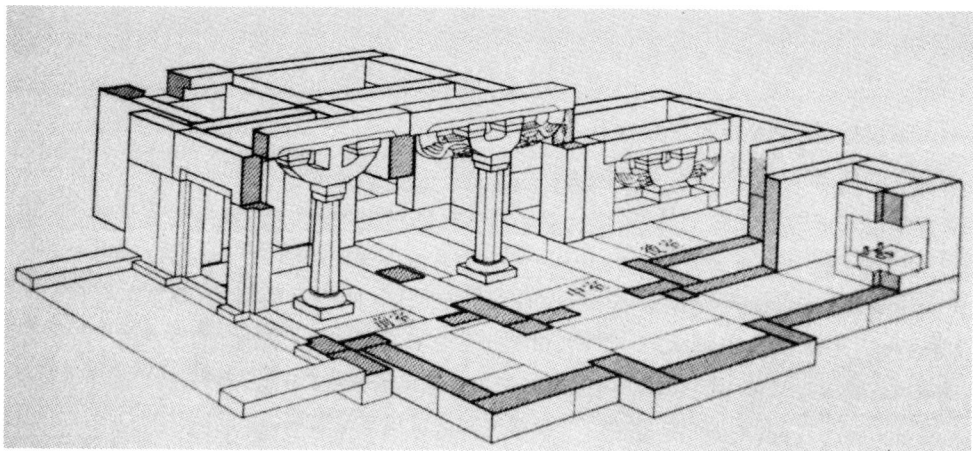

山东沂南北寨汉画像一号墓透视图

财产分给两个弟弟，博取了更大的名声，后官至长乐少府。

守丧也是获取孝名的方式之一。

按礼，父母死，儿子要守丧三年，期间不能饮酒、歌舞、近色。更进一步，则在墓旁搭一茅庐，栖身其中。乐安（今山东博兴东北）人赵宣，父母死，他住在墓道二十多年，乡邻称赞不已，州郡也多次礼请。有人将他推荐给太守陈蕃，陈蕃接见赵宣，赵宣兴奋之余说漏了嘴：二十年间，他生了五个孩子。

桓帝、灵帝之时，社会上流传一首民谣：

举秀才，不知书。举孝廉，父别居。

寒素清白浊如泥，高第良将怯如蝇。①

---

① 《太平御览》卷 496《人事部》引《抱朴子》。

儒学:章句与谶纬

入东汉后,儒学教育臻于鼎盛。

东汉的儒学教育分官学、私学两类。

官学已形成较为完备的体系,中央置"太学",郡国设"学",县设"校",乡有"庠",聚有"序"。"太学"属于高等教育,"学"与"校"为中等教育,"庠"、"序"乃初等教育。

东汉明帝亲临太学讲经图

建武三年(27),光武帝刘秀诏令在洛阳修建太学。明帝本人曾亲临太学讲经,据史载围听者以"亿万"计[1]。顺帝增修太学,新建二百四十栋、一千八百五十间房屋。最盛时,太学生多达三万余人。在中国历史上,他们第一次作为政治势力参与了反对外戚、宦官专权的斗争。

通常情况下,私学的形式为儒学家居家教授,学生慕名而至。东汉出现了研习经书的专门场所——"精舍"或曰"精庐"。如山阳瑕丘(今山东兖州东北)人檀敷,设立"精庐"教授。琅邪姑幕(今山东诸城西北)人徐子盛,也于家乡设立"精庐",教授《春秋》。这种"精

---

① 《后汉书·儒林列传上》。

庐"，已带有书院性质。入"精庐"研习经书者，需交纳一定数目的食宿费等，于是有的人扛着粮食入"精庐"求学；还有的人则以生活服务为条件入"精庐"学习。如琅邪姑幕人承宫，少孤，年八岁便为人牧豕。牧豕路上，经常路过乡人徐子盛的"精庐"，流连忘返，请留门下，以为学徒拾薪为条件，随堂听课，勤学不倦。

无论官学还是私学，都空前繁荣。正如范晔所说：

> 自光武中年以后，干戈稍戢，专事经学，自是其风世笃焉。其服儒衣，称先王，游庠序，聚横塾者，盖布之于邦域矣。若乃经生所处，不远万里之路，精庐暂建，赢粮动有千百，其著名高义开门受徒者，编牒不下万人，皆专相传祖，莫或讹杂。①

东汉最杰出的儒学家是郑玄。

郑玄字康成，北海高密（今属山东）人。少家贫，聪慧好学，号为"神童"。二十余岁离家游学，师从第五元先、张恭祖、马融等经学大家。马融，扶风人，是典型的官僚地主兼经学大师，平素娇贵，傲气十足。他有门徒四百余人，其中只有五十多人有资格升堂听讲，其他三百多弟子都由高材生授业。郑玄在马融门下三年，不得见，仅能从马融的高业弟子受业。郑玄日夜诵读，未尝怠倦。一次，马融召集诸生考论图纬，都不能解答，闻郑玄善算，乃召见于楼上，郑玄一算便决，众皆骇服。从此，郑玄得以接触马融，向马融质疑问难，问毕辞归，马融喟然对门人说："郑生今去，吾道东矣。"②

郑玄画像（现藏台北故宫博物院）

郑玄居乡教授，潜心著述，遍注群经，成为两汉经学集大成者。

东汉儒学繁荣，但儒学发展却走入歧途：热衷于解释经书的微言大义，章句繁多，或至百余万言。另一方面，经学又杂糅谶纬。谶是隐语、预言，纬是用诡秘的语言解释经书。繁多的章句与神秘的谶纬，致使经学荒诞不经。

---

① 《后汉书·儒林列传下》。
② 《后汉书·郑玄传》。

科学家：蔡伦、张衡、张仲景与华佗

在幼主临朝、外戚宦官专权、豪强地主兼并土地的黑暗时期，科学技术依然有新的突破。

这个时期在科学技术上最重大的发明，首推造纸术。这是中国、也是世界文明史上一桩值得大书特书的伟大发明。

文字被公认为文明的要素之一，文字的载体，最初是陶器、石器等。在中国，从夏、商开始，在龟甲、兽骨、铜器、竹简、木牍、缣帛等物品上写字，竹简、木牍、缣帛以取材、使用较为方便而逐渐占据主流。但是，竹简、木牍上写字也不是件容易的事，一枚竹简、一片木牍，写不了几个字，一篇诗赋、一道奏章，需要大批简牍。当年，东方朔第一次去长安给汉武帝上书，用了整整三千片木牍，需两个人才能抬动。缣帛轻便，但价格昂贵。这种"简重而缣贵"，极大地限制了文化的传播和发展，人们开始寻求新的书写材料，于是纸被发明了。

蔡侯祠(位于湖南耒阳市蔡侯路的蔡子池畔)

1934年，"中国西北科学考察团"的黄文弼在新疆罗布淖尔一座烽燧遗址中，发现了一片四十平方厘米大小的残纸。由于同时同地又发现了汉宣帝黄龙元年(前49)的木简，考古学家认为这片残纸应是西汉遗物。自此之后，西汉和东汉初年的古纸屡有发现，其中年代最早的实物，是1957年在陕西西安灞桥一座汉墓中出土的数十片碎纸，最大碎片长、宽各约十厘米，厚零点一四毫米。该墓年代不晚于汉武帝元狩五年(前118)。有人据此认为，汉武帝时期就已经发明了纸。但是，对"灞桥纸"，学术界还有不同意见①。汉武帝时期是否已发明纸，还有待于今后的考古发现。

习惯上，人们把纸的发明归功于蔡伦，中国造纸业一直奉蔡伦为祖师。蔡伦，字敬仲，桂阳(郡治郴县，今湖南郴州)人。汉明帝时入宫做了宦官，到汉和帝坐天下时，官至中常

---

① 参见陈淳《"西汉纸"公案及其他》，《中国文物报》1999年5月19日第3版；罗西章《西汉有无纸，事实可说话》，《中国文物报》2002年6月26日第2版；陈淳《"西汉纸"的质疑》，《中国文物报》2002年7月17日第2版；吴礽骧《关于"西汉纸"的几点看法》，《中国文物报》2002年10月25日第7版。

侍。后兼任尚方令，主管皇帝御用器物的制作。蔡伦才学过人，他用树皮、麻头、破布、旧渔网等为原料，造出了一种纸。元兴元年(105)，蔡伦将他的发明奏报和帝，受到和帝的赞誉。后来，蔡伦被封为龙亭侯，人们把他发明的纸称为"蔡侯纸"。

纸虽然不是蔡伦最早发明的，但他在纸的发展史上的确占有重要地位：他扩大了造纸的原料，改进了造纸工艺。

张衡在天文学上有突出的贡献。

张衡字平子，南阳西鄂(今河南南阳)人。汉安帝元初四年(117)，他制造了一座用水力运转的浑天仪。这是一个可以转动的空心铜球，上面刻有二十八宿和其他一些恒星的位置，球体内有一根铁轴穿过球心，轴的两端象征北极和南极，每天有规律的旋转一周，球面上星宿出没和移动的情况，同真正的天象完全符合。在汉顺帝永建七年(132)，张衡又制造了测定地震方位的仪器——地动仪。地动仪是用精铜制造的，圆径八尺，形似酒樽，中间有一根都柱(即震摆)，都柱周围伸出八根横杆，分别与八个龙头相接，每个龙嘴含有一枚铜丸，每个龙头下面蹲着一个张口铜蛤蟆，承接铜丸。当地震发生，都柱就会倒向地震方向，触动龙头内的机关，龙头张口吐下铜丸，落入蛤蟆口中并发出响声，报知这个方向发生了地震。据历史记载，它曾准确测定了顺帝永和三年(138)发生在陇西(郡治狄道，今甘肃临洮)的一次地震。张衡发明的地动仪，是世界上最早的测定地震方位的仪器，比欧洲出现的第一台地动仪要早一千七百多年。

在医学上，出现了张仲景、华佗两位名医。

张仲景名机，河南南阳人。著有《伤寒杂病论》，对病理、诊断、治疗和用药等都有详细的论述。书中按病人的症候定出药方，共三百九十七法一百一十三方，其中解热、泻下、利尿、催吐、镇静、兴奋等，都已被现代医学证明无误。张仲景还提出了一整套治疗的理论和

华佗画像(现藏台北故宫博物院)

方法,包括汗、吐、下、和、温、清、补、消所谓八法,奠定了中医治疗学的基础,被后世中医奉为"医圣"。

华佗字元化,沛国谯(今安徽亳县)人。他精通内科、外科、妇产科、小儿科和针灸科,尤其擅长外科和针灸科。他医术高超,并发明了一种名叫"麻沸散"的麻醉剂,在病人手术前先让病人用酒饮下,即失去知觉,然后动刀,从而减轻了病人许多痛苦。华佗是世界上最早采用全身麻醉方法的医生。华佗也很重视锻炼身体,教人做"五禽戏",即模仿虎、鹿、熊、猿、鸟的动作,以增强体质,预防疾病。

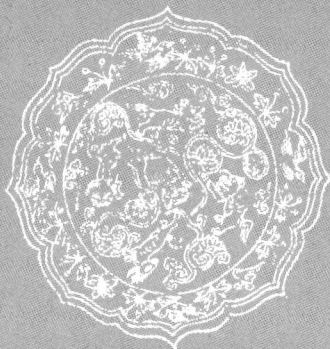

十二　州郡牧守:东汉皇朝的终结者

　　在外戚、宦官轮流专权的局面下,东汉朝政腐败,社会黑暗。有识之士通过各种方式,试图挽救危亡,但皆以失败告终。

　　东汉皇朝的覆灭不可避免。

　　张角,"太平道"教主,他领导的"黄巾军"起义,敲响了东汉灭亡的丧钟。但最终埋葬皇朝的却是东汉皇朝的那些地方大员——州郡牧守。

黄天当立："太平道"与黄巾大起义

　　外戚、宦官弄权，灵帝荒淫无道，官僚地主贪残，终于引发了一场轰轰烈烈的农民大起义。

　　这场起义的组织者和领导人是张角，巨鹿（今河北平乡西南）人。他的家世不可考，是以教主的身份出现在劳苦大众面前的。他创立了一个教派，名曰"太平道"。

　　从流传至今的文献资料来看，道教的发端应自汉成帝始。

　　成帝一朝，西汉皇朝走向腐败、黑暗，农民不堪于命，揭竿而起。此时，社会上出现了一部十二卷本的《天官历包元太平经》①，因书中宣言汉家"再受命"的谶言，其作者、齐地方士甘忠可被捕入狱，死于狱中。甘忠可的弟子夏贺良又向汉哀帝宣传其老师的说教，后来也被治罪，其书被秘藏于国家图书馆——兰台。一百多年后，琅邪

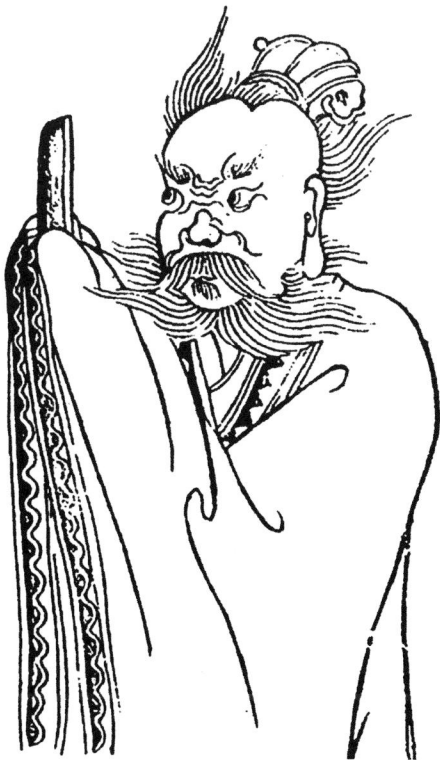

张陵画像（选自清同治十一年刻本《锡山张氏家谱》）

人宫崇向汉顺帝进献了一部《太平清领书》，据说此乃宫崇的老师于吉在曲阳（今江苏沭阳东南）泉水边所得的一部神书，凡一百七十卷，《后汉书·襄楷传》概括此书的内容说："其言以阴阳五行为家，而多巫觋杂语。"襄楷等人奏劾此书妖妄不经，于是顺帝下令秘藏不宣。《太平清领书》继承了《包元太平经》的某些内容。唐人李贤注《后汉书·襄楷传》，说《太平清领书》即《太平经》，《道藏》中收录的《太平经》、《太平经抄》，即《太平清领书》的原本和节本的残存。《太平经》是道教早期的经典著作。

　　当张角的"太平道"在东部地区传播之时，西南地区也出现了一个道教的派别，此即"五斗米道"。"五斗米道"的创始人为丰县（今江苏丰县）人张陵。张陵又称张道陵，曾在

----

　　①　该书系一书，还是分为《天官历》、《包元太平经》两部书，学术界看法不一，一般认为应是一部书。

蜀郡鹤鸣山(今四川大邑西北)学道,著书立说,自称"太清元元"。因入教者需交米五斗,故称"五斗米道"。"五斗米道"与"太平道"名称有别,但性质相类。《三国志·魏书·张鲁传》说,"五斗米道"的教义、教规等,基本与张角"太平道"相似。但是,"太平道"与"五斗米道",又是道教早期各自独立的两个地方教派。

张角向人民揭露统治者的贪婪、虚伪,主张平等、平均、自食其力,反对压迫、不劳而食。他用符水给人们治病,向他们灌输反抗思想,鼓动他们起来造反。经过十几年的努力,串联了青、徐、幽、冀、扬、荆、兖、豫八州三十多万人。他把教众分为三十六方,大方一万余人,小方六七千人,设渠帅领导。

张角选定中平元年(184)即甲子年的三月五日起义,他向徒众宣言:"苍天已死,黄天当立,岁在甲子,天下大吉。"①派人在京师洛阳及州郡的府门上书写"甲子"两字,作为进攻的目标。荆、扬方面的渠帅马元义往来洛阳,探听虚实,还收买了宦官封谞、徐奉做内应。

不料,离预定起义时间一个月,起义队伍内部出了一个叛徒——唐周,他向官府告了密。结果马元义被捉住车裂,宫廷卫士和被指控为张角教徒的人,也死了一千多人。

张角得到事变的消息,马上派人驰告各方起义,数十万劳苦大众揭竿而起,他们头裹黄巾,故称"黄巾军"。张角自称"天公将军",他的弟弟张宝称"地公将军",张梁称"人公将军",兄弟三人是黄巾军的最高统帅。起义军的主力集中在冀州(州治信都,今河北冀州)、颍川(郡治阳翟,今河南禹州)、南阳(郡治宛县,今河南南阳)三个地区,分别由张角兄弟、波才及张曼成领导,矛头直指京师——洛阳。

消息传到洛阳,举朝震恐。江山不稳,灵帝也顾不上跑驴玩狗了,慌忙召开御前会议,研究对策。文官武将大都主张武力剿灭,惟有那位曾劝谏灵帝不要搞私产的吕强,建议释放"党人",笼络人心,灵帝采纳了这个建议。又有郎中张钧主张诛杀宦官,以谢天下,则可不动干戈,而大乱自平。灵帝听罢,斥为狂人。这位以宦官为衣食父母的天子,虽然对某些宦官与张角私通而感到愤慨,但他认为宦官中还有好人,结果忠心耿耿的张钧被宦官加上一个莫须有的罪名杀害了。

灵帝任命皇后同父异母的哥哥何进为大将军,督率大军驻守洛阳周围的八个要塞,保卫京师;任命皇甫嵩、朱儁为左、右中郎将,率帝国军队的主力进剿对洛阳威胁最大的颍川黄巾军;遣北中郎将卢植率军进剿冀州黄巾军。

朱儁带领的官军进至颍川境内,便遭到波才指挥的黄巾军的迎头痛击,朱儁狼狈而逃。波才又挥师迎战皇甫嵩部,把他们围困在长社(今河南长葛)。但是,义军毕竟是一群没有经过战争训练的农民,缺乏作战经验,他们以草扎营。皇甫嵩乘风纵火,火烧义军营

---

① 《后汉书·皇甫嵩传》。

寨，骑都尉曹操也带来一支官军助战，败将朱儁重整旗鼓，杀了回来，颍川黄巾军战败。

　　张角兄弟指挥的冀州黄巾军大败卢植，汉灵帝一气之下撤掉卢植，改派东中郎将董卓去冀州前线指挥作战。谁知，董卓也不是张角兄弟的对手，被杀得溃不成军。这时，灵帝接到颍川方面的捷报，他给皇甫嵩、朱儁等人加官晋爵，命令皇甫嵩火速北上，进击张角；令朱儁进剿南阳张曼成部。在这关键时刻，张角病亡，张宝、张梁指挥义军英勇奋战，最后失利，南阳黄巾军也败于朱儁之手。

　　听说"黄巾贼"被剿灭，灵帝大为亢奋，改元"中平"。他一面封赏

朱儁画像(选自清光绪《萧山翔凤朱氏宗谱》)

将士，一面对起义群众进行血腥报复，每郡被杀的黎民都有数千人。

　　洛阳皇宫，当朝天子汉灵帝惊喜不已，赏有功，改年号，大加庆贺。

　　他高兴得太早了。此后历史的发展已经证明，黄巾军大起义已敲响了东汉皇朝的丧钟。

董卓专权与军阀混战

中平五年(188),为了镇压黄巾军余部,加强对地方的控制,灵帝诏置州牧,选派宗室或中央大员为之。从此,州由监察区演变为地方最高行政区划,州牧、刺史与郡守拥有领兵治民之权。

董卓行凶图

第二年,灵帝寿终正寝,刘辩嗣位。四个月后,并州牧董卓的军队开进了洛阳,废少帝,立献帝,威福自断。

初平元年(190),十几个将军、州牧、郡守共推袁绍为盟主,联兵讨伐董卓。当时,联名拥戴袁绍的有:后将军袁术、冀州(今河北高邑东南)牧韩馥、豫州(州治谯县,今安徽亳县)刺史孔伷、兖州(州治昌邑,今山东金乡西北)刺史刘岱、陈留(郡治陈留,今河南开封东南)太守张邈、广陵(郡治广陵,今江苏扬州西北)太守张超、河内(郡治怀县,今河南武陟西南)太守王匡、山阳(郡治东缗,今山东金乡)太守袁遗、东郡(郡治濮阳,今河南濮阳西南)太守桥瑁、济北(国治卢县,今山东长清东南)相鲍信,茫茫禹迹,从此陷入军阀混战的局面。

在军阀混战中,曹操、刘备、孙权三支势力迅速崛起。

曹操字孟德,沛国谯县(今安徽亳县)人。根据传世文献记载,曹操的祖父曹腾,为历仕安、顺、质、桓四帝的大宦官。曹腾的养子曹嵩,或说是夏侯氏之子,官至司隶校尉、大司农,又花一亿万钱,买了个太尉官位,曹嵩就是曹操之父。名士许劭给曹操的评语是:"治世之能臣,乱世之奸雄。"[①]日后的事实证明,这个评语入木三分。曹操从二十岁起入仕,以骑都尉的身份镇压黄巾军,升任济南(国治历城,今山东济南历城)相,征为典军校尉。袁绍主盟讨伐董卓,曹操回乡纠集五千余人参战,从此步入军阀混战的征途。初平三年,曹操打败青州黄巾军,收编了黄巾军三十余万,号为"青州兵"。建安元年(196),曹操迎汉献

---

① 《三国志·魏书·武帝纪》裴松之注引孙盛《异同杂语》。

帝都于许昌（今河南许昌东），挟天子以令诸侯。建安五年，曹操在官渡之战中大败袁绍。到建安十二年，曹操基本上统一了北方地区，拥兵百万，成为最强大的军阀割据势力。

刘备字玄德，涿郡涿县（今河北涿州）人，中山靖王刘胜之后。刘胜之子刘贞被封为陆城亭侯，封邑在涿县。元鼎五年（前112）九月，武帝借口列侯进贡的酎金成色不纯，夺爵一百零六人，刘贞是其中之一。失去侯爵的刘贞一支从此成为涿县人。刘备的父亲刘弘早逝，家道沦落，刘备与母亲贩鞋织席为生。刘备之性格颇有乃祖刘邦之遗风：

> 先主不甚乐读书，喜狗马、音乐、美衣服。身长七尺五寸，垂手下膝，顾自见其耳。少语言，善下人，喜怒不形于色。好交结豪侠，年少争附之。[①]

刘备进位汉中王图

刘备结交的豪侠有大商人张世平、苏双等，他们资助了刘备若干钱财。刘备凭借这些钱财，纠合关羽、张飞等人组成一支武装力量，参与军阀混战。但由于势力单薄，寄人篱下，先后依附于公孙瓒、曹操，后又投靠袁绍。官渡之战后，曹操亲率大军进击刘备，刘备逃奔襄阳投靠刘表。刘表厚礼相待，但并不重用他，拨给他一支人马，让他屯驻新野（今属河南），看守荆州的北大门。刘备急于摆脱这种寄人篱下的困境，但身边缺少一个有谋略的辅佐，听说人号"水镜"的司马徽很有才学，便去拜访。司马徽自忖难担大任，便推荐了诸葛亮。

诸葛亮字孔明，琅邪阳都（今山东沂南）人，生于汉灵帝光和四年（181）。诸葛亮三岁那年，母亲去世；八岁那年，父亲诸葛珪又撒手人寰。十三岁那年，叔父诸葛玄被袁术任命为豫章（郡治南昌，今属江西）太守，诸葛亮随叔父离开阳都故乡，前往豫章。诸葛玄刚上任，朝廷又任命朱皓为豫章太守，诸葛玄被迫投奔荆州牧刘表。十七岁那年，诸葛玄病逝，诸葛亮迁入隆中隐居，栖身草庐，躬耕陇亩。种田之余，多半在草房中掩门读书。他最喜欢读法家学派的《申子》、《韩非子》等书，累了便盘足抚琴，吟诵《梁父吟》等诗篇。有时他也出门访友，最常去的是庞德公家，司马徽家也是他爱去的地方。他们谈古论今，评说时

---

① 《三国志·蜀书·先主传》。

局。当地的名士石广元、庞统、徐庶、崔州平等人也常去诸葛亮的小茅屋,纵论天下事。那庞统是庞德公的侄儿,谈吐不凡。诸葛亮的才干深得众人赞许,连庞德公也把他视为隐藏在隆中山林的一条卧龙,一旦腾飞,必将惊天动地。

三顾茅庐图

刘备三顾茅庐,诸葛亮被他的真诚所感动,在自己简陋的草屋里接待了他。四十七岁的刘备,虚心向小他整整二十岁的诸葛亮讨教。诸葛亮把多年来深思熟虑的谋取天下的战略端了出来:

自董卓已来,豪杰并起,跨州连郡者不可胜数。曹操比于袁绍,则名微而众寡,然操遂能克绍,以弱为强者,非惟天时,抑亦人谋也。今操已拥百万之众,挟天子而令诸侯,此诚不可与争锋。孙权据有江东,已历三世,国险而民附,贤能为之用,此可以为援而不可图也。荆州北据汉、沔,利尽南海,东连吴会,西通巴、蜀,此用武之国,而其主不能守,此殆天所以资将军,将军岂有意乎? 益州险塞,沃野千里,天府之土,高祖因之以成帝业。刘璋暗弱,张鲁在北,民殷国富而不知存恤,智能之士思得明君。将军既帝室之胄,信义著于四海,总揽英雄,思贤如渴,若跨有荆、益,保其岩阻,西和诸戎,南抚夷越,外结好孙权,内修政理;天下有变,则命一上将将荆州之军以向宛、洛,将军身率益州之众出于秦川,百姓孰敢不箪食壶浆以迎将军者乎?诚如是,则霸业可成,汉室可兴矣。[1]

诸葛亮出山辅佐刘备,对三国鼎立局面的形成,起了重要作用。

孙坚字文台,吴郡富春(今浙江富阳)人,据说他乃孙武之后。他以征伐反叛朝廷的农民起义、地方势力起家,以长沙(郡治临湘,今湖南长沙)太守的身份参加讨伐董卓的运动。在讨伐董卓的战事中,又被任命为破虏将军。他战死后,十七岁的长子孙策统帅父亲留给他的一千多名士卒,在周瑜、张昭等人辅佐下,进军江东。孙策多谋善战,军纪严明,士民呼为"孙郎",连战皆克,尽得江东之地。二十六岁那年,孙策遇刺身亡,弟孙权继承了他的事业。

---

① 《三国志·蜀书·诸葛亮传》。

赤壁之战：三国鼎立局面的形成

建安十三年(208)七月，刚统一了北部中国的曹操率二十余万大军南下，直逼襄阳。他虚张声势，宣称南进的是八十万人马。曹操的先头部队刚出发，刘表病死，他的小儿子刘琮承嗣荆州牧，曹操大军刚进抵荆州北大门新野，刘琮就投降了。

统兵驻屯樊城(今湖北襄樊)的刘备还蒙在鼓里，当曹军逼近樊城时，刘琮才让人告诉刘备，他已投降曹操了。刘备和诸葛亮大惊，带着人马匆匆南逃江陵(今属湖北)。一路上，跟随他们南逃的百姓很多，因而影响了行军的速度。刘备拨出一支人马，命关羽统领，乘船沿汉水而下，抢先占领江陵——那里有大量的粮草和军械。他与诸葛亮、张飞和来自常山真定(今河北正定)的虎将赵云及随行的百姓慢慢行进。曹操闻听刘备欲进据江陵，急令曹纯率五千精骑追击。在当阳(今湖北当阳东北)的长坂，追上刘备。一阵冲杀，刘备溃败，他命张飞断后，自己和诸葛亮等东逃汉水渡口——汉津，和关羽的水军会合，刘琦也带了人马前来接应，遂一同退往夏口(今湖北汉口)。不久，刘备移屯樊口(今湖北鄂城西北)。

曹操进占江陵，厉兵秣马，准备东下。

孙权被推到了殊死搏斗的风口浪尖上。

这正是诸葛亮所希望的。因为这样，孙刘联合抗曹才有可能。他请准刘备，亲去江东游说孙权。诸葛亮赶到柴桑(今江西九江西)，见到了孙权。孙权拥兵观望，对是否抗击曹操还在犹豫。诸葛亮分析了联兵抗曹的利害得失，孙权的疑虑被打消了大半，但对这样一件事关江东存亡的大事还是不敢贸然决断，就对诸葛亮说要同部下商量一下。

就在他与部下讨论时，曹操派人下战书来了。孙权把战书让官员们传阅，官员个个大惊失色。老臣张昭先气馁了，主张投降。谋士鲁肃见状，建议孙权把在鄱阳(今江西鄱阳东北)的周瑜召回商量。周瑜乃庐江舒县(今安徽庐江西南)人，是孙权兄长孙策的好友。孙策死后，他又辅佐孙权。周瑜一向主

诸葛亮舌战群儒图

张抗曹,回到柴桑后,痛斥投降派,力主抗曹。孙权终于下定决心,他拔刀砍去案几的一角,厉声说谁敢再提投降,有如这案几！众人不敢再言语了。孙权拨精兵三万,任命周瑜和老将程普分别为左、右都督,鲁肃为参军校尉,随诸葛亮前往樊口,与刘备会师。

曹丕篡汉图

诸葛亮终于完成了联合孙权的使命。

孙刘联军沿江北上,在赤壁(今湖北蒲圻西北,长江南岸)与曹军遭遇。刚一交战,曹军便失利,退守江北的乌林。曹军不服水土,许多人染上了可怕的瘟疫,因受不了风浪的颠簸,曹军用铁索把战舰串联起来。周瑜部将黄盖看准了这个弱点,把十只船装上干草,洒上油点燃,乘风冲向曹船。曹船燃起熊熊大火。孙刘联军趁机进攻,曹操见势不妙,带着残兵败将从华容道(今湖北监利东北)北撤。

赤壁一战,奠定了三国鼎立的局面。

建安二十五年,曹操病死,他的儿子曹丕废汉献帝自立,建国号为"魏",改元"黄初"。

苟延残喘的东汉皇朝至此寿终正寝。

曹丕登基的信物仍然是"传国玺"。孙坚驻军洛阳城南,一口井中旦旦有光,孙坚派人探井,发现"传国玺",如获至宝,密藏于妻子处。袁术获悉,拘孙妻,抢去玉玺。袁术称帝不久即死,荆州刺史徐璆得到"传国玺",献给汉献帝。献帝被迫退位,交出"传国玺"和"斩蛇剑"。

晋惠帝元康五年(295)冬十月,武库失火,斩蛇宝剑焚毁。

后唐末帝清泰三年(936),河东节度使石敬瑭与契丹联军进逼京师洛阳,闰十一月二十六日,末帝李从珂自焚,传国玺下落不明,传说与李从珂俱焚。

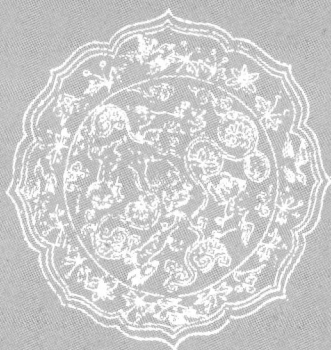

十三　中国皇朝兴亡的周期律

　　皇朝不断更替，一治一乱循环往复，且兴亡的表象基本相同，是古代中国政治史最突出的特征。人们把中国历史上皇朝"终而复始"的周期性更替，称之为中国皇朝兴亡的"周期律"或"周期率"。

　　汉家皇朝是中国历史上一个"典型覆亡"的皇朝，中国皇朝兴亡的周期律，在汉家皇朝有着充分的体现。

五千年文明史与六十七个皇朝

一般认为，公元前 3000—前 2000 年间，在黄河、长江等大河流域，构成文明的要素开始出现。但是，一个地区最终跨进文明社会的门槛，是以国家的出现为标志的。恩格斯说："国家是文明社会的概括。"[①]在这个历史时期内，出现了众多的部落方国，文献上有"万国"之称[②]。其中的夏逐渐兼并了一些部落方国，在中原地区建立了一个强大的政治实体。司马迁在《史记》中写有一篇《夏本纪》，从此以后，一般以夏朝为中国历史上第一个王朝。自夏迄清，先后出现了六十七个皇朝。这六十七个皇朝，或一姓家天下，或多国并立。

皇朝不断更替，一治一乱循环往复，且兴亡的表象基本相同，是古代中国政治史上最突出的特色。司马迁说："三王之道若循环，终而复始。"[③]这里的"三王"，指夏、商、周三代。人们把中国历史上皇朝"终而复始"的周期性更替，称之为中国皇朝兴亡的"周期律"或"周期率"。

事物在发展变化过程中，某些特征重复出现，其接连两次出现所经过的时间，称为"周期"。某种事物呈周期性的发展，就是"周期律"。也有人把中国皇朝的周期性更替，称之为"周期率"。"周期率"乃周期出现的概率；表示发生的可能性大小的量，叫作"概率"。因此，中国皇朝的周期性更替应称之为"周期律"。

"五德终始"，是最早的皇朝兴亡周期学说。

大约在战国后期，齐人邹衍提出了"五德终始"学说。他认为每个皇朝当土、木、金、火、水五德当中的一德：黄帝为土德，夏为木德，商为金德，周为火德，五德相胜相克，皇朝一代又一代地循环往复。关于"五德终始"的发明者，还有不同的看法。如钱穆先生说："《五德终始》之篇，其果为邹子当时创说，抑其徒所托，转属未定之疑问也。"[④]饶宗颐先生则认为，创说"五德终始"的是子思[⑤]。

但是，"五德终始"有一个很大的缺陷。这个缺陷被汉景帝发现。

清河王太傅辕固生者，齐人也。以治《诗》，孝景时为博士。与黄生争论景帝前。

黄生曰："汤武非受命，乃弑也。"

辕固生曰："不然。夫桀、纣虐乱，天下之心皆归汤、武，汤、武与天下之心而诛桀、

---

① 恩格斯《家庭、私有制和国家的起源》，《马克思恩格斯选集》第 4 卷，人民出版社 1972 年版，第 172 页。

② 《左传·哀公七年》："禹会诸侯于涂山，执玉帛者万国。"

③ 《史记·高祖本纪》"太史公曰"。

④ 钱穆《先秦诸子系年》，商务印书馆 2001 年版，第 512 页。

⑤ 饶宗颐《中国史学上之正统论》，上海远东出版社 1996 年版，第 10—16 页。

纣,桀、纣之民不为之使而归汤、武,汤、武不得已而立,非受命为何?"

黄生曰:"冠虽敝,必加于首;履虽新,必关于足。何者,上下之分也。今桀、纣虽失道,然君上也;汤、武虽圣,臣下也。夫主有失行,臣下不能正言匡过以尊天子,反因过而诛之,代立践南面,非弑而何也?"

辕固生曰:"必若所云,是高帝代秦即天子之位,非邪?"

于是景帝曰:"食肉不食马肝,不为不知味;言学者无言汤、武受命,不为愚。"

遂罢。

这位"黄生",是位姓黄的儒家,名字缺载。黄先生认为商汤伐夏桀、周武王伐商纣王皆非受命于天,乃以臣弑君。辕固是齐地著名的儒学大师,他认为夏桀、商纣王暴虐天下,天下归心于商汤、周武王,商汤伐夏桀、周武王伐商纣王乃替天行道。

但是,黄先生认为,帽子虽破,必须戴在头上;鞋子再新,只能穿在脚上。夏桀、商纣王虽然暴虐,但他们是君主;商汤、周武王虽然贤明,但他们是臣子。君主有过,为臣者不能谏正,反而讨伐,取而代之,非弑又当何说?

辕固急了,说果如你所云,那高祖代秦而立,难道错了?

更急的是汉景帝。黄生与辕固辩论之时,已是刘氏家天下了。黄生的理论可以稳定汉家皇朝的统治,防止臣子反叛,但他那一番言论不能为汉代秦提供理论依据;辕固所说,虽然为汉代秦提供了理论依据,但也为新的代立提供了口实。因此,他只能说不吃马肝不算不知肉味——传说马肝有毒,学者不谈论商汤、周武王受命,不算没学问。

司马迁说:"是后,学者莫敢明受命放杀者。"[1]人们再也不敢谈论这个问题了。

从深层揭示皇朝兴亡的周期问题,是进入 20 世纪、特别是皇朝时代终结以后。

光绪二十八年(1902),三十八岁的杭州人夏曾佑母丧丁忧,致力于中国古代史研究,撰著《最新中学中国历史教科书》,第一册于光绪三十年初版。这是中国第一部新体中国史。1933 年,商务印书馆将《最新中学中国历史教科书》列入大学丛书,改名为《中国古代史》。20 世纪中叶,齐思和先生置此书于中国"第一部有名的新式通史"之地位[2];21 世纪初,吴怀祺先生赞誉此书"是一部开风气的作品"[3]。夏曾佑提出了中国古代皇朝的兴亡"公例":

中国历史有一公例,大约太平之世,必在用兵之后四五十年,从此以后,隆盛约可

①　《史记·儒林列传》。

②　齐思和《近百年来中国史学的发展》,《燕京社会科学》第 2 卷,1949 年 10 月。

③　见吴怀祺为河北教育出版社出版的"二十世纪中国史学名著"夏曾佑《中国古代史》一书所作的《前言》,河北教育出版社 2000 年版,第 3 页。

及百年,百年之后,又有乱象,又酝酿数十年,遂至大乱,复成革命之局。汉、唐、宋、明,其例一也。而其间偶有参差者,皆具特别之原因,无无故也。①

美国学者爱德华·麦克诺尔·伯恩斯、菲利普·李·拉尔夫在其著作《世界文明史》中,也探讨了中国皇朝兴亡的周期律问题:

> 一般说来,一个朝代开国之初,都朝气蓬勃、治国有方,于是国泰民安,繁荣昌盛,人丁兴旺。一旦朝廷和它的官员们变得利欲熏心、贪污腐化,对国家的问题熟视无睹,只知横征暴敛,那么,内乱就随之而起,常常还有外敌入侵来火上浇油。如果这个皇朝面对危机力尽智穷,它就会在血泊中被推翻;而一个新的铁腕人物就会夺取大权,收拾残局,以一个新的皇朝的名义开始重蹈覆辙。②

1945 年 7 月 4 日下午,在延安的一孔窑洞里,黄炎培向毛泽东谈了"周期率"的问题:

> 我生六十多年,耳闻的不说,所亲眼看到的,真所谓"其兴也勃焉,其亡也忽焉",一人,一家,一团体,一地方,乃至一国,不少单位都没有能跳出这周期率的支配力。大凡初时聚精会神,没有一事不用心,没有一人不卖力,也许那时艰难困苦,只有从万死中觅取一生。既而环境渐渐好转了,精神也渐渐放下了。有的因为历时长久,自然地惰性发作,由少数演为多数,到风气养成,虽有大力,无法扭转,并且无法补救。也有为了区域一步步扩大了,它的扩大,有的出于自然发展,有的为功业欲所驱使,强求发展,到干部人才渐见竭蹶、艰于应付的时候,环境倒越加复杂起来了,控制力不免趋于薄弱了。一部历史,"政怠宦成"的也有,"人亡政息"的也有,"求荣取辱"的也有,总之没有能跳出这周期率。③

自黄炎培以后,人们屡屡道及中国皇朝兴亡的"周期率",并对此问题进行了更为深入的探讨④。

---

①　夏曾佑《中国古代史》,三联书店 1955 年版,第 273 页。

②　[美]爱德华·麦克诺尔·伯恩斯、菲利普·李·拉尔夫著,罗经国等译《世界文明史》,商务印书馆 1995 年版,第 353—354 页。

③　黄炎培《延安归来》,载《八十年来》,文史资料出版社 1982 年版,第 148—149 页。

④　参见王子今《中国古代王朝盛衰兴亡的周期率》,《理论学刊》2002 年第 1 期;劳干《中国历史的周期及中国历史的分期问题》,载《古代中国的历史与文化》(上),中华书局 2006 年版,第 3—17 页;宁可《中国皇朝兴亡周期率》,载国家图书馆编《部级领导干部历史文化讲座》,北京图书馆出版社 2007 年版,第 154—168 页;齐涛、马新《皇朝周期率与传统政治的悖论》,载《安作璋先生史学研究六十周年纪念文集》,齐鲁书社 2007 年版,第 676—684 页;李治亭《论边疆问题与历代皇朝的兴衰》,《东北史地》2009 年第 6 期。

皇朝兴亡的"三步曲"

一个皇朝一般都经历了兴亡"三步曲":皇朝建立,励精图治,经济发展,社会稳定,步入盛世——君主怠政享乐,官吏贪污腐败,官府横征暴敛,民不聊生,皇朝衰落——农民揭竿而起,推翻皇朝;或权臣篡位,江山易主。

从西汉、唐朝和清朝的情况来看,自皇朝建立到步入盛世,需要约五十至一百年的时间。

公元前206年,刘邦被项羽封为汉王,汉代以此为汉家皇朝的开端。实际上,刘邦是公元前202年登基称帝的。而西汉的盛世到武帝建元六年(前135)前后出现,西汉从建国到盛世出现历时近七十年。

唐朝的盛世是从唐玄宗开元十三年(725)开始的①。杜甫《忆昔》诗云:"忆昔开元全盛日,小邑犹藏万家室。稻米流脂粟米白,公私仓廪俱丰实。"杜甫生于712年,第二年唐玄宗改元"开元"。开元年间的盛世气象,他亲历过,诗中所咏不虚。明末清初的王夫之比较了历代盛世之后说:"开元之盛,汉、宋莫及矣。"②从618年李渊称帝,到开元盛世的出现,中经一百多年。

天聪十年(1636)四月十一日,爱新觉罗皇太极称帝,改国号为"大清"。顺治元年(1644)八月二十日,爱新觉罗福临从盛京(今辽宁沈阳)起驾,迁都北京。从康熙二十三年(1684)到嘉庆四年(1799),是清朝的盛世,史称"康乾盛世"。如果从皇太极称帝、改国号为"大清"算起,清朝历时近五十年步入盛世。

盛世的主要表现是:人口增多,耕地增加,经济繁荣,文化兴盛,社会稳定,国力强盛等。如郭成康等《康乾盛世历史报告》例举的"康乾盛世"六大表现③:

①国家大一统局面的实现;

②人口突破三亿,达到历史上的最高峰值;

③经济发展,城镇繁荣,在世界经济格局中,中国经济总量长期处于领先地位;

④国家财政储备雄厚,盛世巅峰期户部库银所存白银常年在六七千万两上下;

⑤《四库全书》等著名的大型文化工程完成;

⑥康雍乾时期的中国,不仅在周边各国而且在整个世界,都具有很高的地位和美好的形象。

---

① 参见许道勋、赵克尧《唐玄宗传》,人民出版社1993年版,第284—299页。

② 王夫之《读通鉴论》卷22《玄宗》。

③ 参见郭成康等著《康乾盛世历史报告》,中国言实出版社2002年版,第1—11页。

一般情况下,盛世只能持续二三十年。

西汉武帝元朔五年(前 124),大司农奏报:"臧钱经用,赋税既竭,不足以奉战士。"①文景时期积累起来的财富告罄。天汉二年(前 99)前后,农民揭竿而起。西汉的盛世持续了二十六年之后,终于衰颓。

唐玄宗天宝十四载(755)十一月初九,身兼范阳、卢龙两镇节度使的安禄山以诛杨国忠、清君侧为名,在范阳(今北京南)起兵叛乱。叛军渡黄河,占洛阳,进逼长安(今陕西西安)。天宝十五载六月十三日黎明时分,长安城宵禁未开,蒙蒙细雨之中,唐玄宗李隆基仓皇出逃。第二年正月初一夜,一个叫李猪儿的宦官在安禄山长子安庆绪的指使下,一刀结果了安禄山的性命。过了两年,安禄山的部将史思明杀安庆绪自立。又过了两年,史思明又被他的儿子史朝义所杀。这场变乱直到宝应二年(763)正月,才以史朝义自缢宣告结束。"安史之乱"是唐朝由盛而衰的转折点。唐朝的盛世也只有三十年光景。

相比之下,清朝的盛世持续时间最长,历经康熙、雍正、乾隆三朝,持续一百一十多年。何以如此? 研究者总结了两个方面的原因:一是康熙、雍正、乾隆三帝精心完善了专制主义中央集权的政治体制,统治效能空前提高;二是康熙、雍正、乾隆三帝励精图治②。

盛极而衰,物极必反,是一种自然规律。就皇朝的衰落来讲,有共同点,也有不同处。魏徵曾对唐太宗李世民说:

> 观自古帝王,在于忧危之间,则任贤受谏。及至安乐,必怀宽怠,言事者惟令兢惧,日陵月替,以至危亡。③

贪图安乐、怠政拒谏,是皇朝由盛而衰转折时期君主的共同特征,汉武帝、唐玄宗、乾隆皇帝无不如是;皇帝如是,必然导致吏治腐败、朝纲紊乱、横征暴敛;君臣如是,必然使百姓遭殃。

不过,具体到某个皇朝来讲,还有一些具体的原因。

当皇朝由盛而衰之时,往往出现一些改革。著名的有西汉的汉武帝改革,唐代宗朝刘晏的盐政改革,唐德宗朝杨炎的"两税法",宋仁宗朝的"庆历新政",宋神宗朝的王安石变法,明神宗朝张居正的"一条鞭法",清雍正朝的"摊丁入亩"等。如果改革成功,会出现一个"中兴"局面,如西汉的"昭宣中兴"。但是,这种"中兴"局面大都昙花一现。绝大多数改革都以失败告终,结果,皇朝陷入万劫不复的深渊,或被农民起义推翻,或被他姓取代。

---

①　《汉书·食货志》。

②　参见郭成康等著《康乾盛世历史报告》,中国言实出版社 2002 年版,第 11—41 页。

③　《贞观政要》卷 1《君道》。

从盛极而衰到最终覆亡,历时约一百至一百五十年左右。

从汉武帝天汉二年(前99)到始建国元年(9)王莽代汉,西汉的衰落期历时九十年。自唐玄宗天宝十四载(755)安禄山起兵,到唐哀帝天祐四年(907)朱温废哀帝自立,凡一百五十三年。自嘉庆四年(1799)到宣统三年(1911),清朝的衰落期历时一百一十三年。

西汉：皇朝覆亡的典型

夏、商、周三代的更替，使司马迁得出"三王之道若循环，终而复始"的看法，中国皇朝兴亡的周期律初现端倪。但是，夏、商、周三代的政体至春秋战国土崩瓦解，其所形成的王朝覆亡要素，对以后两千多年的中国封建社会影响不大。

中国封建皇朝覆亡的要素，与中国封建皇朝是一种"与生俱来"的关系。秦朝确立了君主专制主义中央集权政体，因此构成中国封建皇朝覆亡的要素，也基本上形成于秦朝，此即君主专制主义中央集权政体、土地兼并、赋税与徭役。农民作为"改朝换代的工具"，第一次发挥作用也自秦朝始，这便是陈胜、吴广起义。

秦亡汉兴，是中国封建皇朝的第一个轮回。只是由于秦朝短命，这一轮回实现得不够充分。汉朝的兴亡虽是第二个轮回，却是第一个充分实现的轮回。夏曾佑在《最新中学中国历史教科书》中，总结中国皇朝兴亡的"公例"时说："除南北朝、五代与元之外，皆可以汉为之代表。"①美国学者爱德华·麦克诺尔·伯恩斯、菲利普·李·拉尔夫在《世界文明史》中也说："汉朝（前206—220）的一兴一亡，就证明了这个普遍模式在中国的连续政治闹剧中极有典型意义。"②

汉承战乱之后，满目疮痍，刘邦君臣轻徭薄赋，约法省禁，与民休息。惠帝二年（前193），曹参接替萧何出任相国，萧规曹随，奉行无为而治。从此，这种出自黄老学派的主张被定为统治思想，历吕后、文帝、景帝不改。到武帝即位，经济繁荣起来，武帝凭借父祖奠定的基业，对内改制，对外征伐，将汉家皇朝的事业推向鼎盛。曹植赞美汉武帝说：

> 世宗光光，文武是攘。威振百蛮，恢拓土疆。简定律历，辨修旧章。封天禅土，功越百王。③

夏曾佑在《最新中学中国历史教科书》中，也说过这样的话：

> 有为汉一朝之皇帝者，刘邦是也。有为中国二十四朝之皇帝者，秦皇、汉武是也。案中国之政，始于汉武者极多。④

汉武帝的文治武功，特别是北伐匈奴的战争，很快便耗尽了其父祖留下的那笔物质财

---

① 夏曾佑《中国古代史》，三联书店1955年版，第273页。
② ［美］爱德华·麦克诺尔·伯恩斯、菲利普·李·拉尔夫著，罗经国等译《世界文明史》，商务印书馆1995年版，第353—354页。
③ 《艺文类聚》卷12《帝王部·汉武帝》。
④ 夏曾佑《中国古代史》，三联书店1955年版，第255页。

富——元朔五年(前124),大司农奏报国库空虚,文景时期积累起来的财富告罄。尽管武帝君臣通过一系列财政、经济政策筹措了大笔钱物,但很快又被旷日持久的征伐战争以及武帝的穷奢极欲所耗尽。穷则思乱,难以苟延残喘的黎民百姓铤而走险,揭竿而起。虽然起义很快被镇压下去,但表明社会危机已开始总爆发,大汉帝国濒临"土崩"的险境。

在此危难之际,武帝毅然于征和四年(前89)颁发了《轮台诏》,检讨了自己的失误,宣布从今以后,把军国大政的重点从北伐匈奴转移到恢复发展国民经济上来。正是这一转变,挽狂澜于既倒,并使大汉皇朝再次焕发生机。在武帝死后,又出现了"昭宣中兴"。

但是,昭宣时期与文景时期相比,已不可同日而语,西汉皇朝在经历了文景时期的经济发展、武帝时期的文治武功之后,已经走上了下坡路,汉家盛世一去不复返。入元帝朝以后,皇朝的危机再度爆发,汉家皇朝快速滑向覆灭的深渊,最终被王莽的新朝所取代。

西汉只是"典型覆亡"的皇朝之一,一般说来,存在时间较长的皇朝,大都属于"典型覆亡"的皇朝,如西汉、东汉、唐、明、清等。在这些皇朝,有利于皇朝发展的和不利于皇朝发展的各种因素都得到充分的发育,从而使皇朝兴亡的轮回能够充分实现。这些皇朝,大多是在农民起义的废墟上建立的。如在秦末农民起义废墟上建立的西汉,在王莽新朝农民起义废墟上建立的东汉,在隋末农民起义废墟上建立的唐朝,在元末农民起义废墟上建立的明朝,在明末农民起义废墟上建立的清朝。在农民起义的废墟上建立的皇朝,经过农民起义的打击之后,生产关系、阶级矛盾、皇朝内部的权利分配等得到调整,新皇朝在新的起点上开始新的建设,因而能够长治久安。而那些权臣篡位建立的皇朝,除了君位换人外,少有兴革,率由旧章,只能在前朝的积弊下苟延残喘,如王莽新朝,曹魏,西晋,南朝之宋、齐、梁、陈,北朝之东魏、西魏、北齐、北周,隋朝,五代及十国。

怎样才能避免皇朝周期性覆亡,在中国历史上是一个最为重要的实践与理论课题。历朝当政者采取了种种避免重蹈覆辙的措施,历代思想家给出了种种兴国安邦的理论。那些措施不可谓没有力度,那些理论亦不乏真知灼见。然而,皇朝周期性更替如故。对此,当政者、思想家困惑不解。迄今为止,皇朝兴亡的周期律,仍是一个极具借鉴价值的话题。